Klopstocks
Deutsche Gelehrtenrepublik

von

Max Kirschstein

1928

Walter de Gruyter & Co.

vormals G. J. Göschen'sche Verlagshandlung — J. Guttentag, Verlagsbuchhandlung — Georg Reimer — Karl J. Trübner — Veit & Comp.

Berlin und Leipzig

830.9082
G317
v.3

Germanisch und Deutsch
Studien zur Sprache und Kultur
3. Heft

Max Kirschstein

Klopstocks
Deutsche Gelehrtenrepublik

1928
Walter de Gruyter & Co.
vormals G. J. Göschen'sche Verlagshandlung — J. Guttentag, Verlagsbuchhandlung — Georg Reimer — Karl J. Trübner — Veit & Comp.
Berlin und Leipzig

Germanisch und Deutsch
Studien zur Sprache und Kultur

---

3. Heft

Max Kirschstein

**Klopstocks
Deutsche Gelehrtenrepublik**

Herrn Professor Dr. Julius Petersen
in dankbarer Verehrung

Vorwort

Klopstocks schwerverständliches Werk, das schon den Zeitgenossen manches Rätsel stellte, hat durch die literarhistorische Forschung bis heute keine befriedigende Deutung gefunden. Durch ideen- und geistesgeschichtliche Fassung des Themas, dessen Behandlung durch Herrn Professor Petersen angeregt wurde, soll hier nochmals der Versuch gemacht werden, eine Klärung herbeizuführen. Um den wesentlichen Kern des Buches deutlicher hervortreten zu lassen, wurden daher die theoretischen Abschnitte von der Untersuchung ausgeschlossen, da sie nur in anderem geschichtlichen Zusammenhang zu erfassen sind; für die sprachlichen Teile ist dies bereits in Jellineks „Geschichte der neuhochdeutschen Grammatik" geschehen, für die Metrik bleibt es weiterhin ein Wunsch der Forschung. Dringender wäre allerdings die Erfüllung der zuletzt von Köster und Unger ausgesprochenen Forderung nach einer kritischen Ausgabe der Werke Klopstocks, da erst mit dieser eine Grundlage für alle weitere Beschäftigung mit dem Dichter gegeben wäre.

Ich freue mich, daß mir an dieser Stelle Gelegenheit gegeben ist, meinem hochverehrten Lehrer, Herrn Professor Dr. Julius Petersen, meinen ganz ergebenen Dank auszusprechen; mit stetem Interesse ist er dem Fortgang der Arbeit gefolgt und hat sie durch wertvollen Rat gefördert, trotz seiner starken Inanspruchnahme hatte er sogar die Freundlichkeit, eine Korrektur mitzulesen.

Inhalt

	Seite
I. Teil. Die Idee der Gelehrtenrepublik	7
Einleitung	7
1. Kap. Die Idee im 17. Jahrhundert	17
2. Kap. Die Idee im 18. Jahrhundert	46
II. Teil. Ansätze zur Gründung einer Gelehrtenrepublik	67
III. Teil. Klopstocks „Deutsche Gelehrtenrepublik"	92
1. Kap. Die rechtliche und geistige Struktur	92
2. Kap. Die Verfassung der Gelehrtenrepublik	99
3. Kap. Die Gesetze	122
4. Kap. Die Beispiele der Gelehrtenrepublik	143
IV. Teil. Die Poetik	160

Literatur

Klopstocks „Deutsche Gelehrtenrepublik". Werke, XII. Bd. Leipzig 1823 = Gel.Rep.
„   Werke, 10 Bände. Leipzig 1854—55 = Werke.
„   Werke. Hrg. von R. Hamel. 4 Bände. Kürschners Deutsche Nationalliteratur. Bd. 46—48 = Hamel.

J. M. Lappenberg. Briefe von und an Klopstock. Ein Beitrag zur Literaturgeschichte seiner Zeit. Braunschweig 1867 = Lapp.

Klopstocks Briefwechsel, hrg. von Klamer Schmidt. 2 Teile. Hildburghausen 1842.

K. F. Cramer, Klopstock. In Fragmenten aus Briefen von Tellow an Elisa. 2 Bände. Hamburg 1777—78.

Franz Muncker, F. G. Klopstock. Geschichte seines Lebens und seiner Schriften. Berlin 1900 = Muncker.

O. Th. Scheibner, Über Klopstocks Gelehrtenrepublik. Diss. Jena 1874.

Arnold Pieper, Klopstocks „Deutsche Gelehrtenrepublik". Diss. Marburg 1915 = Pieper.

Die Idee der Gelehrtenrepublik.

Einleitung.

Drei Kräfte waren es, die die Gelehrten und ihre Gemeinschaften von der Renaissance an bewegten und die bis in das 18. Jahrhundert von größter Wirksamkeit geblieben sind: die R e l i g i o n, deren Dogmen als Grundlage der Erkenntnisse betrachtet wurden oder das Ziel waren, zu dem man auf dem Wege wissenschaftlicher Arbeit strebte; die e n z y k l o p ä d i s c h e Z u s a m m e n f a s s u n g, die die geistige Welt als Ganzes darstellen sollte und durch die man die Wissenschaften in ein System bringen konnte; der n a t i o n a l e G e d a n k e, der, anfangs nur Anregung, schließlich bestimmende Tendenz wurde.

Als Vertreter der Religion galt durch lange Jahrhunderte die Kirche, die sich bemühte, die Entwicklung der Wissenschaften in ihrem Sinne zu beeinflussen. Wenn sich auch schließlich die Gelehrten von diesem Zwange zu befreien vermochten, so sahen sie doch die Grundlagen ihrer Erkenntnisse in immanenten göttlichen Gesetzen, und richtige Ergebnisse mußten so mit dem göttlichen Willen übereinstimmen. War hier die wissenschaftliche Forschung autonom, da sie nicht einem von außen gesetzten Ziel zuzustreben brauchte, so erblickte man im Zeitalter des Pietismus ihren Zweck in der Nützlichkeit für einen übergeordneten Begriff, besonders den der Moral; die Erkenntnisse wurden nachträglich mit der inneren religiösen Überzeugung durchdrungen, damit sie ihr Ziel, das der moralischen Erziehung, erfüllen konnten.

Die zweite Tendenz der enzyklopädischen Zusammenfassung, die sich im 16. Jahrhundert bereits in den vielfältigen Verbindungen der Forscher zeigt, erreicht im 17. Jahrhundert ihre höchste Blüte. Hier ist es das Streben fast jedes Einzelnen, in sich allein den gesamten Umfang des Wissensmöglichen zu vereinigen. Die Zahl der Gelehrtengesellschaften und Akademien steigt um diese Zeit ganz außerordentlich. Die Absicht war einmal, durch Gemeinschaft mit gleichgerichteten Forschern den einzelnen zu fördern, indem die Kenntnisse untereinander ausgetauscht werden konnten. Andererseits sollte durch Zusammenschluß der Wissenschaftler aller Gebiete das gesamte Wissen der Zeit in einer einheitlichen Gruppe repräsentiert werden. Diese Bestrebung, die auch später nicht zur Ruhe gekommen ist, findet ihren größten Ausdruck in Leibniz' Bemühung, die sämtlichen Gesellschaften der gebildeten Welt in eine einzige Union zusammenzubringen[1]), um so über die Länder- und Völkergrenzen hinaus Verständigung und Austausch zwischen den Gelehrten zu ermöglichen. Daß bei Leibniz' Gedanken auch religiöse Reformpläne hineingespielt haben, ist mit großer Wahrscheinlichkeit anzunehmen, es sollte wenigstens auf dieser Ebene ein Ausgleich zustande gebracht werden, der auf politischem und religiösem Gebiet nicht gelungen war[2]). Allerdings lag es Leibniz durchaus fern, in dieser Überbrückung der volksmäßigen und politischen Grenzen auch eine nationale Angleichung zu suchen, denn gerade in der Betonung des nationalen Gedankens zeigt sich die dritte Kraft der modernen Geistesentwicklung, die die gelehrten Gemeinschaften beeinflußte, wie das politische und gesellschaftliche Leben überhaupt.

Diese nationale Mission haben die Akademien in der Praxis am einflußreichsten ausgeübt, und die Bedeutung, die sie überall erlangten, können wir in wohl allen europäischen Ländern auf Schritt und Tritt verfolgen, zumal auf sprachlichem Gebiet, wo die Academia della Crusca vorangegangen war, an Wirkung vielleicht noch übertroffen von der französischen Akademie, die, wie nicht mit Unrecht be-

---

[1]) Diese Bestrebung sollte zu Beginn unseres Jahrhunderts durch die internationale Vereinigung der Akademien Wirklichkeit werden, als sie durch den Krieg abgerissen wurde. Eine kurze Übersicht über Geschichte, Bestrebungen und Leistungen gibt u. a. Planck, Sitz.-Ber. der Preuß. Akad. der Wiss. 1926 S. LXXXV ff.

[2]) Vgl. M. Kronenberg, Voss. Ztg. 1894, Sonntagsbl. Nr. 4.

tont wurde³), für Richelieu die wirkungsvollste Hilfe zur Einigung der französischen Nation geworden ist. Die Bedeutung der Sprachgesellschaften ist, auch für Deutschland, schon häufig und nach Gebühr gewürdigt worden, ebenso aber bildeten die wissenschaftlichen Vereine Zentren für das nationale Leben schon von den Zeiten des Humanismus an, sie dienten zur Anregung der geistigen Kräfte, zur Vereinheitlichung ihrer Umgebung.

Mit der Entwicklung der einzelnen Gemeinschaften läuft die Idee einer übergreifenden „Gelehrtenrepublik" parallel, die hier im folgenden in aller Breite dargestellt werden soll⁴). Wie dieser Begriff im einzelnen gemeint war, soll an den betreffenden Stellen ausgeführt werden. Allgemein stellte man sich darunter eine Vereinigung aller geistigen

---

³) Vgl. Kronenberg a. a. O.

⁴) Ihre Erklärung und Entschuldigung findet diese breite Darstellung hoffentlich in sich selbst. Nur zwei Tatsachen seien hier gleich vorweg betont. Die Idee, die, wie sich im folgenden zeigen wird, viele Köpfe in Bewegung gesetzt hat, wohl bis zu Klopstocks Zeiten lebendig gewesen ist, ist außer in zwei kurzen Zusammenstellungen des 18. Jahrhunderts nur bei Olschki, Bildung und Wissenschaft im Zeitalter der Renaissance in Italien (Geschichte der neusprachlichen wissenschaftlichen Literatur. Bd. II. 1922) S. 66 f. kurz für das 16. Jahrhundert gestreift. Ich freue mich, daß ich mit der dort gegebenen Skizze der allgemeinen geistigen Entwicklung, die ich erst während der Drucklegung meiner Arbeit kennen lernte, übereinstimme, ebenso mit dem gerade erschienenen Schriftchen von L. Mennicke, Der Buchhandel und das geistige Leben unserer Zeit. Potsdam 1928. So sei hier zusammengetragen, was sich darüber finden und sagen läßt, und ich hoffe, wichtige Tatsachen nicht übersehen zu haben. Daß auch in den beiden Dissertationen über Klopstocks Gelehrtenrepublik bisher mit keinem Wort von diesen Dingen die Rede war, halte ich für einen Mangel; denn über Klopstocks Q u e l l e n ist dort und an mehreren anderen Stellen lebhaft herumgeraten worden, ohne daß glücklich eine rechte Stelle gefunden wurde. Gerade der Wert der Quellenuntersuchungen zeigt sich bei unserem Problem besonders deutlich, da es oft weniger auf angelesene Zitate und unbedeutende Bemerkungen ankommt, als auf die lange Tradition, in der Klopstock steht, und die vieles erklärt und verständlich macht, was sonst besonders dem modernen Leser unverständlich bleiben muß, weil ihm diese Gedanken fremd sind. Wenn auch die übrigen Quellennachweise möglichst vollständig beigebracht wurden, so glaube ich, daß dadurch für Klopstocks Arbeitsweise, seine Interessen, Kenntnisse Gewinn gezogen werden kann.

Arbeiter vor, sei es, daß sie theoretische Erkenntnisse suchten, sei es, daß sie diese im praktischen Leben anwandten. Die staatliche Gliederung, die in dem Namen gleichzeitig gekennzeichnet ist, entspricht als Standesvereinigung z. B. den mittelalterlichen Handwerkerinnungen; da aber, wie an dem Beispiel der Leibnizschen Idee zu zeigen ist, die Grenzen des politischen Staates nicht auch für die Gelehrten gelten sollten, mußten sich diese eine eigene entsprechende Gemeinschaft konstruieren, durch die die besonderen Gesetze zur Geltung gebracht werden konnten. Gleichzeitig diente der Gedanke eines solchen Staates zur Gliederung innerhalb der Gelehrten.

Dieselben Tendenzen, die für die Ausbreitung der wissenschaftlichen Forschung allgemein festgesetzt wurden, charakterisieren auch die Entwicklung unserer Idee, und die Stellung zu Religion, enzyklopädischer Ausdehnung und nationalem Gedanken kennzeichnet den Menschen, der hinter der jeweiligen Fassung dieser Vorstellung steht. Auch die anderen Probleme, die hier behandelt sind: Gesetz und Recht, Verhältnis der Wissenschaften zu den Künsten, Polemik als Krieg zwischen den Gelehrten usw, lassen die Zeitverhältnisse, die geistesgeschichtliche Stellung erkennen, ohne von so durchgreifender Bedeutung zu sein wie die drei großen Strömungen, die durch die Jahrhunderte hindurch gehen.

Die politischen Ordnungen, denen die Menschen zu allen Zeiten unterlagen, können auf die Verhältnisse der Gelehrten natürlich eine absolute Anwendung nicht finden. Soweit z. B. das Strafgesetz hier wirksam bleiben soll, muß es Zustände regeln, die außerhalb des rein moralischen Begriffs der Wissenschaftlichkeit und des Verkehrs unter den Gelehrten liegen. Für den höheren Ehrbegriff, die Gesetze der Anständigkeit, Bedeutsamkeit, Redlichkeit müssen die Forscher zur Selbsthilfe greifen, sich selbst Gesetze bilden oder die von der Moral und Ehrlichkeit gegebenen in Worte fassen. Hier zeigt sich also eine scharfe Grenze der idealen Vorstellung zum praktischen Sein, wenn auch die Grundsätze, die für die Gemeinschaft aufgestellt werden, sich zumeist den orts- oder zeitüblichen anzunähern pflegen. Dabei ist ganz verschieden, in welcher Schärfe Grenzen gezogen, Gesetze gegeben werden, abhängig auch davon, wie weit die U t o p i e im einzelnen Falle ausgeführt wurde. Der Begriff der Utopie ist allerdings nicht auf alle Fälle anzuwenden, er versucht nur die Idee im großen zu fassen. Verstehen wir unter „Utopie" die Vorstellung des Soseinsollenden, des Wünschenswerten, wie es eben leider nicht ist, so zeigt sich manche Fassung der Idee „Gelehrtenrepublik" mehr als Satire gegen den Zustand, wie er ist, und wie er nicht sein sollte. Häufig wird jedoch der Gedanke des Gelehrtenstaates auch als durchaus real angesprochen und über seine Daseinsform lebhaft diskutiert, während sein S e i n außer Zweifel bleibt [5]). Von unserem heutigen Standpunkt aus steckt in all den verschiedenen Fassungen mehr oder minder eine metaphorische Umsetzung praktisch-politischer Begriffe, die schließlich bei Klopstock, dem Ende der ganzen Entwicklung zu einem Konglomerat heterogenster Teile zusammenschmilzt. Das Utopische bei

---

[5]) So erklären sich auch die im 2. Kapitel behandelten praktischen Versuche, eine Gelehrtenrepublik zu schaffen. Ganz ausgeschieden werden die Ideen oder Schriften, in denen eine staatliche Zusammenfassung, die zugleich eine Gliederung der Wissenschaften ermöglichte, nicht beabsichtigt ist. Wenn auch Olschki, a. a. O. S. 238 auf Boccalinis „Ragguagli di Parnasso" den Ausdruck „Gelehrtenrepublik" anwendet, so fehlt diesen wahllosen „Berichten aus dem Parnaß" und den vielen literarischen Nachahmungen alle staatliche Struktur; es ist nur eine richterliche Vereinigung unter dem Vorsitz Apollos, die eine bequeme Plattform für satirische Urteile über literarische Erzeugnisse und besonders über politische Zustände bietet. Allerdings bieten die Äußerungen Boccalinis über die wirtschaftlichen und soziologischen Zustände der Gelehrten viel Interessantes, doch wären diese einmal im Zusammenhang zu untersuchen, während hier dies Problem nur gestreift werden kann. Wenn auch anzunehmen ist, daß Boccalinis vielgelesene Schrift auf die von uns behandelte Darstellung Saavedras in gewissen Einzelheiten von Einfluß gewesen ist, so genügt dies doch nicht, in seiner Satire zugleich die Utopie eines Gelehrtenstaats zu sehen. Vgl. auch P. Stötzner, Der Satiriker Trajano Boccalini und sein Einfluß auf die deutsche Litteratur. Archiv für das Studium der neueren Sprachen. Bd. 103 (1899) S. 107—147.

ihm ist von der skurilen Satire und dem phantastischen Schnörkel nicht mehr zu trennen, ohne daß sich allerdings dabei der Kern der Idee übersehen ließe.

Über der gesetzlichen Ordnung des wissenschaftlichen Verkehrs, über dem Einzelnen steht die staatliche Gliederung, die zu großen Divergenzen innerhalb der Geschichte unserer Idee führt. Als eine in die Augen springende Erscheinung, die für das Ganze die Grundlage abzugeben hat, wäre man von vornherein geneigt, diese Frage den entscheidenden entwicklungsgeschichtlichen Faktoren zuzuzählen. Doch ist hier eine so durchgehende Analogie zu der Gesamtentwicklung nicht aufzufinden, der einzelne Fall mehr von der persönlichen Meinung des einzelnen abhängig. Darüber hinaus übersehen wir leider die Geschichte der Staatstheorien und ihre Zusammenhänge noch durchaus nicht [6]. Dennoch reiht sich auch in diesem Punkt die Entwicklung der Idee eines reinen Gelehrtenstaates der der anderen Staatstheorien insofern an, als sie mit dem Wiederaufkommen der Utopien in Zusammenhang steht. Platons Vorbild, das für uns besonders deswegen von Bedeutung ist, weil hier den Gelehrten und speziell den Philosophen eine entscheidende Führerrolle zufiel, wirkte auf Thomas Moore: sein Werk „Utopia" (1516) hat der großen Zahl ähnlicher Schriften Richtung gewiesen, der ganzen Idee den Namen gegeben. Noch lebhafter als bei Morus finden wir Platons Wirkung bei dem Dominikaner Campanella, dessen „Sonnenstaat" (1620) den Gelehrten wieder die bevorzugte Stellung zuweist, die sie in der Politeia innehatten

---

[6]) Dies Kapitel harrt dringend einer umfassenden Darstellung; ist es doch erstaunlich genug, daß dies Problem, wohl eins der wichtigsten im Leben der Staaten und Völker, noch keine erschöpfende Bearbeitung gefunden hat. Gumplowitz' umfangreiches Werk (Geschichte der Staatstheorien, Innsbruck 1905) bringt nur viele Einzelheiten, ohne das Ganze zu sehen, die kleine Schrift von K. Sternberg (Die politischen Theorien in ihrer geschichtlichen Entwicklung vom Altertum bis zur Gegenwart. Berlin 1922.) kann das große Problem natürlich nicht erschöpfen; in Meinekes großartigem Werk über die Idee der Staatsraison (München-Berlin 1925) wird nur ein Problemausschnitt gegeben.

gebung in den älteren Gelehrtenrepubliken zumeist immanent bleibt, sich durch die Zeitgebundenheit beweißt, tritt er bei Klopstock ganz deutlich hervor; hier wird sogar die geistige Leistung zur Dienerin allgemeiner Ziele erklärt. Die so unorganisch in den Zusammenhang eingestreuten, sog. „Denkmale der Deutschen", epigrammatisch zugespitzte Anekdoten, charakteristische Züge, Tatsachen der altdeutschen Geschichte, haben ebenfalls die Aufgabe, dem wirkenden Geiste Richtung zu geben, ihn der nationalen Idee unterzuordnen. Da tritt hervor, was zu großartiger Wirkung erst die vaterländische Dichtung, Kleists „Hermannsschlacht", wirklich verlebendigen konnte, der Dienst am Volke, das bei Klopstock erst Publikum w e r d e n sollte und bei Kleist, zu dessen tragischem Mißverstehen, n o c h n i c h t war [15]).

Die Idee im 17. Jahrhundert.

Der zuletzt ausgeführte Zusammenhang des Wissenschaftsbetriebs mit der sozialen und ökonomischen Stellung der produktiv Schaffenden tritt uns gleich im Anfang der ersten mir bekannten Darstellung einer Gelehrtenrepublik entgegen. „Ich hatte mich einsmals in unterschiedene Betrachtungen über die große Menge der Bücher und den noch immer fortdauernden Anwachs derselben vertiefet. Ich urtheilete bey mir selbst, daß dieser Anwachs, theils der Kühnheit der Schriftsteller, theils der Willfährigkeit der Presse, zuzuschreiben sey, daß die Wissenschaften mit dieser letztern anjezo ein rechtes Gewerbe, einen ordentlichen Handel, trieben, und daß man gemeiniglich nur darum den Wissenschaften obliege, damit man schreiben könne: im Gegentheile aber um keiner anderen Ursache willen schriebe, als um Geld zu

---

[15]) Das ist auch der Unterschied zwischen Klopstocks und Kleists Dramen; bei Klopstock ist es trotz der Bardenchöre nur ein Spiel der Führer, bei Kleist sind die germanischen Stämme handelnde Personen, wie schon der Chor im Robert Guiskard.

Kirschstein, Klopstocks Deutsche Gelehrtenrepublik.

gewinnen"[16]). Diese Gelehrtenrepublik des Diego Saavedra Fajardo, vor Klopstock nicht nur die umfangreichste, auch an Bedeutung alle anderen Auslassungen überragend, soll uns im folgenden beschäftigen. Bei der großen Wertschätzung, die sie bei den Zeitgenossen, nach der außerordentlichen Zahl von Auflagen zu urteilen, genoß, lohnt eine kurze Bemerkung über den Verfasser, der durch seine anderen Schriften, besonders auch durch seine diplomatische

---

[16]) „Die gelehrte Republic / durch / Don Diego Saavedra / Ritter des St. Jacobsorden, Beysitzer des obersten / Raths von Indien, und Philipps des Vierten, Königs / in Spanien, gevollmächtigten Gesandten, auf der / Friedensversammlung zu Münster, / Nebst Don Gregorii Mayans Lobrede / auf die wohlgeschriebenen Werke des Saavedra, und des / Herrn le C .... gelehrten Republic, davon die beyden / ersten Schriften aus dem Spanischen, die letzte aber aus / dem Französischen übersetzet worden. / Mit einer Vorrede und einigen Anmerkungen / Herrn Joh. Erhard Kappens / Professoris zu Leipzig / Leipzig / in der Gleditschischen Buchhandlung / 1748 / (Exemplar Halle). Eine zweite Übersetzung erschien 1771 in Prag (Exemplar München), im nahen Anschluß an diese die dritte Jena und Leipzig 1807. Die Zahl der spanischen Ausgaben ist sehr groß, außerdem gab es eine englische und eine französische Übersetzung. In Spanien ist das Werk auch heute noch geschätzt, da es in die Clasicos castellanos (Bd. 46, Madrid 1922) aufgenommen wurde. Über Saavedra vgl. El Conde de Roche y D. José Pío Tejera, Saavedra Farjardo (etc.) Madrid 1884, dort auch eine ausführliche, wenn auch nicht vollständige Bibliographie; ferner Menéndez y Pelajo, Historia de las estéticas en Espagna, III. Bd. (3. Aufl. Madrid 1920) S. 397 ff. Zitiert wird nach der Ausgabe von 1748; da diese jedoch sehr selten, gebe ich für den Text auch die Stellen der Ausgabe von 1807 an. Die Ausgabe von 1748 enthält S. 3—12 Herrn Prof. Kapps Vorrede von Saavedras Leben und Schriften; S. I—CXII 7 verschiedene Vorreden und Zueignungsschriften; S. 1—168 den Text; S. 169—200 des Herrn le C .... gelehrte Republic; S. 201—280 Kapps Versuch einiger Anmerkungen; zum Schluß ein kurzes Register, nicht paginiert. „Die Übersetzung des Saavedra anlangend, so ist dieselbe von einer in der Spanischen und andern Abend- und Morgenländischen Sprache erfahrenen Person abgefaßt worden, die sich aber inskünftige schon näher zu erkennen geben wird." Ich konnte diesen Übersetzer nicht ausfindig machen. Die Ausgabe von 1771 gibt nur den Text, ebenfalls anonym, ebenso die von 1807, die vieles hinzusetzt, von S. 179 an eine eigene Fortsetzung des Herausgebers in schlimmer Übertreibung enthält: „Der Rechtsfall vom Ey und dem Küchlein, ein bürgerliches Schauspiel in einem Akt."

Führerrolle in der Zeit sich bemerkbar machte [17]). Geboren wurde Saavedra 1584 zu Algezares als Mitglied einer alten, edlen Familie, die ihm von seiten beider Eltern beste Aussichten eröffnete. Er studierte auf der Universität zu Salamanka und promovierte zum Dr. iuris, folgte dem Kardinal Caspare Borgia nach Neapel und Rom, wo er anfangs dessen Sekretär, während dessen Aufenthalt in Neapel sein Vertreter in Rom war. Durch außerordentlich geschickte Behandlung seiner Aufgaben erwarb er sich das Vertrauen des Königs, wurde zum Grafen gemacht [18]) und in den St. Jacobsorden aufgenommen. Seine Missionen führten ihn häufig nach der Schweiz und Deutschland; 1636 war er in Regensburg bei der Wahl Ferdinands III., ebenso als spanischer Vertreter auf dem Regensburger Reichstag. 1643 entsandte ihn Philipp IV. auf den Friedenskongreß zu Münster (neben den Gesandten Zappaga und le Brun). Hier operierte er weniger glücklich, denn den heiß erstrebten Frieden konnte er nicht zustande bringen; so wurde er 1646 nach Madrid zurückberufen, um in den Rat und die Kammer für Indien einzutreten. Kurze Zeit danach zog er sich in ein Augustinerkloster zurück und starb 1648. Unter seinen Schriften ist die erste von Bedeutung, da sie sich gegen Macchiavell wendet und Richtlinien für eine gute Staatsleitung dem Prinzen von Spanien widmet: „Idea d'un Principe Politico Christiano represendada en cien Einpresas" [19]). Ebenfalls in Münster fertiggestellt wurde eine zweite historisch-politische Schrift, die die theoretischen Ergebnisse der ersten an einem praktischen Beispiel erläutern will, und zwar ist die Geschichte der Goten in Spanien von 382 bis 716 gewählt [20]). Die Gelehrtenrepublik wurde

---

[17]) Vgl. die Vorrede von Kapp; Jöcher IV[1], S. 3; Biographie universelle, 37, 166, die alle Mayans Oratio en allabanza de les eloquentissimas operas de Don Diego Saavedra, Valence 1725 zugrunde legen.
[18]) Von Kapp S. 20 bestritten.
[19]) Monaco (d. i. Münster) 1649; ebenfalls vielfach übersetzt, deutsch: Amsterdam 1655.
[20]) Corona Gotica, Castellana y Austriaca. Münster 1646.

3*

erst nach seinem Tode unter dem Decknamen Claudio Antonio de Cabrura veröffentlicht [21]), da der Herausgeber die katholische Kirche nicht verletzen wollte.

Dieser Spanier ist ein echtes Kind seiner Zeit, sicher von großen Geistesgaben, freidenkend und offen, trotz seines diplomatischen Berufs [22]); aber nicht unbeeinflußt von der Gegenreformation, deren Geist ihn schließlich ins Kloster fliehen läßt. In der Gelehrtenrepublik aber wurde so manche Stelle von der katholischen Zensur unterdrückt, da sie zu frei über die Grenze der Kirche hinausdrang. Unwillkürlich wird man diesen Spanier mit dem Italiener Campanella vergleichen[23]). Zwar das Glück des äußeren Lebens steht bei beiden in schärfstem Gegensatz, doch der moderne Geist, wenn auch lebendig, wird noch oft niedergehalten von dem Zwange der überragenden Organisationen, gegen die beide — der eine von außen, der andere von innen — ankämpften, um zum Schlusse zu ihnen zurückzukehren.

Das Buch selbst, das für uns im Mittelpunkt des Interesses steht, ist von einer freien Ironie beherrscht, die bereits in dem Eingangssatz (vgl. oben S. 17 f.) zu Tage tritt. Wie wir es auch bei anderen Utopien und Robinsonaden der Zeit finden, wird das Ganze in einer losen Einkleidung gegeben, die die Grenze zwischen Satire und ernstgemeinter Utopie offenläßt, hier wohl in Anlehnung an Quevedos „Sueños",

---

[21]) Über den Nachweis, daß Saavedra der wahre Verfasser s. Kapp S. VIII ff.; S. LVIII ff.

[22]) Aus der Zuschrift an den Prinzen von Spanien (Vorrede S. 85). „Die Wahrheit ist es, welche den Fürsten am nöthigsten ist: und doch gleichwohl findet sich eben diese am allerwenigsten in den königlichen Palästen, weil man sie für eine Art von Verweisen ansiehet. Die Hofleute wissen, daß gewisse Fürsten lieber betrogen, als erinnert und gewarnet seyn wollen: daher fliehen sie vor der Wahrheit, und bedienen sich der Schmeycheley."

[23]) Daß Saavedra den „Sonnenstaat" aus Italien oder auch aus Deutschland, wo er zuerst (1620) erschien, gekannt hat, ist sehr wohl anzunehmen. Zur Charakteristik Campanellas vgl. das glänzende Kapitel bei Meineke S. 126 ff.

ohne allerdings deren satirische Bitterkeit aufkommen zu lassen [24]).

Im Traume glaubt sich Saavedra vor eine riesige, durch ihren äußeren Prunk blendende Stadt versetzt, vor deren Toren er einen alten Mann, den Marcus Varro [25]) zum Führer gewinnt. Die Stadt der Gelehrtenrepublik ist äußerlich ihren Bewohnern angepaßt. Die Mauern sind mit Gänsekielen bewehrt, der Graben mit Tinte ausgefüllt, die Türme sind die Papiermaschinen. In den Vorstädten wohnen die Bürger, bei denen die Handarbeit die Tätigkeit des Verstandes ersetzt — Leute, die ihre Kunstfertigkeiten ohne Überlegung anwenden (S. 10), nach Regeln der Wissenschaften, die sie nicht mehr kennen. Über einen schmalen Fluß gelangt man zu den Behausungen der freien Künste, bei denen der Verstand noch überwiegt: Malerei, Bildhauerkunst und Architektur sind an dem Eingangstor abgebildet. Hier, wie überall später, begegnen Saavedra die berühmtesten Vertreter der einzelnen Wissenschaftszweige und Künste aus dem klassischen Altertum. Unter den Malern rühmt er besonders die Niederländer und ihre Kunst der Gobelinweberei, während die ägyptische Mosaikkunst ihm Gelegenheit gibt zu einem Seitenhieb auf die Staatskunst, die, dieser Kunst analog, „aus schlechten und übelzusammenhängenden Gründen, einen Vorwand zusammenflicket, um einen unrechtmäßigen Krieg, oder einen gewaltsamen Eingrif in die Gerechtsame des andern, dadurch zu beschönigen" (S. 15 f. [20 f.]). Unter den Malern trifft er Zeuxis und Parrhasius, die gerade ihren berühmten

---

[24]) Vgl. Klemperer-Hatzfeld-Neubert, Romanische Literaturen von der Renaissance bis zur französ. Revolution. (Handb. der Literaturwiss. Wildpark-Potsdam) S. 212.

[25]) Der wegen seiner Fruchtbarkeit und polyhistorischen Gelehrsamkeit berühmte Zeitgenosse Ciceros Marcus Terentius Varro; vgl. über ihn Schanz, Gesch. d. röm. Lit. (Handb. f. klass. Altertumswiss. VIII, I, 2) S. 422/50. Ob seine nur fragmentarisch überlieferte Satire Marcopolis (Marcusstadt) Anlaß gewesen ist, ihn zum Schutzpatron dieser Schrift zu machen, wage ich nicht zu entscheiden. Ihn selbst kannte Saavedra nach eigenem Zeugnis „theils aus den Werken des Cicero, theils aus anderen Schriftstellern". (1748 S. 4.)

Streit ausfechten, den die Besucher schlichten, bevor sie sich dem Maler Protogenes zuwenden, der Saavedra Anlaß zu einer interessanten Äußerung gibt. Dieser Künstler hatte 7 Jahre an einem Werk für den Friedenstempel gearbeitet, konnte aber den Geifer eines Hundes zum Schluß nicht herausbringen. In seiner Verzweiflung will er das Gemälde mit einem Schwamm auslöschen, doch der erste Strich mit diesem setzt den Geifer so treffend auf die Leinwand, wie es Protogenes während der ganzen Zeit nicht gelungen war. Daran knüpft Saavedra folgende Betrachtung: „Hieraus lernete ich, daß oftmals ein ungefehrer Zufall dasjenige richtig treffe, worinnen die Sorgfalt und Aufmerksamkeit gefehlet hat; und daß es zuweilen gut sey, wenn man dem ersten Triebe der Natur folget, der vielleicht durch einen göttlichen Antrieb erreget worden ist", — bis hier moderner Anschauung nahe, doch nun mit bezeichnender Wendung: „damit man erkenne, daß nicht die Klugheit der Menschen, sondern die Vorsicht Gottes, die Sachen regiere" (S. 21 [24]).

In der Nähe der Maler, aus denen von Spaniern Navarrete und Velasquez hervorragen, streiten sich vor einem Haufen Volks Lysippus und Apelles, ob der Bildhauerkunst oder der Malerei der Vorrang gebühre; erst Michelangelo gelingt es, den Kampf, der bald in Tätlichkeiten ausgeartet wäre, zu schlichten, indem er drei sich schneidende Kreise als Vergleich für die drei bildenden Künste anführt, daß also Malerei, Bildhauer- und Baukunst gegenseitig aufeinander angewiesen seien.

Als sich die Besucher der Innenstadt zuwenden, die die 7 freien Künste: Grammatik, Dialektik, Rhetorik, Arithmetik, Musik, Geometrie und Astronomie beherbergt, durchschreiten sie ein Tor, auf dem diese sieben allegorisch dargestellt sind; außerdem befindet sich dort ein plastischer Schmuck, der die Erfindung der T i n t e ausführlich erzählt, da sie nicht nur die Grundlage der Ehre (nach unserm Sprachgebrauch = des Ruhms), sondern auch der gesamten Republik bildet. Ein anderes Tor versinnbildlicht die Erfindung der Buchdruckerkunst; da es deren Hauptaufgabe ist, für die Verbreitung der Religion zu wirken, wurde sie den Spaniern wegen ihrer Verdienste um diese verliehen. Hinter dem Tore befinden sich zwei Grammatiker, die durch ihr überhebliches und eingebildetes Auftreten den Besucher fast vom Eintritt abzuschrecken vermögen [26]). Gleich gegenüber dem Eingang sieht er die Bibliothek, in die alle Bücher der Republik geliefert werden. „Der ganze Platz war mit Mauleseln angefüllet, welche damit beladen waren. Einige Lastthiere kamen, ob sie gleich nur ein einziges Buch zu ziehen hatten, ganz keichend, und voller Schweiß daselbst an. So schwer ist eine Last von unnützen Schwätzereyen, daß sie auch von den Schenkeln eines Maulesels nicht bestritten werden kann." (S. 34 [33].)

Sehr wichtig, auch mit Rücksicht auf Klopstocks Ideen, ist die Institution der Bücherrichter, die die Lasten in Empfang zu nehmen und zu begutachten haben. Für die Erscheinungen jedes einzelnen Wissenschaftszweiges sind besondere Sachverständige angestellt. „Sie pflegten dieselben sehr strenge zu beurtheilen, und erlaubten nur diejenigen, zu dem Dienste der Republic, zu gebrauchen, die ihre Verfasser durch eigene Erfindung, und Kunst, völlig ausgearbeitet hatten, und die geschickt waren, den Verstand aufzuklären, und dem menschlichen Geschlechte Nutzen zu schaffen". (S. 34f. [33].) Neben sachlichen Bedenken veranlaßt häufig die offene Ruhmsucht von Schriftstellern, deren Leistungen auch sonst ziemlich gering sind, die Richter, deren Werke abzulehnen. Was somit der Republik nicht zu dienen vermag, wird „zum häuslichen Gebrauch" bestimmt, damit wenigstens das Papier nicht verloren sei. So befiehlt der Rechtsgelehrte, daß die bürgerlich-rechtlichen Bücher zum Feuermachen, die strafrechtlichen zum Sieden der Fische und Einwickeln des Specks benutzt werden sollen.

---

[26]) Hier wird in der deutschen Ausgabe von 1807, die häufig noch Gespräche und Ausführungen hinzusetzt, einer der Grammatiker als Gottsched bezeichnet und sehr lustig ironisiert, sein Verdienst aber auch anerkannt (S. 31 ff.).

Nicht anders geht es den poetischen Schriften, unter denen sich eine große Zahl von Heldengedichten, Lust- und Trauerspielen, Schäfer- und Fischergedichten, Hirtengesängen und satirischen Werken befinden. „Die Schriften, die von verliebten Sachen handelten, bestimmte er, mit vielem Lachen, zu Haarwickeln für das Frauenzimmer usw."[27]) (S. 36 [34]). Nicht besser ergeht es den Büchern der Sterndeuter, Wahrsager, Goldmacher usw., die auf den Aberglauben der Leser spekulieren; sie werden zu Feuerwerken und Raketen bestimmt. Der größte Andrang herrschte zumeist bei dem Bücherrichter, der die Werke aus dem Gebiet der freien Künste in Empfang nahm. „Von Zeit zu Zeit brach er in ein Gelächter aus, wenn er einige Bücher zu Gesichte bekam, welche Lateinisch, oder gar in der Muttersprache geschrieben waren, und doch einen griechischen Titul führeten. Ihre Verfasser wollten dadurch ihren Schriften ein desto größeres Ansehen zuwege zu bringen, und waren hierinne denen Vätern gleich, die ihre Söhne Carl oder Pompejus nennen, in der Meynung, daß die Kinder, mit diesem Nahmen, auch zugleich die Tapferkeit, und den Ruhm solcher Helden bekämen." (S. 35 f. [37].) Ähnlich geht es den Schriften der Historiker, sehr scharf den medizinischen, die in Flinten auf das Pulver gestopft werden, da sie häufig nicht weniger Schaden als die Kugeln anrichteten. Von besonderem Interesse ist das Schicksal der Bücher über „Staatskunst und Staatsräson", von denen besonders viele aus den nördlichen Gegenden, andere aus Frankreich und Italien stammen. An dieser Stelle erneut Saavedra den schon in den „Idea d'un Principe" begonnenen Kampf gegen Machiavell, allerdings ohne ihn zu nennen; nach seiner Meinung

---

[27]) Dies erinnert an die von Klopstock eingeführten Strafen, in denen die „Lache" in verschiedenen Formen auftritt. Die Annahme, daß Saavedra dabei direktes Vorbild gewesen sei, erscheint überflüssig, wenn wir uns vor Augen halten, wie oft entsprechende Züge im Laufe der Entwicklung an voneinander unabhängigen Stellen auftreten. Um die i n n e r e Tradition unserer Idee bis zu Klopstock zu erweisen, wird auf sonst unbedeutende Einzelheiten im folgenden hingewiesen werden.

sollen Wahrheit und Religion die Grundfesten der Staaten bilden, während die meisten Verfasser der eingelieferten Bücher die Erhaltung und Erweiterung der Staaten nur auf Betrug und Bosheit gründen. Da alle diese Werke zur Verbrennung verdammt werden, fürchtet Saavedra, auch mit seinen Schriften von der Staatskunst werde man nicht anders verfahren, „ob ich wohl dabey jederzeit die Gottesfurcht, Vernunft und Gerechtigkeit, zu Rathe gezogen hatte." (S. 41 [37].)

In den „Niederlagen" (die Bibliothek) befindet sich die große Wage, mit der die Vernunft nach Granen und Quentchen, der Witz aber nach Pfunden und Viertelzentnern gemessen werden. Mit Ferdinand von Herrera, der die verschiedenen Karate des Witzes durch einen Probierstein feststellt, läßt sich Saavedra in eine längere Unterhaltung über die zeitgenössische italienische und spanische Dichtung ein, in der gleich zu Anfang der Zusammenhang der Blüte poetischer Kunst mit friedlichen und geordneten politischen Verhältnissen betont wird. Den Maßstab für Beurteilung poetischer Werke bildet ein Grundsatz, der wie der (oben S. 22) angeführte, der antiken Poetik ähnlich ist, ohne daß hier der moderne Gedanke eines genialen Funken hindurchschimmerte. Bezeichnend ist z. B. die Beurteilung Dantes, der hinter der Größe Petrarcas zurücktreten muß. „Dante unterrichtete nicht, wenn er sich als einen Dichter zeigen wollte; und war hingegen kein Dichter, wenn er zu unterrichten suchte. Er erhebet sich über die Einsicht des Pöbels, ohne im Lehren zugleich zu vergnügen, welches doch der eigentliche Endzweck der Dichtkunst ist; und ohne geschickt nachzuahmen, worinnen doch das Wesen derselben bestehet" (S. 44 [39]). Ähnlich werden Ariost, Tasso usw. vorgenommen und ihre Verdienste abgeschätzt. Die Entwicklung der spanischen Literatur wird, der italienischen parallel, ebenfalls abhängig von der politischen Befreiung, aufgebaut[28]).

---

[28]) Interessant ist der Absatz über Joannes de Mena, den Neuschöpfer der spanischen Literatur, da wir ähnliche Anschauungen bei

Beim Verlassen der Bibliothek bemerkt Saavedra am Geräusche vieler Stimmen, daß er sich in der Nähe der Schulen befindet, in denen die Jugend in der Grammatik unterrichtet wird. „Denn niemand, der nicht eine vollkommene Erkänntnis derselben besaß, konnte das Bürgerrecht in dieser Republic erlangen." (S. 53 [44].) Hier empfindet Saavedra den großen Mißstand, daß, infolge der Überfülle an Regeln, viele durch die Schwierigkeit des Erlernens von dem Studium überhaupt abgeschreckt würden, sehr zum Schaden der Gelehrtenrepublik, die so viele Bürger verlieren müsse. Daher wendet er sich an Varro, weshalb das Lateinische in vier bis fünf Jahren der Jugend beigebracht werden sollte, statt in wenigen Monaten durch lebendigen Umgang, wie man die anderen Sprachen erlerne. Zudem — warum die Wissenschaften nicht in der Muttersprache vorgetragen würden, wie das z. B. bei den Griechen und Römern Brauch gewesen sei. Es ist dies dieselbe Klage, die wir noch bei Klopstock wiederfinden, da der Übelstand auch im 18. Jahrhundert nicht auszurotten war. Interessant ist Varros Antwort; denn dieser meint, daß an der schweren Erlernung die Väter die Schuld trügen, da sie nicht rechtzeitig im frühesten Alter ihre Kinder das Lateinische lernen ließen[29]). Diese Sprache biete außerdem nach Untergang des römischen Reichs die einzige Möglichkeit, sich über die Grenzen der einzelnen Nationen hinaus innerhalb der Wissenschaftler zu verständigen. Zudem ginge bei der Übersetzung vieles „von der Schönheit und dem Nachdruck" der Originale verloren. (S. 54 [45f.]).

Von den Schulen gelangt Saavedra zu den Universitäten, von denen sich die ältesten und berühmtesten hier be-

---

Klopstock kennen. „Doch man darf Mena nicht nachahmen. Denn damals band man sich dergestalt an die niederträchtigen und barbarischen Gesetze des R e i m e s , welcher mitten in den Zeiten der Unwissenheit erfunden wurde, daß man zufrieden war, wenn man nur seine Gedanken in Reimen ausdrücken konnte, um das übrige bekümmerte man sich nicht." (S. 46 [40].)

[29]) Vgl. Maupertuis, Lettres. Dresden 1752. Nr. XIX. „Ville Latine" S. 187 f.

finden. Er geißelt die Äußerlichkeiten, die genügten, um zu akademischen Graden zu gelangen: daß durch Geld oder auch nur durch die vorgeschriebene Studienzeit alles zu erwerben sei. Von Polydor läßt er sich die griechischen und lateinischen Historiker, die sich hier zusammengefunden haben, zeigen und erklären, Anlaß, sie einzeln nach ihrer Bedeutung zu würdigen[30]).

Zu beiden Seiten der Universität befinden sich dann die alten „Büchersäle", die jemals durch ihre Größe berühmt gewesen sind: so die alexandrinische, die Ambrosiana, die vatikanische, pfälzische usw. In ihnen sind die alten Bücherrollen, die Schreibtafeln, die verschiedenen Materien, aus denen ehemals die Schreibgeräte gefertigt wurden, aufgestellt. All diese Gebäude machen einen besonderen Stadtteil aus, in dem in größter Ruhe und Beschaulichkeit die Gelehrten wohnen, die die Geheimnisse der Natur ergründen wollen.

Die Gymnosophisten, die Druiden, die Chaldäer usw., all die, die das Übersinnliche in ihre Betrachtung hineinzogen, so auch die Kabbalisten, waren hier versammelt, an ihrer Spitze Prometheus, der als erster den irdischen Menschen göttlichen Atem eingehaucht hatte. An diese halb theologischen Gelehrten und die sieben Weisen Griechenlands, die sich unter einem Baum zusammengefunden, vorbei, nähert sich Saavedra am Rande eines Brunnens den Philosophen der Akademie: Socrates, Platon, Clitomachus, Carneades, und vielen anderen, die alles, was ihnen vorkommt, bezweifeln, nur dem Verstande noch ein gewisses Übergewicht belassen. Konsequenter noch an allem zweifelnd

---

[30]) Trotz aller Bewunderung, die Saavedra dabei Tacitus zuteil werden läßt, zweifelt er, ob dessen Werke nicht schädlicher als die Erfindung des Pulvers gewirkt hätten, da man die „tyrannischen Lehren" aus ihm genommen habe. „Solcher Gefahr unterwerfen sich diejenigen, welche zu den Zeiten tyrannischer Fürsten schreiben. Denn wenn sie dieselben loben, so sind sie Schmeichler: tadeln sie dieselben aber und decken ihre Laster auf, so hält man sie für Rebellen". (S. 60 [49].) Übrigens läßt Saavedra die Schriften des Tacitus von einem Niederländer entdeckt werden (in der Ausgabe von 1807 in einen Deutschen geändert).

sind die skeptischen Weltweisen, die sich gleichfalls in der Nähe aufhalten, und für die Saavedra lebhaft eintritt, indem er nicht nur die Sachen, sondern auch das Mittel der Erkenntnis, den Verstand, als höchst unzuverlässig darzustellen bemüht ist, in großer Übereinstimmung mit der skeptischen Erkenntnislehre der englischen Philosophie. So verschieden wie die Natur der Menschen, so vielerlei sind auch die Weltanschauungen: so finden wir die Dogmatiker, Peripathetiker, Pythagoräer, all die philosophischen Schulen der Alten. Besonders eigenartig ist es, von Diogenes zu hören, wie er einsam beiseite steht, über die Unabhängigkeit des menschlichen Geistes nachdenkt und in die Rinde eines Baumes ein s p a n i s c h e s Gedicht über die Reinheit des Wassers eingräbt. Durch eine verborgene Tür gelangen Varro und Saavedra in eine finstere Höhle, in der sie Artemidor und Cardanus schlafend finden. Von Saavedra darüber zurechtgewiesen, verteidigt Cardanus die Berechtigung und den Wert des Schlafs in sehr hübscher Rede, wie denn überhaupt die ganze Führung in Saavedras Werk einen großen Reiz hat, da er es versteht, die große Zahl antiker Namen durch kurze bezeichnende Striche zu charakterisieren.

Die Höhle, mit ihrer Dunkelheit dazu geeignet, beherbergt noch andere „dunkle" Dinge, so die Alchimisten, „prächtig und reich an Worten: in dem übrigen aber arm und niederträchtig" (S. 83 [96]), ferner die Sibyllen, die Priester der heidnischen Religionen, die Wahrsagerei, Sterndeuterei und andere Geheimwissenschaften trieben.

Auf der anderen Seite des Stadtteils befinden sich zwei Hügel, durch Alleen von Lorbeer und Myrthen verbunden und eingefaßt, mit Reben prächtig bewachsen. In der Mitte entspringt ein frischer Quell, ein Werk des Pegasus, „dessen Hufe die Zeiten so sinnreiche Irrtümer zu danken haben" (S. 89 [fehlt]); um ihn hatten sich all die Großen der Dichtkunst versammelt, unterhielten sich mit Musik, nach der die großen Dramatiker tanzten und „durch ihre Handlungen und Vorstellungen die Bewegungen und Leidenschaften des Gemüthes reinigten" (S. 90 [99 anders].) Die verschiedenen

Arten der Dichtkunst, vertreten durch die bedeutendsten Schöpfer, werden ebenfalls durch die entsprechenden Beschäftigungen charakterisiert; Guarino und die Schäferdichter weiden die Herden, während die Satiriker unter der Führung Juvenals und Martials versuchen, jeden Vorübergehenden ziemlich scharf zu stechen. Nachdem Saavedra auf dem Gipfel eines der Hügel noch den König Alphons den Weisen aufgesucht hat, den er beschäftigt fand, im Sternbild der Ariadne die Krone zu suchen, ohne zu bemerken, daß man ihm seine eigene währenddessen stahl, — was Saavedra veranlaßt, sich über Regierung und Beschäftigung mit den Wissenschaften auszulassen —, wendet er sich mit seinem Führer aus den unbewohnten Einöden dieses Teiles in den volkreichen Teil der Stadt.

Die Schichtung, der äußere und innere Aufbau der Stadt, ja eigentlich der ganzen Republik wird hier an den eigentümlichen Erscheinungen der Menschen und ihrer Umgebung aufgezeigt; dies bietet gleichzeitig Gelegenheit, die Verfassung, die die Verwaltung ordnet, die Berufe der Bürger und des Adels bestimmt, näher zu erläutern. Doch ist die Form, in der Saavedra dieses vorbringt, indem er vom äußeren Eindruck, dem bloß Wahrnehmbaren, spricht, in Wirklichkeit das Geistige, den Inhalt meint, so verwickelt, daß ich am besten den ersten Teil hier wörtlich wiedergebe, „Wenn man dieselbe (die Stadt) von innen betrachtet, so findet man sie garnicht so beschaffen, wie es ihre äußerliche Schönheit vermuthen lässet. In vielen Dingen hatte sie nur einen scheinbaren, und erdichteten Glanz. Einige Gebäude waren auf einem falschen Grunde aufgeführet. Die Einwohner beschäftigten sich, mit mehr Eitelkeit, als Beurtheilungskraft, aus dem Schutte des einen, und den Baumaterialien eines anderen Gebäudes, immer neue aufzuführen. Dadurch wurde in der ganzen Stadt alles vom untersten zum obersten gekehret; alles gerieth in Unordnung, und die Einwohner hatten mehr Verwirrung, als Vortheil von allen ihren Arbeiten. Durch alle ihre Bemühungen bekam zwar die Stadt immer ein anderes Ansehen: allein keine mehrere Größe. Sie verlohr dadurch vieles von dem Glanze, und von der Erweiterung, wozu sie hätte gelangen können, wenn ihre Bürger sich fein um die Wette bestrebet hätten, neue Mittel, und neue Materialien, zu Pallästen, und öffentlichen Gebäuden, ausfündig zu machen. Die Bürger waren schwermüthig, mager, und schwindsüchtig. Man fand wenig Einigkeit unter ihnen: hingegen viel Neid und Mißgunst. Diejenigen machten hier den A d e l aus, welche in den Künsten und Wissenschaften weitgekommen waren; und von der Vortrefflichkeit derselben erhielten sie ihren Glanz, und ihren Werth. Die übrigen wurden unter den P ö b e l begriffen. Ein jeder von ihnen legte sich auf eine Handthierung, welche mit seiner Kunst, dazu er sich bekennete, die meiste Ähnlichkeit hatte. Diesem nach handelten die S p r a c h l e h r e r mit Kohl, und mit Früchten. Sie schimpfeten, aus ihren Buden, mit vielem Geschrey, und Hochmuth, auf einander, suchten auch gemeiniglich den vorbeygehenden, ohne Ansehen der Person, eines anzuhängen." (S. 92 ff. [99 ff.]) [31]). Es folgt die Kennzeichnung der überheblichen Kritik, mit der diese minderwertigen Glieder des Staates große Schriftsteller, Philosophen und Dichter zu treffen meinen, während sie doch nur sich selbst verurteilen, wenn sie sich über Platon, Homer, Aristoteles, Cicero usw. überheben.

So bekommt jeder Zweig innerhalb des Pöbels seinen entsprechenden Beruf. Die Kunstrichter sind die Trödler, die Redner treten als Marktschreier und Quacksalber auf, die Essenzen und geheime Arzeneien den Leuten aufzuschwatzen suchen; die Geschichtsschreiber sind die Kuppler, „weil sie die beste Känntniß von den Familien und ihrem Interesse" haben (S. 95 ([102]; die Dichter gehen als Hausierer durch die Straßen, wo sie Vogelkäfige oder Blumensträuße feilhalten. Noch schlimmer geht es den Ärzten, die — wie schon bei Beurteilung der Schriften (oben S. 24) —

---

[31]) Die Trennung zwischen Adel und Pöbel kehrt mit gleicher Begründung in späteren Äußerungen über die Gelehrtenrepublik bis zu Klopstock immer wieder.

mit besonderer Ironie zu Totengräbern, Schlächtern und Scharfrichtern gemacht werden. Da Apotheker im Staat überhaupt nicht geduldet sind, legen sich diese aufs Schmieden von Waffen großen und kleinen Kalibers. Ähnlich wird den Astronomen, Optikern, Logikern, Weltweisen und Rechtsgelehrten ein Gewerbe zugeteilt.

„In diesem Staat wurde, wie bey den Egyptern, und Lacedämoniern, das Stehlen, unter dem Vorwande der Nachahmung, für rühmlich gehalten. Es giengen auch wirklich, unter den Bedienten des Staates, zum öfteren sehr große Diebstähle vor. Man sahe täglich neue Buden aufrichten, in welchen man fremde Sachen verhandelte. Niemand aber brauchte diese Freyheit mit besserem Vorgange, als die Litteratores, und die Dichter: jene, wegen der großen Menge der Bücher, und Schriften, deren sie sich bedieneten: diese aber, weil sie, wenn sie in die Häuser herumgiengen, und ihre Kleinigkeiten verkauften, bey dieser Gelegenheit die besten Sachen daraus entwendeten". S. 97 [102 f.].)

Leider wird die Regierung des Staates von Saavedra nur ganz kurz behandelt. Er unterrichtet uns, daß einer Anzahl Ratsherren die Verwaltung untersteht, und zwar geteilt nach Volk, Kriegswesen und Staatssachen, bei denen jedesmahl die geeigneten Großen des Altertums als Leiter ausgewählt werden[32]). Außerdem gibt es drei Zensoren und einen Sekretär; dies ist nach Saavedras Bezeichnung der „Magen" des Organismus, der verdauen muß, was von dem Haupt oder den Gliedern geschaffen wird, ein Posten, der also einen der größten Gelehrten verlangt; und so wird Sueton dazu erwählt.

Nun schreitet Saavedra mit seinem Führer Varro weiter durch die Straßen, nimmt, was ihm begegnet, zum willkommenen Anlaß, seine oft sehr treffenden Bemerkungen über die Art der Gelehrten und Dichter anzubringen, zumal

---

[32]) Bezeichnend, daß Saavedra Tacitus für die Staatssachen aufgestellt hat, ein Beweis, wie hoch er ihn selbst schätzte, und daß die oben wiedergegebenen skeptischen Äußerungen nur die Meinungen anderer wiedergeben sollen.

über die Gefahren und häßlichen Auswüchse ihres Berufs, über die Schmähungen, die sie aber auch häufig unverdient erhalten. Zunächst sieht er Mäcenas im Gespräch mit Vergil, der neben der Sänfte des Reichen einhergeht, heftig auf Horaz schimpfend; hier zeige sich, so meint Saavedra, daß die Unterstützung der Gelehrten nicht immer ohne Schaden wäre, da sie die Empfänger, die lieber ihrer Ruhmsucht folgten, die nötige Aufrichtigkeit und Dankbarkeit vergessen ließe[33]). Ein anderes Beispiel ist so treffend gesehen und in der Form so geglückt, daß ich es im Wortlaut folgen lasse: „Apulejus kam auf einem Fuchsrothen Esel durch die Stadt geritten. Das gemeine Volk lief ihm nach, und lachte nicht wenig über diesen Aufzug. Einige pfiffen ihn aus; andere hießen ihn einen Viehdieb: denn es gienge der Ruff, er sollte gestohlen haben. Wie leicht nimmt doch das gemeine Volk die Verleumdungen großer Männer für gewiß an! Den man zuvor kaum des Ansehens würdigte, ob er es gleich, wegen seiner vortrefflichen Eigenschaften, wohl verdienete: auf den siehet, den tadelt jetzt jedermann, bloß wegen eines Wortes, das der Neid auf ihn gebracht hat. So gehet es dem Monde; und damit kann sich die Tugend trösten. Wenn derselbe leidet, und verfinstert wird, alsdenn sind die Augen der ganzen Welt steif auf ihn gerichtet. Wenn er aber, mit vollem Lichte, den Gesichtskreis erleuchtet, siehet niemand auf ihn." (S. 99 f. [104].)

Weiter besichtigt Saavedra auf seiner Wanderung das große öffentliche Tollhaus, das nicht zur Heilung, sondern mehr zur Kennzeichnung der Kranken eingerichtet ist. Alle überspannten und unsinnigen Ideen der Wissenschaftler finden wir hier zusammen, die Gelehrten, die die Quadratur des Zirkels suchen, und die Sammler archäologischer Unbedeutsamkeiten. Aber auch die unselbständigen Gelehrten,

---

[33]) Der Kampf Klopstocks gegen die Mäzenaten, die die Wissenschaftler unehrlich machten, sie verführten, ihre eigene Meinung unter dem Druck äußerer Umstände zu verleugnen, klingt bereits an, allerdings nur ganz zaghaft, da die allgemeine materielle Bindung im 17. Jahrhundert, wie in der Einleitung ausgeführt, noch zu stark ist.

die solange die Werke anderer benutzt und ausgeschrieben, nichts als Anthologien und Zusammenflickungen aus den Werken Fremder geschaffen haben, bis sie darüber den eigenen Geist verloren, findet Saavedra hier vereinigt. Wieder eine eigene Abteilung bilden die Großsprecher, die bloß die Titel der Bücher oder eine flüchtige Kenntnis des Inhalts haben und sich dennoch als große Wissende rühmen.

In einem anderen Gebäude werden von Galenus vor seinen Schülern die Gehirne berühmter Männer, besonders die der Fürsten seziert, wobei es Saavedra aufs äußerste überrascht, zu hören, daß diesen Urteilskraft und Gedächtnis als eigene Gehirnteile überhaupt fehlten, alles einem übermächtigen Willen untergeordnet wäre. Während er sich über die näheren Gründe unterrichten will, entsteht großer Lärm, der alle Bürger von ihrer Tätigkeit ablenkt und im ganzen Staat größte Aufregung hervorruft. Es kommt nämlich die Nachricht, daß Kaiser Licinius, ein Hauptfeind der Republik, mit den Goten und Vandalen gegen den Staat heranzöge. Die obersten Ratsherren der Stadt treten zwar schleunigst zusammen; aber wie das bei so großen und vortrefflichen Denkern zu geschehen pflegt, hat jeder seine eigene Meinung, die er trefflich zu begründen vermag, infolgedessen kann trotz drohendster Gefahr das Kollegium zu keinem Entschluß über seine Gegenmaßnahmen kommen. Ihre einzige Erlösung aus diesem Dilemma ist, daß sich die erschreckende Nachricht als blinder Lärm herausstellt. — Auf einem Platz, auf dessen einer Seite sich Gelehrte zur Belustigung des Volkes als Seiltänzer produzieren, sieht Saavedra eine kleine Gruppe sich leise unterhalten, um von den anderen nicht gehört zu werden. Dadurch neugierig gemacht, geht er näher und hört, wie Critias in längeren Ausführungen gegen die religiösen Dogmen aller Völker, besonders gegen die Unsterblichkeit der Seele und Verschiedenheit des Menschen vom Tiere predigt; entsetzt über diesen Atheismus wendet er sich fragend an Varro, wie so etwas in den Mauern der Gelehrtenrepublik geduldet werden könnte. „Er gab ihm hierauf folgende Antwort: dasjenige, wovon die Rede ist, ist einer Kraft zuzuschreiben, durch welche alle Meynungen ihre Vertheidiger finden; so abgeschmackt sie auch immer seyn mögen. Was die Atheisten insbesondere anlanget, so ist ihre Lehre mehr einer Boßheit, als einer Unwissenheit zuzuschreiben. Daher kömmet es, daß sie, wider alles Licht der Vernunft, die Frechheit ihrer Sitten zu bemänteln suchen." (S. 113 [111].)

Nachdem ihm Diogenes begegnet war, der mit einem Spiegel der Selbsterkenntnis alle Menschen aufforderte, ein Urteil über sich selbst zu gewinnen, ohne einen einzigen dazu bereit zu finden, sieht er Archimedes, nur mit einem Strumpf und seiner Nachtmütze bekleidet, sein Haus verlassen, ohne auf das Geschrei und Spotten des Volkes zu hören. „Hieraus sahe ich, wie untüchtig und ungeschickt, diejenigen zu allen höfischen Sitten, und Hofmanieren, sind, welche sich, ohne sich zu mäßigen, in scharfe Betrachtungen über die Wissenschaften vertiefen; außer dem aber vielmehr unbelebte Klötzer, als wahrhafte Menschen, zu seyn scheinen." (S. 116 [126 ff.]). So wie hier wird ihm alles, was er auf seinem Wege sieht, zum Anlaß, allgemeine Bemerkungen über die Gelehrten einzuflechten, nicht aufdringlich, aber stets geeignet, die Wissenschaftler in ihrer wissenschaftlichen und menschlichen Art zu charakterisieren. Sie sind Saavedra ein Mittel, den Gelehrtenstaat als ganzes vor uns lebendig zu machen; die kleinen Schwächen der Großen und die großen Fehler der Kleinen erst ergeben ein volles Bild. — An der Tür eines Hauses findet der Wanderer Pythagoras, der für seine Lehre über die Seelenwanderung spricht. Sehr witzig und bissig, wie den Klassen der Menschen die ihnen gemäßen Tiere zugewiesen werden; „die Seelen der Richter fahren in Hunde, welche arme Leute beisen: den reichen hingegen schmeicheln . . . Die Seelen der Dichter wandern in Bäre, welche stets an ihren Tatzen saugen." (S. 117 [131].) Dieser Vortrag aber wird unterbrochen durch einen Spaßvogel, der Bohnen unter die Umstehenden streut, worüber Pythagoras sich so erzürnt, daß er sein Haupt verhüllt und ins Haus hineingeht. Vergeblich bemühen sich die Zuschauer, den Grund seiner auffälligen Erregung zu erkennen; all ihre Vermutungen sind zur Motivierung nicht ausreichend; für Saavedra aber ist dieser kleine Vorfall ein Zeichen für die Kleinlichkeit der Großen: „Meine vornehmste Betrachtung aber gieng darauf, daß ich erwog, wie leichte diejenigen, welche sich am meisten eines großen Verstandes rühmen, und sich vor andern für weiße ausgeben, um einer geringen Sache willen in Unruhe gerathen, ja wohl gar davonlaufen. Sie besorgen, als hochmüthige Leute, bey der geringsten Gelegenheit, sie möchten die Meynung verliehren, die andere von ihnen hegen." (S. 118 ff. [132].)

„Als wir um die Ecke einer Gasse herumgiengen, stießen wir auf den Africanischen Scipio, und auf den Lälius. Diese fuhren dem Terenz übel mit, und verlangten von ihm, er sollte die Socken wegthun, mit welchen er so großmüthig durch die Stadt gienge. Sie beschuldigten ihn, er hätte sie ihnen entwendet. Endlich, da die Gewalt mehr vermochte, als die Wahrheit, zogen sie ihm dieselben von den Füßen weg. Dieses sind die Wirkungen der Gewalt, welche die Großen besitzen. Weil sie mit ihren eigenen innerlichen Schätzen nicht zufrieden sind, maßen sie sich fremder Güter der Seele an und schmücken sich mit den Federn, das ist, mit den Arbeiten, und mit der Weißheit, der Armen." (S. 118 f. [132 f.].)

Eine andere Straße ist der Länge nach auf beiden Seiten mit Barbierstuben gefüllt. Erstaunt, eine solche Menge in der Gelehrtenrepublik anzutreffen, wo es gerade den Gelehrten eine Ehre sein müßte, einen langen Bart zu tragen, wendet sich Saavedra an Varro, der ihm erklärt, daß es sich um die Critici, eine gewisse Art von Wundärzten handele. Ihr Amt sei es, den ihnen zugeführten Patienten falsche Körperteile, Haare, Zähne anzusetzen, ja das schlimmste wäre, daß sie das Eigene der Verfasser, die Gedanken und Worte der Bücher, die ihnen vorgelegt sind, verkehrten und verdrehten und dadurch den Wert und Sinn der Werke verstümmelten. Nicht weniger auffallend als die

Zahl der Barbierstuben wird Saavedra ein großer Philosoph, Demokritos, der ihnen überlaut lachend entgegenkommt. Anlaß dazu sind die üblen Verhältnisse innerhalb des Staates, die zu beweinen oder zu betrauern Demokrit sich nicht bewogen fühlt, da ihn die Tatsachen unwiderstehlich zum Lächeln reizen. Den Hauptgrund, den großen Schaden des ganzen Staates, sieht er in der Diskrepanz zwischen den eigentümlichen Lehren der Gelehrten, die keine andere Aufgabe haben, als ihre verwerflichen Begierden „wissenschaftlich" zu begründen, und dem Ideal eines wahrhaft Großen, der seine Leidenschaften und Gemütsregungen zu beherrschen versteht, der weiß, daß ihm nichts fehlen kann, und erkennt, daß er von allen übertroffen wird [34]).

Nun folgt aus dem Munde des Demokrit das Zentralstück der Gelehrtenrepublik, nämlich das System der Wissenschaften und Künste, die sich hier vereinigt haben, eine Rede, die durchaus nicht die Meinung des Verfassers zum Ausdruck bringen soll, sondern ganz im Stil des lachenden Philosophen gehalten ist; doch ihre Heiterkeit ist nicht von jener menschlichen Überlegenheit, die mit Liebe den Dingen verbunden humoristisch auf die Welt sieht, sondern von einer bitteren Ironie[35]), die unter dem beißenden Hohn das Positive nicht zur Geltung kommen lassen will. Diese positiven Werte, die wir sicher als die Meinung Saavedras annehmen dürfen — nicht nur weil er selbst zur Gesellschaft der Wissenschaft gehörte! — müssen wir aus einer Umkehrung der Darstellung Demokrits herauszulesen versuchen: wenn wir auch nicht hören, was sie wirklich geben, so sehen wir doch, was sie geben können und sollen. Neben

---

[34]) Als charakteristisch für die religiöse Engherzigkeit des wichtigsten Herausgebers Mayans sei hier erwähnt, daß er in dem Schlußsatz dieses Abschnitts: „Dessen Glückseligkeit ist der Glückseligkeit Gottes, wo nicht gleich, doch sehr nahe" (S. 125 [fehlt]) die Worte „wo nicht gleich" gestrichen hat.

[35]) Demokrit spricht es selbst aus: „... wie viele Dinge treffen wir nicht, sowohl in den Wissenschaften selbst, als bey ihren Lehrern, an, welche einen viel eher zum Lachen, als zum Mitleiden, bewegen können?" (S. 126 [134 f.]).

der Eitelkeit, die durchgängig bei allen einzelnen Typen wiederkehrt, bekämpft Demokrit in erster Linie die Unwahrhaftigkeit der Wissenschaftler und ihrer Methoden. Gerade der Schade, den sie dadurch im Organismus des politischen Staates anrichten, bewegt ihn, sie z. T. aus diesem ganz auszuweisen, bei den Dichtern auf den Spuren Platons, dessen Begründung dafür er wiederholt.

Der ersten Gruppe, den Rednern, wirft er neben Eitelkeit und Unaufrichtigkeit Schmeichelei vor, als Hauptmangel ihrer „Kunst", aus Wahrheit Lügen zu machen, Schein und Wirklichkeit je nach Bedarf zu vertauschen. Gerade auch die Kunstfertigkeit, die ihnen eigen ist, macht sie doppelt gefährlich dem Staate, dessen Volk sie zu allem Möglichen durch süße Worte verführen können. Noch schlimmer steht es bei der Dichtkunst, die der Redekunst nahe verwandt ist. Die Mitglieder dieser Gruppe dünken sich größer, da es ihnen möglich ist, ganz unwirkliche, in der Natur nicht vorhandene Dinge zu erfinden, oder, der religiösen Überzeugung schädlich, den Göttern Schwächen und Laster anzudichten, die ihnen selbst eigen sind. Wie bei den Überirdischen scheuen sie sich nicht einmal, den Menschen Gedanken, Gefühle, Taten nachzusagen und sie so ohne eigene Schuld in den übelsten Ruf zu bringen[36]). Die Mängel der Geschichtswissenschaft, die schon bei dem großen Aufzug der Historiker Erwähnung fanden, werden hier wiederholt; es wird nachdrücklich auf die Ruhmsucht der Menschen hingewiesen, die durch jedes geeignete oder ungeeignete Mittel versuchen, sich im Gedächtnis der Geschichte zu erhalten, wofür Herostratos ein abschreckendes Beispiel bildet. Der Mangel an Aufrichtigkeit und Unparteilichkeit bei den Historikern macht sie besonders ungeeignet für die Beschäftigung mit der Staatskunst, die sie sich anmaßen, ohne durch eigene Erfahrung darin bewandert zu sein. Die Tatsache, daß ein Historiker die von ihm er-

---

[36]) Als Beispiel dient Dido, die in Wirklichkeit „sich doch alle verwitwete Frauen zu einem Muster der Ehrbarkeit, Zucht und Keuschheit, nehmen können!" (S. 129 [145]).

zählten Ereignisse und Entschlüsse der Staatsgeschichte gar nicht miterlebt haben k a n n oder im anderen Falle nur ganz im Ausschnitt hat kennen lernen können, müßte ihn bei der Darstellung und seiner höchsten Aufgabe, der Angabe der Beweggründe, des kausalen Zusammenhangs besonders vorsichtig machen. Darüber hinaus leben die Geschichtsforscher in der großen Gefahr, zu ihrem eigenen materiellen Vorteil, den Großen, für die sie arbeiten, zu schmeicheln oder sie aus verletzter Eitelkeit schmähen.

Anders liegen die Verhältnisse bei Naturwissenschaft und Vernunftlehre, bei denen durch die vergrübelte Arbeit der Gelehrten in Terminologien und Begriffen eine solche Verwirrung im Laufe der Zeit eingetreten ist, daß die tiefen Weisheiten, die die ersten Vertreter dieser Wissenschaften niedergelegt haben, unter dem Wust der Worte begraben sind. So steckt noch heut in den Erkenntnissen Platons der größte Wert, verdeckt durch all die ethischen und praktischen Spekulationen der nachfolgenden Philosophenschulen. Wie hier etwas Gutes und Großes durch die Sucht nach Anwendbarkeit herabgezogen ist, so steht es auch mit Arithmetik und Mechanik, deren Dasein sich nur noch in praktischen Verwendungen beweist. Demselben Kapitel, doch in noch groteskerer Gestalt gehört auch die Rechtswissenschaft zu, für die eine eigene Verstandestätigkeit überhaupt nicht mehr erforderlich ist, sondern die mechanisch aus der Unzahl von Büchern und Registern gezogen und auf den gerade vorliegenden Fall a n g e w e n d e t werden kann. Bei ihr sind noch dazu die Grundlagen unsicher, wechselnd mit Zeit und Ort, da sie selbst, Geburt des veränderlichen menschlichen Verstandes, häufig gegen die guten Sitten, Vernunft und Natur verstoßen (S. 143 [155]).

„Ich würde sie [die Rechtsgelehrten] für die schädlichsten Leute in der Welt halten, wenn nicht noch die Ärzte in derselben wären. Denn rauben uns die Sachwalter unser Vermögen: so nehmen uns diese gar das Leben". Und nun beginnt wieder der Kampf gegen die Ärzte, den wir schon vorher kennen lernten, wie bei der Erkenntnislehre und der

Beurteilung der Historiker sehr interessant begründet durch die Unmöglichkeit vollständiger Induktion, die dort vorausgesetzt werden muß, wo wir bei einer Wissenschaft nicht mit a priori gegebenen Grundlagen zu rechnen haben. Der bei der Rechtswissenschaft ausgesprochene Gedanke wird hier mit anerkennenswerter Konsequenz durchgeführt, daß wir nur dann wahre Wissenschaft vor uns haben, wo wir mit sicheren, göttlichen oder natürlichen Gegebenheiten rechnen können. Eine Idee, ganz im Sinne der Zeit; denn auch in den anderen Gelehrtenrepubliken begegnen uns die Ärzte überhaupt nicht als heimische Bürger. — Wie weit dieser Gedanke der Zeit und Saavedra eigen ist, zeigt die nun folgende Antwort Heraklits, der auf die höhnenden Ausführungen Demokrits erwidert, traurig über die Mißstände im Staat. Auch ihm gelten speziell Vernunftlehre, Redekunst, Dichtkunst und Sittenlehre als der menschlichen Natur immanent, wenn auch in durchaus rohem Zustand, der erst durch mühevolles, jahrelanges „Lernen" ausgebildet werden kann, eine Bildung, die erst die Erfahrung des Lebens gibt und die zu der natürlichen Begabung hinzutreten muß. Merkwürdig und seltsam bleibt, daß wir dabei häufig den Tieren als Vorbildern zu folgen vermögen, wie dies Aesop (der gerade, von seinen Tieren begleitet, vorbeigeht) in seinen Werken ausgebildet hat[37]).

Die nun folgenden Gedanken Saavedras, zu denen ihn der Streit der beiden Philosophen veranlaßt hat, sind so bezeichnend für seine eigene Auffassung der Wissenschaft, die eigentümliche, durchaus nicht dogmatisch-kirchliche Anschauung, daß ich sie nur mit seinen eigenen Worten wiederholen kann: „Ich lachete über beyde, da ich sahe, wie jener lachte, daß dieser weinete . . .: dieser aber spottete, und unwillig war, weil der andere lachete. Allein nachgehends kam ich auf die Gedanken, daß sowohl die eine, als die

---

[37]) Bemerkenswert sind die Staatsformen, die wir den Tieren entnommen haben sollen: von den Bienen die Monarchie, von den Ameisen die Aristokratie, von den Kranichen die Demokratie (S. 150 [159]).

andere, von diesen Leidenschaften aus einem Leide gegen die Wissenschaften herrühren können. Diese sind einige von den Eigenschaften, oder vornehmsten Theilen Gottes; und Gott würde aufhören, Gott zu seyn, wenn ihm eine einige davon mangeln sollte [38]). Was ist die Dichtkunst anders als eine Flamme, die von ihm kommt, und die er nur in wenigen anzuzünden pflegt? [39]) Ist nicht die Redekunst eine göttliche Eingebung, die uns zur Tugend locket? Ist nicht die Geschichte ein Spiegel der vergangenen, gegenwärtigen und zukünftigen Zeiten, den er verfertiget hat? Zeiget uns nicht die Naturkunde die stärksten Proben von seiner Macht; die Sittenlehre einen Abriß von seiner Tugend; die Sternkunde ein Beispiel von seiner Größe, die Rechenkunst einen, obwohl unvollständigen Begrif von seinem Wesen und von seiner Hoheit; die Meßkunst, ein Werkzeug seiner Regierung in Zahl, Maaß und Gewichte; die Rechtsgelehrsamkeit, die Ausübung und Anwendung seiner Gerechtigkeit; und die Arzeneykunst eine besondere Aufsicht seiner Gütigkeit? Allein woran waget sich nicht der Neid? Die Sonne ist so schön unter den übrigen Geschöpfen, daß die Abgötterey sich dadurch entschuldigen könnte, daß sie dieselbe als einen Gott angebetet hat. Und gleichwohl findet sich einer, welcher, ohne Adleraugen zu haben, sich unterfänget, ihre Strahlen zu erklären und zu sagen, daß unter ihrem Lichte Dunkelheit und Flecken befindlich seyn" [40]). (S. 153 f. [160 f.]).

Wenn hier auch noch aus der Religiosität des 17. Jahrhunderts die Abhängigkeit des Menschen von der Gnade und Allmacht Gottes betont, die ethischen Forderungen und Wirkungen der Wissenschaften als aus dem göttlichen Wesen geflossen und ihm verbunden dargestellt werden,

---

[38]) Dieser letzte Satz fehlt bezeichnenderweise bei Mayans. Er gemahnt uns bereits an den Gottesbegriff Leibniz'.

[39]) Das im 18. Jahrhundert im Anschluß an Leibniz und Shaftesbury bekannte Prometheussymbol für den Dichter ist hier bereits in anderer Form deutlich ausgesprochen.

[40]) Hier denkt man unwillkürlich an Goethes Verse: „Wär' nicht das Auge sonnenhaft . . ."

gerade die Worte über die Dichter klingen so modern, wie wir bis zu Herder nichts mehr vernehmen: die übliche Kunstlehre und -lernbarkeit der Aufklärung fehlt, dafür sehen wir noch die göttliche Gabe der Wissenschaften. Als Saavedra seine Wanderung wieder aufnimmt, kommt er durch eine Gasse zum Marktplatz, auf dem sich die Gasthäuser befinden, in denen die Gelehrten ihren großen Überfluß an Speisen, die nur aus Büchern bestehen, zu sich nehmen; von dort aus strebt er auf Varros Rat der Kanzlei zu, in der Gericht gehalten wird. Hier werden diejenigen gepeitscht, die nur aufs Wort ihrer Lehrer Kenntnisse geglaubt und beschworen haben, ebenso die, die allzusehr der griechischen Sprache ergeben sind[41]). Im Verhandlungssaal bringen gerade die großen Dichter des Altertums ihre Klage gegen Julius Caesar Scaliger vor, der sie alle schrecklich zugerichtet und verstümmelt, dem einen ein Bein genommen, dem andern die Augen ausgestochen hat [42]). Vor Aufregung fallen sie schließlich nach der Anklagerede Ovids über ihn her, um sich zu rächen, doch mit solcher Grobheit, daß Saavedra glaubt, für diesen großen Gelehrten eintreten zu müssen. Als er Claudianus einen Schlag ins Gesicht geben will, trifft er sich selbst — und erwacht.

„Damit stieß ich mit dem Arme an mein eigenes Gesichte und erwachte von vielen Irrthümern, welche ich zuvor im Schlafe gesehen hatte; wo ich die eiteln Bemühungen der Menschen, ihre Wachen, ihren Schweiß und ihre Arbeiten bemerket hatte. Ich sahe nunmehr, das nicht derjenige ein wahrhaftig weißer Mann ist, welcher sich, vor andern in Wissenschaften hervorthut: sondern daß nur der den Nahmen eines weißen mit Recht verdiene, welcher richtige Begriffe von den Sachen hat, die unbegründeten, und eiteln Meynun-

---

[41]) Wenn auch noch mit größerer Liberalität, geht doch S. auch gegen die Fremdsprachlichkeit vor, hierin von Klopstock dann allerdings weit übertroffen.

[42]) Gemeint ist Scaligers Werk „Poetica"; von ihm sagt auch Jöcher (Gelehrtenlexikon, 3. Aufl. 1773, II. 1058), daß er „in Schrifften überaus hefftig . . . sich zum Diktator unter denen Gelehrten aufwerfen wolle".

gen des Pöbels verachtet, und nur diejenigen Güter werth hält, welche von unserer eigenen Macht, und nicht von dem Willen eines andern, abhängen. Nur der ist würdig, ein weißer genennet zu werden, dessen Gemüthe stets standhaft ist; den Reizungen der Liebe oder der Furcht tapfer widerstehet; und zwar, durch diese oder jene Gewalt, einigermaßen beweget, niemals aber von einer Sache zu heftig berühret oder gar in Unordnung gebracht wird." (S. 167 f. [Schluß verändert].)

Dies Werk, nach Führung der Gedanken, Sprache und künstlerischer Form ebenso gefällig wie bedeutend nach der Freiheit der Ideen und überlegenen Auffassung, stellt dem Betrachter die schwierige Aufgabe, aus der äußeren Satire den positiv gemeinten Kern herauszuschälen, sein Lachen im Gegensatz zu dem Demokrits als liebevoll zu verstehen, das sich den verspotteten Dingen verbunden fühlt. In der Analyse wurde der häufig nicht ausgesprochene positive Sinn bereits unterstrichen und möglichst das herausgehoben, aus dem wir Saavedras Urteil entnehmen können. Eine reine Satire liegt ganz gewiß nicht vor, doch ist die Utopie natürlich nicht so wörtlich zu nehmen, wie manch andere seiner Zeitgenossen. Daß er über die Jahrhunderte und -tausende hinweg in einem Staat alle zusammenführt, die in den Wissenschaften gelebt haben, zeigt, daß er eine alles umfassende Gemeinschaft der Wissenschaftler sucht, bei der den Lebenden die Werke der Toten lebendiger Besitz sind. Die große Stadt mit ihren auch landschaftlich unterschiedenen Teilen ist natürlich nur Allegorie, Mittel, die Gruppen zusammenzusehen, ein Mittel, das überall wiederkehrt und gemeint ist wie Nicolais Wort: „Die besten Köpfe in Deutschland machen der weiten Entlegenheit ohnerachtet, zusammen eine Art von kleiner Republik aus . . ."[43]). Es ist also die künstlerische Umsetzung des geistigen Staats, mit der Traumform außerordentlich geschickt verwoben. Was wir vermissen, ist ein Wissen-

---

[43]) Nicolai an Gerstenberg, Berlin, 9. Juli 1765. Euphorion, Bd. 28, S. 338.

schaftssystem, doch ergibt auch hier die Beurteilung der einzelnen einen größeren Zusammenhang. Saavedras eigene Worte, die ich oben besonders unterstrich, lassen uns erkennen, daß das Zentrale für ihn bei den immanenten Vernunftschlüssen liegt, daß er von den reinen Erkenntniswissenschaften langsam über die Erfahrungslehre zu den rein praktisch angewandten Fertigkeiten absteigt. Gerade in dieser tiefen Fundierung liegt der große Wert der Saavedraschen Leistung, die von keinem späteren, gewiß auch von Klopstock nicht — der von anderen, mehr künstlerischen Gesichtspunkten ausgeht — erreicht worden ist.

Was fast ganz im Dunkeln bleibt, ist die Form des Staats, ein Problem, das dann gerade von den Nachfolgern aufs lebhafteste erörtert wird. Doch schon diese lose Fügung, die nirgends einen Zwang auf die Bürger auszuüben sucht, sondern sie in ihren eigenen Geleisen gehen läßt, zeigt, daß Saavedra für eine möglichst freiheitliche Form dieses geistigen Staates eintritt [44]. Allerdings —, daß sich die Mitglieder nicht gegen das Gesetz aller bürgerlichen Gemeinschaft, das Kollektivgefühl vergehen dürfen, ist unausgesprochene Voraussetzung. Sonst müssen sie ihrem eigenen Gewissen, der Ehrlichkeit, Anständigkeit und dem ersten wissenschaftlichen Wertbegriff, der Selbständigkeit folgen. Die Perhorreszierung der literarischen Kritik, die auch für Klopstock das rote Tuch ist, deutet uns auf die Wichtigkeit positiver Leistung hin. Mit Hilfe dieses Begriffs gewinnt er die Möglichkeit, die Gelehrten nach ihrer bürgerlichen Stellung zu trennen, Adel und Pöbel, zwischen denen das Gros der normalen Bürger liegt, aufzustellen. Ehren und Würden außer dieser verschiedenen Schätzung kennt die Republik nicht, dafür aber Strafen, die moralische Vergehen ahnden und noch mehr minderwertige Leistungen und deren Verfasser verfolgen.

Noch zwei Punkte sind erwähnenswert. Die religiöse Haltung des Verfassers ist ganz so, wie wir es in der

---

[44] Auf die Frage über den Begriff „Republik" gehe ich bei den Schriften über die Staatsform der Gelehrtenrepublik noch näher ein.

Einleitung für die Vertreter des 17. Jahrhunderts skizziert haben, daß er die wissenschaftliche Gabe von Gott ableitet, doch der Betätigung an sich freien Lauf läßt; er verlangt nicht, daß die Gelehrten ihre Werke sub specie dei unternehmen, aber er erwartet, daß ihre Folgerungen mit denen der Religion zusammenlaufen. Sie ist und bleibt für ihn die Grundfeste des Staates, allerdings ohne die engherzige Beschränktheit seines Herausgebers Mayans. Eine Trennung nach Religionsbekenntnissen verlangt er nicht, er weiß, daß dies auf dem wissenschaftlichen Felde nicht von Bedeutung ist. Ein zweites außerordentliches Verdienst ist es, daß er lebhaft für die Verwendung der Muttersprache eintritt, nicht die falschverstandene „Wissenschaftlichkeit" im Prunken mit fremden Federn sucht, wieder in starker Berührung mit Klopstock, für den dies einen Angelpunkt bedeutet. So hat ja auch Saavedra sein Werk spanisch geschrieben, während die meisten seiner Zeitgenossen zur Sprache der Gelehrten, dem Lateinischen, griffen. —

Lange nicht von derselben Bedeutung ist die nächste Fassung unseres Themas, die Kapp seiner Übersetzung Saavedras angeschlossen hat, wozu auch die außerordentlich ähnliche Form der Darstellung reizte. „Des Herrn le C*** gelehrte Republic. Aus dem Französischen übersetzt" ist der Titel der kleinen Schrift, deren Verfasser oder auch nur deren französisches Original aufzutreiben mir leider nicht gelungen ist [45]). Ob Kapp über den Verfasser näheres gewußt hat, erscheint unsicher, da er sonst wenigstens ein Wort in den Anmerkungen gesagt haben würde. Die Ähnlichkeit mit dem Werk Saavedras ist so groß, daß man eine

---

[45]) Ich vermute als Verfasser den Herausgeber des „Nouveau Journal des Scavans de l'an 1694" (Rotterdam) Etienne Chauvin, der den ersten Jahrgang mit „Par le Sieur C*****" zeichnete. Die 3 folgenden Bände erschienen in Berlin (1696—98), wo Chauvin Akademie-Mitglied war, unter „Par Mr. C***". Daß diesem der Ausdruck res publica litteraria geläufig war, beweist z. B. sein Disp. philos. „De existentia et essentia corporis" (hier nennt er sich Stephan Chauvin) vom 26. Okt. 1697: „. . . nonnullos, etiam praestantes in Republicâ Litterariâ viros . . ."

Beeinflussung des Herrn le C. annehmen muß; doch sind auch wieder genug Unterschiede, um eine bloße Bearbeitung für möglich zu halten. Wieder ist ein Traumgesicht als äußere Form gewählt, in dem der Schlafende sich durch ein Land bewegt, in dem Dörfer und Märkte verteilt liegen, Hügel, Wald und Ebene lieblich miteinander wechseln. Zum Führer dient dem Unbekannten ein Fremder, der sich gegen ihn sehr freundlich beträgt, den er aber nicht dem Namen nach kennt, wie denn hier die Anführung bekannter Gelehrter überhaupt unterbleibt. Die einzelnen Wissenschaften werden durch Typen verkörpert, die durch charakteristische Handlungen und Werke gekennzeichnet sind. So z. B. Sprachlehrer, die wegen der geringsten Angelegenheit in die schlimmste Schlägerei geraten — wie bei allen anderen, kommen die Philologen auch bei le C. besonders schlecht weg —, die Redner, die als Quacksalber und Krämer den Jahrmarkt besuchen, über welchen den Träumenden der Weg führt, die Sophisten, die denselben Beruf nur auf eine feinere Weise treiben, die Rechtsgelehrten, die die Sachen anderer nur zum eigenen Vorteil führen, die wissenschaftlichen Frauen, die hier ihren wahren Beruf, zu reden, nach Herzenslust ausüben können. Auf einer E b e n e findet le C. den Bezirk der Dichter innerhalb des Staats, da sie nicht mehr auf dem Parnaß hausen, seit die Dichtkunst „verflacht" und in die Ebene herabgestiegen ist. Als interessant sei hervorgehoben, daß die Zahl der satirischen Dichter, „die Verfertiger von Stachelschriften" (S. 195) sehr gering ist, da man sie, ebenso wie später bei Klopstock die Verfasser von Streitschriften, im Lande nicht duldet. Nach Durchwandern des Gebietes der Philosophen, die sich um Nichtigkeiten und Hirngespinste streiten, läßt sich der Träumende zum Ausruhen im Gebiet der Meßkünstler nieder, wo er schläft, bis er in seinem Bette erwacht.

Von Interesse ist nur noch der Schluß, der zeigt, daß auch hier eine Staatsutopie geplant oder beabsichtigt war. „Diejenigen, die von ungefehr ihre Augen auf dieses Gesicht werfen werden, möchten vielleicht wünschen, daß ich ihnen einige Nachricht von dem Zustande und von der Regierung dieser Republic gegeben; daß ich ihnen alle Landschaften, von Stück zu Stücke beschrieben, daß ich ihnen endlich eine genauere Abschilderung von diesem schönen Lande gemachet hätte. Dieselben ersuche ich aber, mich auf diesesmal hievon loßzuzählen. Es würde unwahrscheinlich herauskommen, daß ich in einer Nacht so viel geträumet hätte. Man muß sich nicht so weit von der Wahrscheinlichkeit entfernen." (S. 199 f.)

Der Wert dieses kleinen Traumgesichts ist recht gering, von eigenen Gedanken zeugt nichts, und das, was von Bedeutung hätte werden können, ist leider ungeschrieben geblieben. —

Die Idee im 18. Jahrhundert.

Der Einschnitt, den wir innerhalb der Entwicklung unserer Idee äußerlich mit dem Eintritt des neuen Jahrhunderts bezeichnen, findet seine innere Begründung in einem inhaltlich-geistigen Unterschied der beiden Gruppen. Daher binden wir uns auch nicht an die genauen Jahreszahlen, sondern ziehen einige Erscheinungen vom Ende des 17. Jahrhunderts hierher, wo sie geistig hingehören. Parallel mit der Entwicklung der theoretischen Anschauungen geht die der praktischen Versuche, eine Gelehrtenrepublik zu gründen, die wir im 2. Teile behandeln und auf die gleich hiermit verwiesen sei.

Wie lebendig um die Jahrhundertwende der Begriff gewesen ist, zeigt eine beträchtliche Reihe von Zeitschriften, die den Ausdruck „Gelehrtenrepublik" in den Titel aufnahmen [46]. Es handelt sich zumeist um kritische Organe,

---

[46] „Nouvelles de la République des Lettres." Amsterdam T. 1—11. 1684—1689, herausgegeben v. Pierre Bayle (Fortsetzung vom „Mercure Scavant", Amsterdam 1684).

die durch Zusammenfassung aller Wissensgebiete die geistige Welt in sich repräsentieren sollten. Daneben steht eine genügende Anzahl ausführlicher Erörterungen, die es uns möglich macht, ein geistiges Bild zu gewinnen.
Im 17. Jahrhundert billigte man der Wissenschaft größte Selbständigkeit zu, und man konnte dies, da sie selbst nach der Anschauung der Zeit eine Schöpfung Gottes war, in den Ergebnissen also entsprechend ihre Herkunft mit den religiösen Überzeugungen übereinstimmen mußte. Als Vertreter der religiösen Macht erschien die Kirche, die einzige irdische Institution, auf die der Mensch eine Rücksicht nehmen mußte. Demgegenüber tritt im 18. Jahrhundert der politische Staat in den Vordergrund, er erlangt Bedeutung, je mehr das religiöse Moment in das Innere des Menschen zurückgedrängt wird. Da nicht mehr von einer göttlichen Einsetzung der Wissenschaften gesprochen werden kann, ist es nötig, die wissenschaftlichen Erkenntnisse nachträglich mit der religiösen Überzeugung in Einklang zu bringen. Der Weg von Gott fort wird durch den zu Gott

---

Préface 5*c: „Entre ce seus-là tous les Scavans se doivent regarder comme frères, ou comme d'aussi bonne maison les uns que les autres. Ils doivent dire,
Nous sommes tous égaux } Comme enfans d'Apollons."
Nous sommes tous parens
Die Fortsetzung dazu erschien von 1699 an bei Jaques Bernard in Amsterdam T. 1—21. 1699—1718. — Relationes Reipublicae litterariae sive apparatus ad historiam scientiarum et Artium. Tom. I. Hamb. 1702. Auctor Johannes Graeningius Wismariensis (vgl. D. G. Morhof, Polyhistor, Literarius etc. Ed. tertia. ed. J. A. Fabricius, Lübeck 1731). — Het Republic der Geleerden of Boekzaal van Europa door J. Ruyter. Amsterdam 1710—74 128 Deele (vorhanden in der UB. Göttingen). — Republyk der Geleerden, of kort begryp van Europas letternieuws Voor den Kunst en Letterminnaren; opgemaakt door Verscheide Liefhebbers... Amsterdam 1711—31. [z. Teil in der St.B. Berlin und der UB. Bonn vorhanden]. — Histoire critique de la république des lettres, tant ancienne que moderne. (Hrsg.: Sam., Jean et Phil. Masson.) T. 1—15. 1712—18 Utrecht. T. 3 ff. Amsterdam. — Nouvelles littéraires, contenant ce qui passe de plus considérable dans la République des Lettres. (Hrsg. H. du Sauzet.) Tom. 1—11 1715—20. A la Haye, Amsterdam. — Marquis d'Argens, Mémoires secrets et universels de la république des lettres. 1. Aufl. 1743; 2. Aufl. unter dem Titel: Histoire de l'esprit humain ou Mémoires secrets etc. Berlin 1765—68. Tom. 1—15.

hin ersetzt. Dies Ziel zu erreichen, hilft uns die Gabe der „heiligen Vernunft", die jetzt neu proklamiert wird und der unbegrenzte Möglichkeiten zugestanden werden. War die Wissenschaft bisher Selbstzweck, ihr höchstes Streben, in der enzyklopädischen Zusammenfassung alles Wissensmöglichen den Makrokosmos darzustellen, so wird sie nun Dienerin der Religion, indem sie deren Grundsätze als richtig erweist, des Staates, indem sie sich die moralische Wirkung zum Ziel setzt. Zwar soll auch jetzt ihre Entwicklung dem Einfluß des Staates entzogen bleiben, der Hauptstreit geht gerade darum, welches für eine freiheitliche Stellung der Gelehrten die beste Form der Gelehrtenrepublik wäre. Aber es ist doch Aufgabe der Wissenschaft, durch Ergebnisse und Lehren den politischen Staat zu unterstützen, und nur soweit dies nicht der Fall sein sollte, wird der übergeordneten Organisation ein Eingriffsrecht zugestanden. Mit der erhöhten Bedeutung des politischen Staats tritt auch das nationale Moment in ein neues Licht; bisher war mehr auf die Eigenart von Sprache und Dichtkunst Wert gelegt worden, jetzt soll das nationale Zusammengehörigkeitsgefühl gestärkt werden, bis bei Klopstock sogar die Wissenschaften in nationalen Gegensatz treten.

Gegen die Mitte des Jahrhunderts sinkt der Begriff „Gelehrtenrepublik" zu einem Schlagwort ohne faßbaren Inhalt herab, er wird synonym mit dem Ausdruck „gelehrte Welt" gebraucht, und daß bei Erscheinen von Klopstocks Werk die lebendige Tradition in der breiten Masse unterbrochen war, erklärt auch zum Teil die Enttäuschung der Leser, denen diese Erörterungen fremd geworden waren. Solange die Diskussion aber so lebhaft wie in den ersten drei Jahrzehnten war, sah man einen Wesensunterschied zwischen gelehrter Welt und Gelehrtenrepublik. Bei dieser war eine Ordnung, ein System bereits mitgedacht, während jener Ausdruck nur die Welt des Geistes von der greifbaren scheiden will.

Fast alle folgenden Äußerungen nehmen als Ausgangspunkt das Problem der Regierungs- oder Staatsform in der respublica literaria. Dabei muß darauf hingewiesen werden, daß das Wort Republik nicht in unserem heutigen Sinne, als Demokratie im Gegensatz z. B. zur Monarchie, verstanden werden darf; die Gelehrtenrepublik kann monarchisch, aristokratisch oder demokratisch auch noch bei Klopstock sein; damals empfanden alle noch viel mehr als wir heut den Lehnbegriff aus dem Lateinischen, der ihnen nichts anderes als Staat schlechthin bedeutet. Als Monarchie faßt den Gelehrtenstaat z. B. Jacob Thomasius[47]): „Nusquam felicior est ut civilis, ita literaria Respublica, quam sub unius imperio. Per quotidiana enim Plebiscita quantum additur libertati Singulorum, tantum detrahitur Universorum saluti" (S. 445 f.) Und ähnlich (S. 469): „Retinent enim sane formam Regiminis Monarchici, qua nulla potest esse pro statu corrupti hominum ingenii literariae Reipublicae salubrior." Hierin widerspricht ihm Johann Georg Pritrius [48]) lebhaft, denn für ihn ist nicht nur die politische Freiheit Voraussetzung für das Gedeihen (Cap. XV), auch die Gleichheit aller im Staat (Cap. XIII), die also die Monarchie ausschließt (Cap. XII). Weiter geht Pritius auf die Einrichtungen der Gelehrtenrepublik ein, die zur Erhaltung des Wissens Schulen, Universitäten, Gesellschaften haben muß. Als Urkunden des Staats betrachtet er die Bücher überhaupt, ferner die Monatsschriften und selbst die gelehrten Briefwechsel. Im Gegensatz zu Saavedra tritt er für Belohnungen ein, die wohl am besten in akademischen Ehren und Titeln beständen (Cap. XXIII). Lebhafter noch an Saavedra erinnern uns die Krankheiten, die Pritius bei den Gelehrten zu erkennen glaubt, und vor denen sie sich schützen müßten: „Impietatem et atheismum, inquietatem et morositatem, curiositatis studium," ferner den Neid und die ewige Streitsucht.

---

[47]) Dissertationes LXIII, herausg. v. Christ. Thomasius, Halle-Magdeburg 1693, progr. XXXIX, Adversus Philosophus libertinos, p. 437—51, vgl. Kapp S. 201 f.; progr. XXXXI, Adversus Philosophos nov. antiquos, ebd. p. 465/80.

[48]) Diss. acad. de Republica litteraria, Lips. 1698.

Tiefer als diese Schrift greift Christian L o e b e r [49]), der zunächst die Frage aufwirft, welcher Teil der gelehrten Tätigkeit denn einer Staatsform unterworfen sein könne. Nach ihm haben die „inneren" und „äußeren" Aufgaben eigene Gesetze. Wir können nicht die Erkenntnis der Wahrheit einem Staatsorganismus unterwerfen, darin ist sich jeder selbst Gesetz, oder er folgt seiner inneren (logischen) Notwendigkeit (S. 10). Die äußeren Handlungen, das Schreiben der Bücher und mündliche Weitergeben des eigenen Wissens verlangen allerdings nach Gesetzen, die den Staat vor dem Verderben schützen (S. 18 f.), da hier der freie Wille wirksam bleibe, somit ein Vergehen möglich sei. Da aber ein Befehlshaber in der freien Republik nicht geduldet werden könne, unterliegen diese äußeren Geschehnisse dem Gebot des politischen Staates, in dem der einzelne lebt. Zu ähnlichen Folgerungen wie Loeber kommt H o f m a n n [50]), der die Existenz eines Gelehrtenstaates als „ungegründete Einbildung" bezweifelt: „Ich sage nicht unrecht, daß die république des lettres eine wunderliche Chimére und eingebildete Phantasie herrschsüchtiger Gelehrter sey. Eine République besteht aus Obrigkeit und Unterthanen. Eine Obrigkeit hat Gewalt, Gesetze vorzuschreiben und die hohen Regalien auszuüben. Das gehet mit der Vernunft derer Menschen nicht an. Dem Verstande derer Menschen gebiethen wollen, ist die unbesonnenste Herrschsucht: seinen Verstand nach Willen und Einbildung eines andern richten, ist die größte und schändlichste Sklaverey. Die Gelehrten haben keinen Monarchen, Kayser oder König . . ."[51]). Da außerdem wenn es eine Aristokratie wäre, die wenigen, die zu bestimmen hätten, sich leicht irren könnten, bei einer Demokratie sich die widersetzen müßten, die nur ihr eigenes Wort gel-

---

[49]) M. Christian Loeber, Dissert. politica. De Forma Regiminis Reipublicae literariae, Jena 1708. Kapp S. 203 ff.

[50]) Christ. Georg Hofmann, Unpartheyische Gedanken über die Journale. I. Teil. 4. Stück, S. 299/310: „Vorrede de libertate sentiendi in Republica Eruditorum", Kapp S. 206; Heumann, Conspectus Reipublicae Literariae, Ed. sept. Hannov. 1763, S. 437.

[51]) a. a. O. S. 300.

ten lassen, ist also die Gelehrtenrepublik kein Staat, die Idee fällt in dieselbe Klasse wie Platons Utopie. Ausgangspunkt bei Hofmann ist die Freiheit des Verstandes, wie es bei Loeber die Notwendigkeit der Verstandestätigkeit war, bei jenem darf die Verstandestätigkeit nicht beschränkt werden, bei diesem kann sie es nicht. Anders drückt es Hofmann an späterer Stelle aus [52]), wo er gleichzeitig angibt, wie er sich diese Utopie denkt: „Die Gelehrten leben in einer République, da sie keine Obrigkeit und auch keine Gesetze, als nebst der Religion ihre Vernunft haben. In dieser République sind diejenigen alle boni cives, welche die Wahrheit mit Ernst suchen, und ohne falsche Absichten dasjenige, was sie entdecket haben, der gelehrten Welt vor die Augen legen. Hingegen machen sich dieses Characteris diejenigen unwürdig, welche durch allerhand falsche Practiquen die Opinion, als gehörten sie in die Zahl der Gelehrten zu erhalten suchen." Da ihm also die Gelehrtenrepublik nur eine Idee bedeutet, will er alle Titel, die aus der wirklichen Existenz folgen würden, als bloße Schmeicheleien ausscheiden, da man sonst auch „ihre Schriften vor Reichsabschiede, ihre Briefe vor Rescripta principum, ihre Meynungen vor Gesetze, ihre Urtheile vor Sentenzen und Befehle, und ihre Gedanken vor Leges fundamentales in der vermeynten République des Lettres halten sollte"[53]).

Einen neuen Vorschlag macht Johann Friedemann Schneider [54]), der zwei Staatsformen kombinieren will, da auch der Staat aus verschiedenen Teilen gebildet sei. So wie Kunst und Wissenschaft sich in der Gelehrtenrepublik treffen, so soll auch die monarchische Form mit der Aristokratie verbunden werden. Damit wären die Vorzüge der einen mit denen der anderen, die für diesen Fall besonders wichtig sind, gerettet. Da die politischen Kenntnisse

---

[52]) II. Teil. 19. Stück S. 440.
[53]) 4. Stück. S. 300 f. Dies widerspricht den Anschauungen Pritius', vgl. oben S. 49.
[54]) Oratio solemnis De Forma Reipublicae litterariae. Von der besten Art zu regieren in der Republik der Gelehrten (1726), Halae 1727.

bei den Gelehrten nicht sehr überragend seien, sei es gut und nötig, daß einer zu sagen habe, der aber wieder schwerwiegende Beschlüsse nur mit Zustimmung der anderen treffen dürfe, damit die Freiheit nicht beschränkt werden könne, die für die literarische Gemeinschaft am wichtigsten sei, auch die Monarchie nicht zur Tyrannis ausarten könne. (S. 15 f.).

Daß ein Mann wie P. Bayle, der mit seiner skeptischen und „atheistischen" Philosophie viele seiner Zeitgenossen gegen sich aufgebracht hat, auch in diesem Punkte für noch größere Freiheit als die bisher Behandelten eintreten werde, ist mit Gewißheit zu erwarten. Zwar so anarchistisch, wie es zuerst nach seinen Worten klingt, geht es denn doch nicht, und er selbst fühlt sich genötigt, eine gewisse Schranke den Gelehrten zu setzen. Er nennt die Gelehrtenrepublik einen ungemein freien Staat, in der eine andere Herrschaft als die der Wahrheit und Vernunft nicht geduldet wird, und „unter derselben Aufsicht führet man unschuldiger Weise Krieg wider einen jeden, wer es auch seyn mag[55]). Freunde müssen darinnen wider ihre Freunde, Väter wider ihre Kinder, Schwiegerväter wider ihre Eydame auf der Huth seyn; es ist wie zur eisernen Zeit

non hospes ab hospice tutus, Non socer a genero"[56]).

Jeder hat das Recht zu streiten, ohne um Erlaubnis bitten zu müssen, unterliegt aber auch selbst dem Urteil und der Gerechtigkeit der Anderen. Die Kritik ist also frei, nicht aber das Schreiben von Satiren und Pasquillen: erstere haben nur die Absicht, anderen die Ehre zu nehmen, ohne damit etwas für die Wahrheit zu wirken, eine „Gattung des bürgerlichen Totschlages"; letztere aber haben die Unehrlichkeit zum Prinzip, da es gar nicht ihre Absicht ist, gegen Andere erhobene Behauptungen zu erweisen, verstoßen also damit gegen die beiden Grundsätze des Staates[57]). So meint

---

[55]) P. Bayle, Historisch-kritisches Lexikon, übers. v. Gottsched, Bd. II. 1742 (sub Catius), S. 108.
[56]) Ovid, Metamorph. I. Buch. Vers 44.
[57]) A. a. O. Bd. II (Sub Colonies) S. 209 f.

er, daß die Republik auch ihre „Raufer" habe[58]), ebenso Leute, deren großes Verdienst es ist, ohne selbst zu schaffen, andere dazu anzuregen; einen solchen nennt er den „allgemeinen Anwalt" der Republik [59]). Ihm schließt sich in ungemein ausführlichen Erörterungen Johann Hermansson an[60]), dessen Gedanken ich nur ganz zusammengedrängt wiedergeben kann. Im ganzen ist gerade diese Abhandlung für die Zeit charakteristisch. Die am Eingang dieses Kapitels betonten Grundtendenzen, die in dem neuen Jahrhundert maßgebend sind, treten hier immer wieder und schon ein bißchen aufdringlich hervor. Die drei „Grundsätze der Erkenntnis", die er aufstellt, und auf alle anderen Gebiete anwendet, sind: Erfahrung, Vernunft und Offenbarung. Also die allgemein menschliche Vernunft wird als Grundlage jeder Denktätigkeit substituiert, aber eingeschränkt durch die mögliche Erfahrung, mit der die Ergebnisse zusammentreffen müssen. Die Offenbarung darf nicht etwa im Sinne von Intuition verstanden werden. Diese moderne Meinung werden wir auch in Klopstocks Geniebegriff noch nicht finden, auch da ist, wie hier die „Erfindung" nur auf dem Gebiet „möglicher Erfahrung" zu suchen. Was Hermansson von Klopstock trennt, ist die überaus starke Betonung der Vernunft: nur was uns mit dieser gegeben ist, kann auf dem Gebiet der Wissenschaften und Künste Anwendung finden [61]). Unter Offenbarung versteht er die Religion, deren Schutz und Förderung ober-

---

[58]) Bd. III (sub Franciscus Macedo) S. 240.
[59]) Bd. III (sub Peirescius) S. 652.
[60]) Diss. De Democratia litteraria. Upsala 1735 und 1737. (Nur noch in der Dresdener Bibliothek vorhanden.) Vgl. Kapp S. 211 ff., die dort gegebene Darstellung ist etwas unübersichtlich und bringt die leitenden Gedanken nicht heraus.
[61]) Inwieweit Klopstocks Entwicklung des Historikers, dem er — im Gegensatz zu Saavedra — eine Möglichkeit, sogar Verpflichtung zur Konstruktion zuschreibt, dem oben entwickelten Grundgedanken widerspricht, wird bei der Untersuchung über das Wissenschaftssystem (Kap. III) behandelt werden. Ich glaube jedenfalls, daß Klopstocks Meinung über diesen Punkt die modernste ist, die wir in seiner Gelehrtenrepublik finden.

stes Ziel jedes Wissenschaftsbetriebes sein muß, gewissermaßen das Regulativ, nach dem wir uns zu richten haben [62]), und „zu dessen größerer Ehre" die Erkenntnisse zu suchen sind [63]). Dies Prinzip auf die irdische Welt angewandt, ergibt die Betonung der Nützlichkeit zumal innerhalb des politischen Staates, der selbst darüber zu wachen hat, daß gegen seine Grundlagen, Religion und Moral, nicht verstoßen werde. „Hieraus folgt das vornehmste Gesetz, welches alle Gelehrte halten müssen: Befleiße dich bey Treibung der Wissenschaften einer vernünftigen Gewißheit, und hüte dich, daß du nichts behauptest, oder zugestehest, was der heiligen Offenbahrung, gesunden Vernunft und deutlichen Erfahrung zuwider ist. Weil aber die Anzahl der Wahrheiten, die man zur Erlangung der Weißheit erlernen muß, so groß, und die Anwendung auf vorfallende Fälle so schwer ist, daß sie von einem Menschen nicht angestellet werden kann: so erhellet daraus die Nothwendigkeit der gelehrten Republic, nämlich, daß sich viele zusammenthun und diese Wahrheiten unter sich theilen müssen'"[64]). Die Existenz der Gelehrtenrepublik wird im ersten Kapitel untersucht; gleich zu Beginn betont Hermansson, daß das Wort res publica im „uneigentlichen" Sinne zu verstehen sei, in Analogie zu der bürgerlichen Gesellschaft und auf „Leute von allen Arten, die eine gemeine Lebensart haben" [65]), angewandt würde, selbst, wenn Befehlsgewalt und Gehorsamszwang nicht bestanden. Als Beispiel führt er an, daß man sich im Altertum einen Sklavenstaat — gemeint ist nicht der Versuch des Spartacus — oder einen Staat der Geister gedacht habe. Die Gelehrten vereinigten sich über die Entfernung hinweg, das Mittel des Zusammenhalts ist der ge-

---

[62]) Hermansson S. 12 § 10 Anm.
[63]) Ebd. S. 14 § 11.
[64]) Kapp S. 213. Herm., S. 13 f, § 9 „Suprema itaque Lex Literaria, eademque omnibus in universum Eruditis sancte observanda est: In Disciplinis tractandis omnimodae certitudini stude; sed cave, ne quid sacrae Revelationi, rectae Rationi, et apertae Experentiae contrarium asseras vel admittas." u. § 10.
[65]) Kapp S. 212. Hermansson S. 5, § 3 Anm.

meinsame Zweck, nämlich die Erlangung der Weisheit, „die in einer Erkenntnis nöthiger und nützlicher Wahrheiten, und in einer geschickten Anwendung derselben, im menschlichen Leben bestehet." Als Mitglieder der Republik spricht er alle die an, die auf wissenschaftlichem Felde etwas zu leisten vermögen, gemessen an den oben wiedergegebenen Maximen. Wichtig ist, daß auch die, welche die Wissenschaften im praktischen Leben anwenden, zu den Bürgern gezählt werden: „Wer nun ein wahres und nützliches Mitglied dieser Republic seyn will, von dem wird erfordert, 1. daß er eine gründliche Erkenntnis einiger nöthigen und nützlichen Wahrheiten besitze; 2. daß er die Geschicklichkeit habe, die erkannten Wahrheiten, zur Ehre Gottes, zu seiner und anderer Menschen Glückseligkeit und Nutzen anzuwenden" [66]).

Das zweite Kapitel, de imperio literario, behandelt die „Gewalt" in der Gelehrtenrepublik, aber nicht, wie wir dies heut verstehen würden, als Regierung des Staates gedacht; Hermansson will diesen terminus auf die individuelle Freiheit oder Unfreiheit bzw. Gesetzmäßigkeit der Erforschung anwenden, es geht ihm um die allgemeinen Gesetze jeder Wissenschaft; d. h. anders ausgedrückt: wie weit kann, darf und soll der einzelne Wissenschaftler Erkenntnisse suchen. Diese „Gewalt" also, wir würden sagen, die Aufgabe des Gelehrten, besteht aus drei Teilen: der Findung, Untersuchung und Darstellung nützlicher Wahrheiten [67]). Um diese drei Aufgaben gehörig erfüllen zu können, bedarf der Gelehrte der Freiheit zu denken. Diese Denkfreiheit besteht in „der Macht, sich der Kräfte der Seele zu bedienen, inwieweit die Natur des menschlichen Verstandes, [die oben beschriebene Vernunft] und der von Gott vorgeschriebene End-

---

[66]) Kapp S. 214. Hermansson S. 14 § 11. Die zweite Bedingung erinnert an Klopstocks Gruppe der „ruhenden Zünfte", eingeteilt in „Wisser", „Kundige", „Drittler" und „Kenner", deren Mitglieder Wissen haben. ohne es von sich zu geben. Gelehrtenrepublik, Werke (Göschen, Lpz. 1823.) 12. Bd. S. 8 f.
[67]) Kapp S. 215. Hermansson S. 24 ff., bes. § 10.

zweck [die Offenbarung] dasselbe zulässet . . ." [68]). Innerhalb der Freiheit wird wieder die innere von der äußeren geschieden. Damit nicht genug, wird die innere Freiheit wieder in physikalische und moralische getrennt. Die physikalische Denkfreiheit ist die F ä h i g k e i t zu denken, das rein erkenntnistheoretisch Bedingte, das durch drei Schranken festgehalten wird. „1. müssen wir mit diesem Gedanken nicht über das Daseyn Gottes hinaufsteigen, wohin diejenigen gehören, welche fragen, wie die Welt beschaffen seyn würde, wenn kein Gott wäre, und was man alsdenn vor ein Recht der Natur haben würde; 2. müssen wir nicht erforschen wollen, was, uns weder durch die Natur, noch durch die Offenbarung bekannt worden. 3. müssen wir nicht in allen Stücken nach einer vollkommenen Erkenntnis streben, sondern mit einiger Erkenntnis zufrieden seyn"[69]). Diese Beschränkungen kehren immer wieder, bei jeder Frage sei immer nur der Ausgangspunkt und die Art der Anwendung betont. So bedeutet die moralische Freiheit den Z w e c k des Denkens, und auch dieser ist wieder obigen Gesetzen der Gottesfurcht und Nützlichkeit unterworfen. Unter äußerlicher Freiheit versteht Hermansson die Macht eines jeden Gelehrten, seine Gedanken öffentlich, mündlich oder schriftlich wiederzugeben, aber frei insofern nur, als es obige Gesetze zulassen. Bei dieser äußeren Tätigkeit wird die Nützlichkeit des Erforschten für den politischen Staat, der äußere Rahmen, in dem der Gelehrte wirkt, herangezogen. Dieser theoretischen Freiheit setzt Hermansson „die Knechtschaft und Frechheit zu denken" entgegen. „Die Knechtschaft zu denken ist, da einer entweder selbst der Herrschaft seiner Meinungen oder menschlichen Ansehens sich unterwirft, dergestalt und also, daß er seine Vernunft und Kraft zu denken weder gebrauchen kann, noch will, sondern sich zu einem Knechte und Sclaven von eigener und fremder Lust machet, oder wenn einer von andern gezwungen wird, solche Meynungen anzunehmen, und zu vertheidi-

---
[68]) Hermansson S. 18 f. § 3 u. 4.
[69]) Kapp S. 215 f. Hermansson S. 28 § 15.

gen, woran er doch in seinem Herzen einen Abscheu hat"[70]. Dieser Passus ist auch speziell deswegen bemerkenswert, weil der Begriff des Knechtes später bei Klopstock wiederkehrt, so knapp formuliert wie wir es von ihm gewohnt sind; der Unterschied der Begründung ist bezeichnend für beide Teile. „Wer nur Andrer Meynung oder Geschmack hat, oder wer nur nachahmt, ist ein Knecht"[71]. Die von Hermansson als äußerlich unfrei Bezeichneten werden von Klopstock gar nicht in die Gelehrtenrepublik aufgenommen, bei ihm entscheidet nur der innere Wert, bzw. die eigene Selbständigkeit. Dennoch halte ich es nicht für ausgeschlossen, daß die frühere Formulierung auf Klopstock eingewirkt hat. — Die Frechheit zu denken, die oben der Freiheit entgegengesetzt worden war, soll die treffen, die alle allgemeinen Regeln, besonders der Gottesfurcht beiseite setzen, Grenzen für ihr Denken nicht anerkennen, und damit Moral und Ruhe der Menschen stören[72].

Das dritte Kapitel handelt von der besten Regierungsform. Es nimmt das von Thomasius bis Schneider diskutierte Problem auf, begründet es weiter und tieferdringend und kommt zu dem — wie ich glaube einzig logischen — Schluß, daß bei Voraussetzung der Freiheit nur eine Demokratie in der Gelehrtenrepublik möglich und richtig sei. Natürlich ist die Regierungsform ebenso „uneigentlich" zu verstehen wie bei Hermansson die Gelehrtenrepublik überhaupt. Aufgabe der Regierung ist die Findung der Wahrheiten und die Angabe der Wege dazu, ferner das Loben und Verurteilen; gäbe es aber gar keine Regierungen, so würde wildeste Anarchie herrschen[73]. Denkbar wären Monarchie, wie es z. B. bei Thomasius geschieht, Aristokratie, der sich später Klopstock nähert, und Demokratie, die Form, in der alle mitzuwirken haben. Da aber schon die Methode der einzelnen Disziplinen sich voneinander unterscheiden, ferner jeder die Fähig-

---

[70] Kapp S. 217. Hermansson S. 41 § 22.
[71] Gel.Rep. S. 219.
[72] Herm. S. 42 § 23.
[73] Dies wendet sich gegen Loeber.

keit haben kann, neue Wahrheiten zu finden, sind die beiden ersten Möglichkeiten abzulehnen, denn sie würden auch eine unerträgliche Knechtschaft in den Wissenschaftsbetrieb bringen, in dem alle den Meinungen eines einzelnen oder weniger folgen müßten. Da nun aber zu dem Fortgang der Wissenschaft der einzelne nur beitragen kann, wenn er über die volle Denkfreiheit verfügt, entspricht die Demokratie allein dem oben entwickelten Zweck der Forschung, der Weisheit näherzukommen. So wird auch Bayles Ausgangspunkt, die allgemeine Kritik, als Maßstab gegeben, da dies ein wichtiges Hilfsmittel ist und so jeder dem Urteil eines jeden unterworfen bleibt. Hermansson widerlegt selbst seinen eigenen letzten Einwand, daß Religion und Staat bei der Demokratie in Gefahr schweben könnten: „Hierzu kommt noch, daß weil ein jeder Gelehrter, und ein jedes wahrhaftes Mitglied der gelehrten Republic eine gründliche Erkenntnis besitzet, und mit derselben die Ehre Gottes, und seine, und anderer Glückseligkeit befördert, auch das vornehmste Gesetz, daß er nichts wider die göttliche Offenbahrung, gesunde Vernunft, und deutliche Erfahrung, annehme, allezeit vor Augen hat, und mit aller Sorgfalt dahin siehet, daß die gelehrte Republik keinen Schaden leide: so erhellet deutlich, daß man einem jeden Gelehrten den freyen Gebrauch der gelehrten Majestätsrechte sicher überlassen könne, und folglich, daß der gelehrten und bürgerlichen Gesellschaft von der Demokratie keine Gefahr bevorstehe"[74]).

In diesem Punkte stimmt mit Hermansson Christoph August H e u m a n n überein, der in seinem „Conspectus Reipublicae litterariae sive Via ad historiam litterariam"[75]) nur kurz auf die Frage, die sein Titel stellt, eingeht. Diejenigen, die besondere Leistungen auf ihrem Gebiete aufzuweisen oder durch andere Mittel die literarische Kultur

---

[74]) Kapp S. 225 f. Hermansson S. 115. § 21.
[75]) Vgl. S. 50, a. 50; die erste Auflage des Buches erschien 1719. G. Roethe charakterisiert diese erste Literaturgeschichte sehr treffend in seiner Festrede „Vom literarischen Publikum in Deutschland". Göttingen 1902 S. 3f. (jetzt auch „Deutsche Reden. Leipzig [1926] S. 202).

gehoben haben, bezeichnet er als primates litterarios, und er begründet dies folgendermaßen: „De quibus antequam liceat plura profero, paucis observo, statum literatorum toto orbe dispersorum, etsi non est veri nominis respublica societasve tamen ob similitudinem non unam appellari rem publicam literariam. In hac igitur republica alii sunt plebs literata, alii vocari merentur optimates literarii, quorum pars sunt cuiuscunque disciplinae doctores professoresque. Quemadmodum vero olim in Romanorum senatu unus erat Princeps senatus, sic et literaria respublica omnis aevi suos habuit et coluit senatus literati principes"[76]). Keineswegs hält nun, wie man nach diesem Vergleich glauben könnte, Heumann die Gelehrtenrepublik für eine Monarchie oder Aristokratie. Im Gegenteil: die Freiheit, auch die politische, ist für ihn die „Seele" des Gelehrtenstaats. „Respublica literaria ratione formae simillima est Ecclesiae invisibili. Uti hic nullus monarcha, nullum civile, sed summa libertas, sola regnante S. Scriptura, sic illic sola regnat Ratio, nec quisquam in alterum quicquam habet, iuris civilis. Ac libertas ista est rei-publicae literariae anima . . ."[77]). Also auch hier kehrt die uns schon bekannte „heilige" Vernunft als Schutzgöttin wieder. Daß für ihn der Name Gelehrtenrepublik noch keine blutlose Metapher ist, zeigt auch die Stelle, die die Verteilung der Ämter und Aufgaben innerhalb des Staats bestimmt: „Habet vero et consiliarios suos respublica literaria, qui quodammodo inter primates literarios referendi sunt, saltim hoc ipso, dum se praebent consiliarios, pro primatibus certi generis haberi se velle ostendunt. Sunt autem illi consiliari alii boni, quos inter haud ultimum locum obtinet Verulamius[78]), alii mali et

---

[76]) A. a. O. 436 f. Kap. 3 § 9. Betont sei aus obigem der literarische „Pöbel", den wir schon aus der Republik Saavedras kennen und der bis zu Klopstock wiederkehrt. H. bringt dazu noch Parallelen aus antiken Autoren.

[77]) Ebenda S. 436 f. Anm.

[78]) Bei dieser Gelegenheit sei darauf hingewiesen, daß Bacons „Nova Atlantis" nicht in diesen Zusammenhang gehört, wenn diese Utopie auch den Gelehrten einen ganz bevorzugten Platz einräumt.

imperiti . . . Habet vero etiam respublica literaria suos secretarios et historiographos[79]). Priorem videlicet titulum merentur tum conditores Bibliothecarum, tum compositores recensionum librorum sive veterum sive novotum." — Noch einmal wird — vor Klopstock — das Thema der Gelehrtenrepublik ausführlicher in den „Ergötzungen der vernünftigen Seele"[80]) einer der üblichen moralischen Wochenschriften behandelt. Hier klingen Klopstocks spätere Formulierungen deutlicher vor, der Hauptgedanke der bisher Behandelten aber bleibt: „Die Vernunft ist die einzige Religion der Gelehrten — als Gelehrten —, und Heiden, Mohammedaner, Juden, Christen sind dort zusammen"[81]). Damit wird natürlich nicht einer areligiösen Gelehrsamkeit das Wort geredet, der Staat soll selbstverständlich — nach einer moralischen Wochenschrift! — religiös sein, nur nicht gebunden an bestimmte Konfessionen. Als Regierungsform sucht der Verfasser eine nicht rein demokratische, da in dieser die schwachen Köpfe überwiegen, also die Möglichhaben, die wahrhaft Klugen mit Leichtigkeit zu überstimmen. Da der Staat mit Rücksicht auf die nötige Freiheit auch nicht aristokratisch sein kann, sucht der Verfasser die Wurzel dieses Dilemmas an anderer Stelle: „Man kann sich aus diesem Zweifel nicht heraushelfen, so lange man den gelehrten Stümpern das Bürgerrecht in der gelehrten Republik zugestehet, und sie können die Eigenschaft eines wirklichen Bürgers nicht eher erlangen, bis sie sich eine wahrhaftige Gelehrsamkeit erworben haben. Bis dahin sind also ihre Stimmen nicht von dem geringsten Gewichte"[82]). Diesem Vorschlag folgte denn auch Klopstock, der die Stimmen nach Würdigkeit verteilt, dem Pöbel nicht das Recht mitzusprechen zugesteht. Ob ein Zensorenkollegium einzurichten sei, bezweifelt der Verfasser, da die Handhabung zu leicht

---

[79]) So hat sich wohl auch Klopstock aufgefaßt, als er die „Geschichte des letzten Landtages" in seine Gelehrtenrepublik einfügte.
[80]) Anonym, Lpz. 1745. I. Bd. 5. u. 6. Stück, S. 395/412; 491/507
[81]) A. a. O. S. 401.
[82]) A. a. O. S. 397.

parteiisch würde, andererseits die schlechten Bücher damit doch nicht ausgerottet werden könnten. Dem Bürger (nach obiger Definition) wird das Recht zugeschrieben, „Münzen" für seine Mitbürger zu prägen, d. h. diesen Ruhm zuzuteilen. „Es ist etwas sonderbares, daß kein Einwohner der gelehrten Republik die Münze, die er selbst schlägt, zu seinem eigenen Gebrauch anwenden darf: sondern aller Reichtum, womit ein gelehrter Bürger oder Schutzverwandter pralen will, muß von seinen Mitbürgern und Mitschutzgenossen herrühren. Es ist ein hartes Gesetz hierüber vorhanden. Wer wider dasselbe sündiget, der wird in das sog. Narrenhäuschen der gelehrten Republik ein Zeitlang eingesperret, und von allen Vorübergehenden ausgelachet"[83]). Ist es nicht, als ob wir hier bereits Klopstock hören? Wenn bei ihm als Strafen das „Lächeln", die „laute Lache" und das „Hohngelächter" bestimmt werden[84]), ist die Übertreibung der Äußerlichkeit nicht abzustreiten, das Prinzip aber nicht anders als hier bei dem unbekannten Autor der „Ergötzungen". Der Zusammenhang Klopstocks mit diesen Äußerungen drängt sich ebenfalls auf, wenn wir finden, daß die Fakultäten als die „gelehrten Zünfte" bezeichnet werden. Hierfür scheidet Klopstock dann nach Fächern in 11 Zünfte, setzt dazu die vier, die nicht „wirksam" sind, da sie ihre Kenntnisse nicht von sich geben. — Wie bei anderen werden die Titel als die Belohnungen angesehen, die bei den Gelehrten leider üblichen Streitigkeiten verdammt. „Diese innerlichen gelehrten Kriege sind in allen Zünften vorgefallen. Besonders aber hat die Zunft der Weltweisen seit der ersten Kindheit der gelehrten Republik, durch Rotten, Spaltungen und innerliche Kriege beständig viel Jammer und Verwüstung in derselben angerichtet: und die Zunft der Kunstrichter hat seit einigen Jahrhunderten fast ohne Aufhören durch Heerzüge und feindliche Streifereyen zum äußersten Schmerzen der gelehrten Republik mitten in ihren Eingewei-

---

[83]) A. a. O. S. 409.
[84]) Gel.-Rep. S. 23.

den gewütet"[85]). Alle diese Gedanken hat Klopstock wieder aufgenommen: sein Kampf gegen die „Streitschriften", gegen die „Weltweisen" und ihre „Lehrgebäude" und nicht zuletzt seine Verurteilung der „Kunstrichter" sind, wenn auch aus Eigenem geboren, der Tradition der Idee „Gelehrtenrepublik" gemäß, und das Staunen über seine Form und den oft eigentümlichen Inhalt verschwindet, wenn wir sehen, wie weit er mit anderen in dem gemeinsamen Thema zusammenstimmt. —

Die nun folgende Gruppe von Äußerungen gibt den Terminus Gelehrtenrepublik schon mehr schlagwortartig, häufig kehrt er wieder, ohne zu einer Auseinandersetzung des Begriffs zu führen. Die meisten sind sich über ihn klar, ohne sich in allem einig zu sein, und gerade die Diskussion über solche Einzelheiten führt uns langsam immer näher zu Klopstock. An die Spitze sei so auch eine Stelle gesetzt, die ihm mit größter Wahrscheinlichkeit aus äußeren und inneren Gründen bekannt gewesen ist. Das „Journal Etranger"[86]), das nach einem vergeblichen Anlauf 1760 von dem Abbé Arnaud neu in Gang gebracht wurde, eröffnete dieses Heft mit einer längeren Einleitung, die die Absichten und Grundsätze des neuen Herausgebers verteidigen sollte. Darin erklärt er: „Nous regardons tous les gens des Lettres, sans aucune distinctions comme Citoyens d'une seule et même République, dont tous les membres sont égaux, et où il n'est

---

[85]) A. a. O. S. 506.
[86]) Bruxelles et Paris 1760, Janvier. Prospectus du Nouveau Journal Etranger. par M. l'Abbé Arnaud. (Einziges vollständiges Exemplar: Landesbibliothek Darmstadt). Diese Einleitung wird auch in den „Briefen die neueste Literatur betreffend", 16. Teil (Berlin 1763) S. 8 f. besprochen. Vgl. über das Journal Joh. Gärtner, Das J. E. und seine Bedeutung für die Verbreitung deutscher Literatur in Frankreich (Diss. Heidelberg) Mainz 1905. Die Erörterung der Einleitung S. 28 ist für unsern Zusammenhang unwichtig. — Der äußere Grund, aus dem Klopstock diese Einleitung gekannt haben wird, ist der, daß in den beiden ersten Heften Stücke aus dem Messias und aus den Gedichten seiner Frau erschienen sind und er — bei seinem großen Interesse für alle Übersetzungen des Messias — auch diese gelesen haben wird.

„Der Herr Professor Sulzer sagt irgendwo [94]): ‚Wenn in der Republik der Gelehrten Gesetze könnten gegeben werden, so sollte dieses eines der ersten seyn; daß sich niemand unterstehen sollen, ein Schriftsteller zu werden, der nicht die vornehmsten griechische und lateinische Schriften der Alten, mit Fleiß und zu wiederholten malen durchgelesen.' Mich wunderts, daß dieser denkende Kopf gegen die sich selbst bildende Genies hat so unbillig seyn können. Sein Gesetz hätte uns ja um alle Werke des Schakespears bringen können? Wenn es möglich wäre, so sollte man lieber den Leuten, die nicht selbst denken, das Schriftstellerhandwerk legen, und wenn sie auch die Alten mit noch so viel Fleiß durchgelesen hätten! Das Genie kann den Mangel der Exempel ersetzen, aber der Mangel des Genies ist unersetzlich. — In der gelehrten Republik taugen die geistlosen Köpfe auch nicht einmal zu bloßen Tagelöhnern [95]). Sie können die Materialien nicht einmal auf eine nützliche Weise zusammentragen, die zur Errichtung eines Gebäudes notwendig sind. Was siehet z. B. dem ersten Anblicke nach, einer Tagelöhnerarbeit ähnlicher, als das Wörterbuchschreiben? . . . Allein was für große Gaben setzt diese Arbeit nicht von Seiten des Verfassers voraus, wenn sie den Nutzen haben soll, den man von ihr fordern kann!" Nicht erstaunlich ist, daß diese Äußerung, aus der nun der ganze neue Geist spricht, im Berliner Kreise um Lessing entstanden ist. Shakespeares Name steht bereits zusammen mit dem Begriff des Genies, der bis zu dieser Stelle bei allen behandelten Schriftstellern fehlt, da sie etwas außerhalb der „gesunden Vernunft" nicht begreifen konnten. Klopstock selbst baut auf den hier gezogenen Linien fort, und wenn er auch die Alten nicht ganz verschwinden lassen will, zumal

---

[94]) Kurzer Begriff aller Wissenschaften. 2. Aufl. Frankf. u. Lpz. 1759, § 13 S. 13.
[95]) Vgl. Christ. Heinr. Schmidt, Theorie der Poesie. Lpz. 1767/69. I. Theil. Vorrede. S. (5) f., wo diese Stelle zitiert und besprochen wird.

nicht als Maßstab für die eigene Kunst, geistige Leitschnur bleibt die Frage nach der eigenen inneren Kraft![96])

[96]) Einige andere Stellen, an denen die Idee der Gelehrtenrepublik Erwähnung findet, seien hier zusammengestellt; natürlich ließe sich diese Liste leicht noch reichlich vermehren. R. Batka, Altnordische Stoffe und Studien in Deutschland, 2. Klopstock, Euphorion Bd. VI S. 83, verweist auf Schützes Schriften, dessen Lieblingsausdruck es gewesen sei. Vielleicht habe Klopstock den Titel daher genommen. Dem widerspricht schon Pieper S. 17 a. — Louis Jaucourt, Geschichte des Herrn von Leibnitz und Verzeichnis seiner Werke . . . übersetzt von H. E. v. Teubern. Lpz. 1757, S. 84. — Bodmer und Breitinger, Neue critische Briefe. Neue Aufl. Zürich 1763, S. 406. — Hamann, Wolken, Schriften ed. Roth, II. Teil, S. 60; ebenda S. 372.

Ansätze zur Gründung einer Gelehrtenrepublik.

Hatten wir im ersten Teil die theoretischen Äußerungen über die Idee einer Gelehrtenrepublik betrachtet, so sollen im Folgenden die praktischen Versuche, eine Gelehrtenrepublik — oder was man im weitesten Sinne darunter begreifen kann — zu errichten, herangezogen werden. An eine Erschöpfung des Materials ist dabei nicht gedacht, denn diese Gruppe von Vorgängern Klopstocks muß nur deshalb betrachtet werden, da dieser selbst durch ein praktisches Werk, den Wiener Plan von 1768[1]), mit zu seinem Buch angeregt worden ist. Es sei gleich hier betont, daß die Akademien und verschiedene andere, praktisch wirksame Institutionen nur in beschränktem Maß für unser Thema von Bedeutung sind; denn zwischen Klopstocks Idee und den Akademien bestand ein Prinzipienunterschied, wie sich bei den folgenden Auseinandersetzungen ergeben wird. Daß ihn sein Bestreben, allem schon Bestehendem aus dem Wege zu gehen und um jeden Preis seine Originalität zu wahren, zu grotesken Übertreibungen verführte, ist mehr äußerlicher Natur.

Klopstocks Absicht, in der Gelehrtengemeinschaft Stand der Wissenschaften, ihre zukünftigen Entwicklungsmöglichkeiten und erstrebenswerten Ziele aufzuzeigen, wird überwuchert von der Form, die den Gelehrten gleichzeitig Gesetz gibt, neben den Wissenschaften also auch den Wissenschafts b e t r i e b regeln will. Doch ist das für Klopstock und seine Zeit nicht nur Form, äußerliche Alle-

---

[1]) Vgl. Muncker S. 410/21; Pieper S. 9 ff.; die Vorgeschichte und die Verhandlung mit dem Wiener Hof übergehe ich, da sie a. a. O. breit dargestellt sind, und ich Neues nicht dazu beizubringen habe. Nur soweit inhaltlich nach den dürftig bekannten Vorschlägen eine Beziehung zur Gelehrtenrepublik bestanden haben kann, soll hier darauf eingegangen werden.

gorie, wie dies schon im ersten Kapitel ausgeführt wurde, es stecken zum großen Teil lebendige Begriffe dahinter. In der später zu erörternden reinen Idee, wie sie Leibniz gibt, der eben selbst „allein eine Akademie darstellte", tritt der äußerliche Putz und Regelkram zurück, die kleinen Geister, Skytte, Gottsched usw. mußten mehr auf die Einschachtelung der Gelehrten sehen.

Um den Begriff der praktischen Gelehrtenrepublik zu erläutern, ist wohl die Darstellung des ältesten [2]) mir bekannten Versuchs am besten geeignet: Das verständliche Streben des Großen Kurfürsten, sein Land in jeder wirtschaftlichen und geistigen Beziehung zu heben, das ihn z. B. veranlaßte, den vertriebenen Salzburgern und Franzosen mit Freude die Grenzen zu öffnen, machte ihn empfänglich für einen Vorschlag, den Harnack [3]) sehr treffend charakterisiert. „Der Große Kurfürst hatte nach den Verwüstungen des schrecklichen Krieges die Universitäten Königsberg und Frankfurt wiederhergestellt und die Hochschule zu Duisburg gestiftet. Darüber hinaus hatte er — im Jahre 1667 — den großartigen Plan einer Brandenburgischen Universaluniversität „für die Völker, Wissenschaften und Künste" bestätigt und ihn in erhabenen und schwungvollen Worten verkündigen lassen. Eine Freistatt der Geister sollte sie sein, allen verfolgten Gelehrten Europas ein Asyl, allen bedrückten Konfessionen ein Zufluchtsort, den reinen und den angewandten Wissenschaften ein Mittelpunkt werden — ein Band der Geister und eine Burg der erhabensten Beherrscherin der Welt, der Weisheit! Sie wird im Genuß ewigen Friedens sein; denn im Kriege wird sie durch Ver-

---

[2]) Dies ist das älteste Beispiel in unserem Zeitraum; denn die ähnlich begründete Idee Kaiser Friedrich II., 1224 in Neapel eine Universaluniversität zu errichten — die letzte Einheitsinstitution des imperium romanum —, gehört doch in einen anderen Zusammenhang. Vgl. darüber Böhmer, Regesta imperii Bd. V S. 314 f.; Ed. Winkelmann, Kaiser Friedrich II. (Jahrb. d. dt. Geschichte Bd. 18) Leipzig 1889 S. 232 ff.

[3]) Harnack, Geschichte der preuß. Akademie der Wissenschaften. I. Bd. 1. Hälfte, Berlin 1900, S. 1 f.

träge als unverletzlich geschirmt; auch unter dem Schalle der Waffen werden die Musen dort nicht schweigen. Jede freie Kunst wird ohne Einschränkung gelehrt; sie wird sich selbst verwalten, nur unter Kurfürsten stehen; alle wissenschaftlichen Hilfsmittel werden ihr gewährt. Das, was einst die Schüler Platos geträumt, was die Poeten der Renaissance geschaut hatten — Platonopolis sollte als eine evangelischprotestantische Schöpfung in Brandenburg entstehen! — Ein Ideal war hier gezeichnet — Benedict Skytte [4]), ein phantasievoller Schwede, hatte es erdacht —, seine Undurchführbarkeit mußte bald erkannt werden. Streift man ihm aber die bizarre Hülle ab, so spricht es kühn und zutreffend die Bedingungen aus, unter denen allein die Wissenschaft zu gedeihen vermag, und verkündet den Segen der Wahrheitserkenntnis, die ihr Gesetz in sich selber trägt. Es bedeutet etwas in der Geschichte des preußischen Staats und der Wissenschaft, daß ein Monarch wie der Große Kurfürst sich zu diesen Grundsätzen bekannt hat. Indem er der Wissenschaft volle Freiheit, unbedingten Schutz und alle nötigen Mittel zugleich zusagte, hat er den unerschütterlichen Glauben an die heilsame Kraft der Wahrheit ausgesprochen."

So bizarr, wie Harnack das Projekt darstellen will, ist es wohl nicht; zumal die äußere Form wirkt mit der Klopstocks verglichen, sehr milde, aber die Möglichkeit, es in die Praxis umzusetzen, war natürlich trotz alledem recht gering.

Ideen, die, wie im vorigen Kapitel gezeigt, fast jeder Auseinandersetzung über den Begriff „Gelehrtenrepublik" angehörten, kehren hier nicht nur als Postulate, sondern schon als zugestandene Lebensnotwendigkeiten des gelehrten Staats wieder. Zumal die geistige Freiheit zu denken, schreiben und lehren soll nicht angetastet werden. Von besonderem Interesse ist die Regelung der religiösen Freiheit, nach der alle, die die Dreieinigkeit glauben, gleichberechtigt

---

[4]) Über diesen vgl. H. Hofberg, Svenskt Biografiskt Handlexikon. Stockholm 1906. Bd. II S. 473 f.

nebeneinander und miteinander leben — ein Symptom der Beruhigung nach dem Dreißigjährigen Krieg, gleichzeitig naheliegend bei einem Herrscher über Protestanten und Reformierte. Den anderen Bekenntnissen wird ein „Gastrecht" zugestanden, bei gebührender Ehrfurcht vor der christlichen Glaubenslehre und Zurückhaltung der eigenen [5]).

Bemerkenswert ist ferner die Exterritorialität, die der Gemeinschaft gewährt werden soll, um sie vor Kriegsgefahren zu schützen und der Entwicklung der Wissenschaften und Künste Stetigkeit zu verleihen. Eine Garantie der Unverletzlichkeit, wie sie heute z. B. der Schweiz zugestanden ist, war gewiß auch für die Zeit der ewigen Kriege ein Novum, wenn es vielleicht selbst schon ein seltener Denker vorgedacht haben sollte [6]).

Der Grund, der dies immerhin sehr genial und großzügig gedachte Projekt nicht zur Ausführung gelangen ließ, liegt in der finanziellen Frage, die der Autor nur so leicht nebenhin behandelte, die aber bei dem Kurfürsten, trotz allen Eifers, durch möglichst freiheitliche Gesetzgebung die ausländischen Geister ins Land zu ziehen, den Ausschlag geben mußte. Skytte hatte nicht die Voraussicht besessen, die Leibniz bei allen Unternehmungen auszeichnete, und die diesen auf die eigentümlichsten Gedanken kommen ließ, um geistige Projekte nicht an materiellen Hindernissen scheitern zu lassen [7]). Trotzdem also die Idee nicht zur

---

[5]) Vgl. den Abdruck des Gründungsaktes „Fundatio novae Universitatis Brandenburgicae gentium, scientiarum et artium". D. G. Seyler, Leben und Thaten Friedrich Wilhelms des Großen, mit Medaillen und Müntzen erläutert. Frankfurt u. Leipzig (1730). Ferner Erman, Sur le projet d'une ville savante dans le Brandenbourg. Berlin 1792. (Akademie-Abhandl. v. 29. Jan. 1789; Memoire 1788/89 p. 9); Kleinert, Vom Antheil der Universität an der Vorbildung fürs öffentliche Leben. Rektoratsrede Berlin 15. Okt. 1885; Pfleiderer, Leibniz als Patriot, Staatsmann und Bildungsträger, Leipzig 1870, S. 671.

[6]) Vielleicht bei Bacon in der Nova Atlantis und im Vorwort zum 2. Buch De Augmentis Sciencarum, vgl. Kleinert a. a. O., S. 10.

[7]) Wenn auch die Seidenraupenzucht, die Leibniz zur Gründung der Berliner Akademie einrichtete (von ihm, nicht von Friedrich dem Großen gingen die ersten Versuche aus,), nicht den gehofften Ertrag

Ausführung kam, müssen wir hier von einem „praktischen" Plan sprechen, da durch die Unterzeichnung Friedrich Wilhelms die Genehmigung bereits erteilt war. Damit ist die Ebene utopischer Spekulation verlassen, und die Beurteilung muß mehr der reellen Sphäre folgen. Dahingestellt bleibt, daß eben wegen zu ideellen Aufbaus eine Verwirklichung nicht zustande gekommen ist. Praktisch war schon der Grund, aus dem der Kurfürst sich näher mit der ganzen Idee einließ, denn die nationalen Vorteile, die er daraus erhoffte, haben nichts mit Klopstocks nationaler Begeisterung gemein. Während bei diesem Ehre und Ruhm des deutschen Volkes durch sinngemäße Hebung der Wissenschaften und Künste gefördert, die Wissenschaften als solche zu größerer Blüte getrieben werden sollen, wird dort der Akzent mehr auf die Anwendungsmöglichkeit, zumal der technischen Künste, gelegt. So treten die reinen geisteswissenschaftlichen Fakultäten mehr in den Hintergrund, sie wurden wohl nur mit aufgenommen, damit die Gesamtheit der Wissenschaften repräsentiert sei, vielleicht auch, um gewisse moralische Wirkungen zu tun[8]).

Skyttes Idee hat jedenfalls in der uns vorliegenden Fassung nicht das Ausmaß und die tiefe zusammenfassende Kraft des großen Leibnizschen Ideals. Wie bei den letzten Ausführungen betont, hängt der „Fundatio" das Kennzeichen des für den Augenblick Geschaffenen an, das dem werdenden brandenburgischen Staatengebilde auf dem Wege zur größeren Geltung behilflich sein sollte. Für Leibniz dagegen war die Einigung des wissenschaftlichen Geistes nur ein Schritt auf dem Wege, auf dem auch seine unionistischen Bestrebungen lagen, die ihn sein ganzes Leben begleitet haben. Daß hier ein Zusammenhang mit Skytte bestehen

---

brachte, so konnte sich die Akademie doch aus dem von Leibniz erdachten Kalenderprivileg ziemlich allein erhalten.

[8]) Daß Kl. dieser Skyttesche Plan bekannt gewesen ist, halte ich nach seiner Kenntnis der Veröffentlichungen der Berliner Akademie und besonders Leibnizscher Gedanken für sehr wahrscheinlich; die Fundatio war außer bei Seyler a. a. O. auch selbständig 1667 erschienen (heute in Jena vorhanden).

kann, soll nicht durchaus in Abrede gestellt werden, zumal sich die beiden im Leben begegnet sind und über die Akademiefrage gesprochen haben[9]), aber über die Anschauungen des letzteren sind wir nicht näher unterrichtet, so daß unser Urteil nur durch die vorliegenden Akten bestimmt wird. Auch von Leibniz' Geist sprechen nur einige lebendige Zeugnisse, da wir zur erschöpfenden Beurteilung die vollständige Veröffentlichung seines Briefwechsels abwarten müssen. Teile des großen Ganzen, das Leibniz vorschwebte, bestehen noch heute, an der Spitze die Berliner Akademie, und sie lassen seinen Geist lebendig bleiben. Aber die e i n z e l n e Akademie ist noch nicht Abbild des Gelehrtenstaats, nach Nicolais (oben S. 42) zitiertem Wort, machen „die besten Köpfe in Deutschland . . . zusammen eine Art von kleiner Republik aus", also a l l e besten Köpfe; aber die Auswahl darf nicht von außen herangetragen werden, sondern in Gliederung und Sichtung besteht das erste Recht des Staates, wie dies von Klopstock breit ausgeführt wird.

So griff denn Leibniz auch weit über die nationalen Grenzen hinaus, und was an Zusammenschluß innerhalb der einzelnen Gebilde ermangelte, sollte durch die übernationale Einigung ersetzt werden. An Stelle der von Klopstock und anderen gedachten deutschen, französischen usw. Gelehrtenrepubliken steht bei Leibniz der große Kreis aller in der Welt arbeitenden Geister, und wie sich seine eigenen wissenschaftlichen Fäden weit über Europa hinaus erstreckten, sollten auch die gemeinsamen Gedanken a l l e r Wissenschaftler zu e i n e r großen Gemeinschaft führen[10]). Nach dem Vorbild der französischen Akademie schuf er die Berliner, nicht als Neuauflage einer schon bestehenden Form, sondern zugeschnitten auf die nationalen und praktischen Bedürfnisse,

---

[9]) Vgl. Harnack a. a. O. Bd. II (Urkundenband) S. 4.
[10]) Vgl. dazu neben Harnack: K. Burdach, Vorspiel, Bd. II., S. 546 ff. „Die deutschen wissenschaftlichen Akademien und der schöpferische nationale Geist. (Aus der Festschrift für Hofmannsthal. München 1924.)

die hier im Augenblick vorlagen[11]). Mit Wien, Dresden, Petersburg, Hannover stand er in lebhafter Unterhandlung, um ähnliche Organisationen zu schaffen, und wenn auch erst lange nach seinem Tode, so haben doch diese Bemühungen reiche Früchte getragen. Dahinter aber stand immer für Leibniz das Ideal, das von London bis Petersburg und Madrid die geistige Welt eine Macht jenseits des politischen Staates bilden sollte, die Wissenschaften bei allen nationalen Unterschieden übernational in Beziehungen bleiben mußten.

Das Einzelne, das in den theoretischen Erörterungen häufig unnötig weit in den Vordergrund getreten war, wird von Leibniz zurückgedrängt; ihn beschäftigt zunächst der große Gedanke, der bei Wirklichwerden die passende Form schon im Augenblick gefunden hätte. Solange er im Großen zu wirken hoffte, hat Leibniz nie auf das Kleine gesehen, und er verstand es, sich im Einzelnen anzupassen und zu verzichten, um das Ganze durchzusetzen. Neben den religiösen Einigungsbestrebungen sah er Sinn und Zweck in dem Kampf für die Erkenntnis und Wahrheit, die aus den Wissenschaften fließen, und die dafür nötige Unabhängigkeit und Freiheit im Denken sollte und konnte die hier vorgezeichnete Form seines Ideals geben. Die im 20. Jahrhundert zustande gekommene übernationale Vereinigung der Akademien war ein Schritt auf dem Wege zu Leibniz' Gedanken, ohne daß sein wissenschaftliches Ethos mit einem Schlage verwirklicht werden konnte.

Die große Idee Leibniz' ist nur zu bald verlorengegangen; einige kleiner Kärrner suchten die angefangenen Einzelunternehmungen fortzuführen, waren aber auch hierin nur von mäßigem Erfolge begleitet. Von größerer Bedeutung ist darunter für uns höchstens die Frage nach den erneuten

---

[11]) So war eigentlich die Sternwarte, die Berlin erhalten sollte, der Ausgangspunkt für Leibniz, auch die Betonung der Naturwissenschaften, im Gegensaz zu Paris, neu, während z. B. die so verdienstliche Unterstreichung der deutschen Landessprache dem Vorbild nachgeahmt war.

Versuchen, in Wien eine Akademie zu errichten. Denn es bleibt neben dem Hauptproblem, die Entwicklung zu zeigen, die zu Klopstocks Buch geführt hat, auch zu erörtern, wieweit frühere Pläne für ein Wiener Institut Klopstock bekannt waren, also auf sein Projekt von 1768 eingewirkt haben könnten. Der Einfluß, der indirekt von den Vorgängern auch in das Prosawerk übergegangen sein kann, ist gewiß sehr gering, doch sei kurz auch diese Frage erörtert. Da auch Gottsched den Schritten Leibniz' gefolgt war, könnte Klopstock aus seiner Leipziger Zeit eine Erinnerung daran bewahren. Neben der verhältnismäßig unbedeutenden Rolle, die die Wiener Frage für Gottsched gespielt hat, ist schließlich an die „deutschübende Genossenschaft"[12]) zu denken, die gewissermaßen eine Vorstufe für eine Akademie bildete. Damit ist auch der Zusammenhang mit den Sprachgesellschaften des 17. Jahrhunderts hergestellt, die im 18. Jahrhundert nicht mehr die alten Aufgaben zu erfüllen hatten, deren Zweck vom sprachlichen mehr auf das ästhetische Gebiet geschoben wurde. Daß Klopstock die älteren Bestrebungen in der Gelehrtenrepublik wieder hervorholte, geschah, um die letzten Überreste der versinkenden fremdländischen Art zu bekämpfen, das nationale Gesicht endgültig zu reinigen.

In der ehemals „Görlitzischen poetischen Gesellschaft" besaß Gottsched bereits ein Organ, mit Hilfe dessen er die von ihm aufgestellten Grundsätze erproben, und das er im Kampf um die poetischen Anschauungen verwenden konnte. Darüber strebte er hinaus — wohl nicht zuletzt zur Befriedigung seines Ehrgeizes — nach größerem Wirkungskreis, und der Gedanke einer Zentrale in der Hauptstadt des deutschen Kaiserreiches war so leicht gegeben. Für ihn lag natürlich das Vorbild der Académie française näher als für Leibniz, und es ist selbstverständlich, daß er hoffte, auf

---

[12]) Vgl. Th. W. Danzel, Gottsched und seine Zeit. Ges. Aufsätze, 2. Ausg. Leipzig 1855, S. 74/114; 305 ff.; E. Reichel, Gottsched I. Bd. S. 129 ff., 286 ff.; Waniek, Gottsched und die deutsche Literatur seiner Zeit. Leipzig 1897. S. 83 ff.

ähnliche Weise seine Diktatur ausüben zu können, wie es dort der Fall war [13]). Im ganzen ist aber sein Vorgang ohne Einfluß auf Klopstock geblieben, ebenso wie der von Karl Gustav Heräus, der Karl VI. 1721 eine Denkschrift zur Errichtung einer „karolinischen Akademie" [14]) unterbreitet hatte, auf die Gottsched noch zurückgreifen konnte.

Von größerer Bedeutung für unser Thema ist ein längerer Abschnitt aus Bodmers und Breitingers „Neuen kritischen Briefen" [15]), auf dessen einen Teil als „Quelle" Klopstocks schon früher hingewiesen worden ist [16]). Wie wenig wir noch fernerliegender Quellenangaben bedürfen, hoffe ich, durch das Material des ersten Kapitels gezeigt zu haben, dennoch ist uns gerade für die Gelehrtenrepublik alles willkommen, was auch zur Erläuterung der äußeren Form beitragen kann.

Die engere Beziehung zum Begriff „Gelehrtenrepublik" muß im Folgenden fortfallen, da es sich fast ausschließlich um die Darstellung einer literarischen Gesellschaft handelt, die den Wissenschaften nur geringes Interesse, und dann höchstens den ästhetischen, widmet, soviel Wissenschaftler als praktisch Interessierte ihr auch angehört haben mögen. Die Analogie liegt vielmehr in der äußeren Form der „Arcadia", die Crescimbeni als „forma di repubblica demo-

---

[13]) Waniek a. a. O. S. 211.
[14]) K. G. Heräus, Gedichte und Inschriften. 1721. Anhang.
[15]) 1. Aufl. Zürich 1749; 2. Aufl. ebenda 1763 (nach dieser zitiert).
[16]) Danzel-Guhrauer, Lessing 2. Aufl. Bd. I S. 388 Anm., danach häufig zitiert, z. B. Koberstein, Geschichte der deutschen Literatur IV[5], S. 32, Anm. 22; wie unzuverlässig die Arbeit von Pieper ist, zeigt seine Angabe, daß „die Idee (Klopstocks) an eine Gesellschaft Bodmers und Breitingers in den N. kr. Br. S. 18, Zürich 1749, erinnert", wo sich nichts darüber findet, da es sich um den 18. Brief S. 151 ff. handelt. Hätte P. die Briefe zur Hand genommen, würde er auch bemerkt haben, daß aus den „Leges Arcadiae" (S. 109 ff.) manches Interessante zu holen ist, daß ferner die Angaben nicht wie dort behauptet nach Crescimbenis „Historia della volgar Poesia" erfolgen, sondern nach der „Storia dell' Accademia degli Arcadi" (1712) (hier zit. nach der Ausgabe London 1804).

cratica"[17]) bezeichnet. Dieser Form folgend haben Bodmer und Breitinger eine ähnliche Vereinigung für Deutschland in Vorschlag gebracht, indem sie nach mittelalterlichem Vorbild eine Wartburg-Gesellschaft schaffen wollten. Auf diese als Quelle Klopstocks hat, wie oben bemerkt, zuerst Danzel hingewiesen, doch wird sich zeigen, daß die Form der so berühmt gewordenen Arcadia für unser Werk von größerer Bedeutung ist.

Es wird überzeugen, daß die eigentümliche, recht geheimnisvolle und eigenwillige Aufmachung der Arcadia zu Klopstocks noch überspitzterer Originalitätssucht in Beziehung gesetzt werden soll. Hier wie dort sehen wir das Hervorholen alter Formen und Gebräuche, wie man sie damals zu verstehen glaubte, und dem Antikisieren der Italiener setzt Klopstock seine altgermanische Fassung entgegen. Aus zwar nicht zufälligem, doch ganz privatem Bestreben wurde die Akademie geboren, bald aber hat sie das Zufällige ihrer Form abgestreift, dabei den Kern, die freiheitliche Stellung der Einzelnen, beibehalten.

Mehrere bekannte Köpfe Italiens hatten sich in Rom gegen Ende des 17. Jahrhunderts zu regelmäßigen Abenden zusammengefunden, um ihre eigenen Arbeiten zu besprechen, gleichzeitig, um durch andere auf den Geschmack der Italiener einzuwirken. Das Ungebundene ihrer Versammlungen auf freien Plätzen ließ in ihnen die Erinnerung an das alte Arkadien lebendig werden, und so beschlossen sie die Gründung einer arkadischen Akademie (1690), die dem Stil der Zeit entsprechend die Form einer Schäfervereinigung erhielt. Bedeutsam ist die Verschwiegenheit und Heimlichkeit, mit der sie ihre Sachen betrieben, vielleicht, um sich damit größeres Ansehen zu verschaffen, wohl auch in Anlehnung an religiöse Gesellschaften, wie es später z. B. bei den Freimaurern der Fall war.

„Dieses neue Arcadien bekam die Form einer Democratie; es sollte von keinem Herrn, von keinem Beschüzer

---

[17]) Storia S. 5.

wissen, es wollte allein einen obersten Hirten haben, der an dem Haupt der ganzen Gesellschaft stünde"[18]). Zu den Versammlungen, die unter freiem Himmel stattfanden, wurden nur Mitglieder zugelassen, die sich einen Schäferbeinamen zulegten, um dadurch die Geburts- und Standesunterschiede nicht in die Erscheinung treten zu lassen, das demokratische Prinzip damit zu unterstreichen. Sehr bedeutsam mit Rücksicht auf die Anordnungen, die später Klopstock trifft, sind die Gebräuche, die die Statuten der Arcadia bestimmten. „Bis 1696 war diese Schäferversammlung in ihrer ursprünglichen und angebohrnen Unschuld bestanden, ohne daß sie durch das Band einiger Geseze wäre gebunden gewesen, nur ward sie nach Anleitung einiger sogenannten E r i n n e r u n g e n geführt, welche der oberste Hirte mit Zuziehung etlicher vornehmer Arcadier abgefasset, der Arcadia vorgetragen, und nachdem sie von ihr genehm gehalten worden, in einem Codex zusammengeschrieben hatten, den sie das g o l d e n e B u c h nannten. Indessen waren unter den vornehmsten Schäfern schon verschiedene Mißhelligkeiten entstanden, welche beyzulegen und die Einigkeit in der Versammlung zu erhalten, die Erinnerungen des goldnen Buches nicht zulangeten. Daher mußte man sich mit Einführung verbindlicher Geseze helfen. Diese wurden auf die Erinnerungen gebauet; und damit sie beständig blieben, und bey jedermann in das gehörige Ansehen kämen, wurden die Arcadier in dem parrhasischen Hain nach der Gewohnheit des alten Roms offentlich in allgemeiner Versammlung gefraget, ob sie dieselben gut und genehm hießen. Diese Frage that der oberste Hirte selber, und erhielt den einhelligen Beyfall aller versammelten Schäfer. Diese Geseze wurden nachgehends in zwo große Tafeln von feinem Marmor gehauen, und in den farnesischen Gärten aufgestellt . . ."[19]). Vieles hierin — so die Führung der „Protokolle", die Einführung der Gesetze, ihre Aufstellung im Haine der Gesellschaft — erinnert so stark an Klopstock,

---

[18]) Neue krit. Briefe S. 101.
[19]) Ebenda S. 103 f.

daß ich glaubte, die Stelle als Beispiel ganz hierher setzen zu sollen. Die näheren Analogien werden bei Besprechung von Klopstocks Aufbau erläutert.

Sieben Versammlungen finden im Laufe des Jahres zwischen dem 1. Mai und dem 7. Oktober statt, da dann der öffentliche Garten geschlossen wird. Sechs sind den römischen Mitgliedern vorbehalten, während in der siebenten die Arbeiten der abwesenden (auswärtigen) Arcadier verlesen werden. „Diese ist allemal die zahlreichste, indem man darinnen die Schreibarten der ganzen gelehrten Republik von Italien zu vernehmen bekömmt"[20]). Außer den „Hauptversammlungen" sind auch in den Hütten der einzelnen Schäfer Zusammenkünfte gestattet, doch muß der oberste Hirte anwesend sein und sie in das Geschichtsbuch der Arcadia eintragen.

Genau geregelt ist die Verfassung: Der oberste Hirte wird in geheimer Wahl auf vier Jahre bestimmt, über ihm steht nur die Vollversammlung, die er im Winter zweimal zu geschäftlichen Erledigungen zusammenrufen muß. Beigegeben sind ihm 12 Kollegen, die er auf ein Jahr bestimmt und die von der Versammlung bestätigt werden. Schließlich besteht noch das Amt eines Verwesers (Vertreters des Oberhirten), und dieser Ausschuß hat sämtliche Entschließungen zu treffen, die Geschäfte zu führen, bleibt aber der Arcadia verantwortlich, die dessen Bestimmungen aufheben kann. Zwei „Unterhirten" haben die Aufsicht zu führen, damit keine Gesetzesverletzungen vorkommen; auch die Kanzlei untersteht ihnen. Die letzten Ämter setzen das zuerst betonte demokratische Prinzip in ein anderes Licht, da sie eine Vorzensur bestimmen für die Titel der Aufsätze, die öffentlich verlesen werden, und für die Bücher, die unter dem Schäfernamen des Verfassers erscheinen sollen. Es sind für jedes Werk zwei oder drei Zensoren bestimmt, die ihr Votum dem Kollegium schriftlich vorlegen, das die entsprechende Entscheidung fällt.

---

[20]) Ebenda S. 105.

Das ist der wichtigste Inhalt der Leges Arcadiae, die von dem berühmten Rechtsgelehrten Vincenz Gravina abgefaßt sind. Das erste und politische Grundgesetz sei hier noch wörtlich wiedergegeben: „Penes Commune summa potestas esto. Ad idem cuilibet provocare ius esto"[21]).

Kurz sei noch die etwas merkwürdige Abstufung bei der Aufnahme zur Gesellschaft angeführt, deren Geist mit Klopstock gar nicht übereinstimmt, obwohl deren eigentümliche Form und Benennung an jenen erinnert[22]). Durch „Zujauchzen" werden Fürsten, Kardinäle und Gesandte aufgenommen, durch „Beyzählung" Frauen und ganze Kolonien, durch „Vorstellung" Vereine junger Leute, durch „Wiederbestellung" alle übrigen, indem sie den Platz eines Verstorbenen einnehmen. Durch „Vorbestimmung" werden jene bezeichnet, die für eventuell freiwerdende Plätze im voraus gewählt sind. — Außer der Mutter-Arcadia in Rom bestand noch eine große Zahl von Kolonien in der Provinz; denn erst durch eine weitere Ausbreitung konnte die Gesellschaft die gestellte Aufgabe erfüllen; die gemeinsame Leitung wird aber von Rom aus geführt, und dem Oberhirten stehen auch den Zweigen gegenüber größte Machtbefugnisse zu.

Abschließend wird in den „Neuen kritischen Briefen" die politische Form durchaus treffend beurteilt[23]): „Ich habe der Arcadia einen herrschaftlichen Geist schuld gegeben, und ich vermeine nicht, daß ich ihr Unrecht gethan habe. In ihrem Ursprunge war sie zwar weder eine Republik noch ein Königsreich, es war einfältig eine gelehrte Zusammenkunft: Aber sie unterwarf sich nach einigen Jahren strengen Gesezen, und vergönnete unvermerkt ihrem Oberhaupt eine Gewalt, die ziemlich fürstlich ist." Dieser unbeabsichtigten Folge entgeht Klopstock durch seine Anlage, die schon von vornherein auf eine aristokratische Verfassung zielt, indem überhaupt nicht einem Einzelnen eine solche Macht über-

---

[21]) Storia S. 35; Neue krit. Briefe S. 109.
[22]) Neue krit. Briefe S. 112 ff.
[23]) S. 134.

tragen, sondern diese von einer Gruppe gemeinsam geführt wird.

Die mit der Gründung der Arcadia erstrebten Ziele, die Poesie zu unterstützen und den Geschmack zu bilden, sind im großen ganzen erreicht worden. Die Ursache erkennen die Verfasser der „Neuen kritischen Briefe" recht wohl, wenn sie im Vergleich mit Gottscheds poetischer Genossenschaft [24]) auf die Fülle der Talente hinweisen, die sich in Italien zusammengefunden hatten. Neben Vers und Prosa wurde auch das Theater gepflegt; in der „Storia"[25]) befindet sich die Wiedergabe einer großzügigen Freilufttheateranlage. Nicht unmöglich ist, daß Klopstock diese Verbindung vor Augen schwebte, als er für Wien ähnliche Vorschläge machte; wenn auch die Einwirkung der „Hamburger Entreprise" lebendiger war, so fand er doch hier die Verbindung von „Akademie" und Theater vorgebildet.

Der ausführlichen Beschreibung der Einrichtungen folgt in den „Neuen kritischen Briefen" eine Geschichte der Arcadia, die durch deren schnelle Spaltung und den fortgesetzten Kleinkrieg zwischen den Parteien charakterisiert ist. Daran knüpfen Bodmer und Breitinger dann ihren schon oben erwähnten Vorschlag einer deutschen Wartburg-Gesellschaft, angeregt durch den „Wartburgkrieg", auf Grund dessen sie schon für das Mittelalter ähnliche Vereinigungen annahmen, und durch die Schulen der Meistersinger, denen auch die Bezeichnungen wie Singer, Gäste, Orthaber entlehnt werden [26]). Streng genommen ist es kaum etwas anderes als eine Konzertgesellschaft, bei der die „Gäste" die Unkosten zu decken haben und wahllos in beliebiger Menge zugelassen sind. Beschränkt ist dagegen die Zahl der „Singer", die von den „Orthabern", den sechs Leitern des Ganzen, ausgewählt werden. Diese Leiter haben unumschränkte Machtbefugnis, nur muß zu wirksamen Beschlüssen Einstimmigkeit erzielt werden. Die Haupt-

---

[24]) S. 144, „Die deutsche Gesellschaft zu L . . .".
[25]) Storia S. 83 f. und Abbildung.
[26]) Neue krit. Briefe S. 150 ff.

aktion besteht in einem Preissingen, das alle vier Jahre stattfindet und Preise für epische und tragische, zweitens für lyrische Gedichte (Elegien, Eklogen, Oden, Satiren), drittens für äsopische Fabeln, Erzählungen und Lieder vorsieht. Das Interessanteste an dem Abschnitt ist dabei die Zusammensetzung der Preisgerichte; für das erste Thema wird dieses aus einem „Hof von Kavalieren und Edlen", für das zweite aus vornehmen Bürgern, für das dritte aus Damen und Mädchen gebildet. Der Name einer Akademie, den die Verfasser dafür in Anspruch nehmen, klingt ein bißchen zu großartig, der Wert der Idee ist sehr gering, für unseren Zusammenhang sei eben nur auf die bemerkenswerte, mittelalterliche Form hingewiesen.

Vergleichen wir nun mit diesen verschiedenen Plänen bzw. Institutionen Klopstocks Wiener Idee, so müssen wir uns äußerlich schon deshalb eine Beschränkung auferlegen, weil nur Teile, und noch dazu sehr undeutliche, aus der Gelehrtenrepublik[27]) und aus den Briefen bekannt sind. Zwei Gesichtspunkte sind von entscheidender Bedeutung und stellen Klopstock in Gegensatz zu allen Vorgängern: zunächst einmal das rein **materielle** Interesse, das trotz der steten Versicherung, er suche nichts für sich selbst[28]), im Vordergrund stand, wenn er dabei auch nicht an sich selbst gedacht haben mag. Diese Fragestellung, die in der Einleitung herausgehoben wurde, beweist sich hier bei Klopstock als fruchtbar; denn er hat an sich selber gesehen, daß es bei nicht ausreichender finanzieller Sicherung nicht mög-

---

[27]) Gelehrtenrepublik S. 412/428 „Der Abend". „Unterstützung der Wissenschaften, die wir zu erwarten haben". Hier sind außer Teilen des Plans „Fragment aus einem Geschichtsschreiber des 19. Jahrhunderts" auch Bruchstücke aus dem Briefwechsel Klopstocks mit dem Wiener Hof wiedergegeben, die die Geschichte der Verhandlungen geben und Klopstocks Anspielung in der Widmung der „Hermanns Schlacht" verteidigen sollen. Ich betone nochmals, daß diese äußerliche Geschichte hier übergangen wird, dafür verweise ich auf Muncker S. 410/21; Pieper S. 9/14. Uns kommt es nur auf die charakteristischen Momente oder die Vergleichsmöglichkeiten mit der „Gelehrtenrepublik" an.

[28]) Gel.Rep. S. 418 f.; s. dagegen z. B. Brief an Ebert, 11. Juni 1771, Lapp. S. 236.

lich sei, den Beruf eines Dichters oder Wissenschaftlers zu
ergreifen. Daher gingen auch schon früh seine Bestrebungen dahin, den Schriftstellern die materiellen Erfolge ihrer
Arbeit zu sichern. Bereits 1759 hatte Klopstock versucht, den
dänischen König zu der Gründung einer Genossenschaftsdruckerei zu bewegen, die den Verlag zugunsten der
Autoren übernehmen sollte [29]), eine alte Idee, die bereits
von Leibniz verfochten worden war und die im 18. Jahrhundert viele Anhänger, darunter Lessing, Wieland, Gleim,
Bürger zählte [30]). Hier taucht diese Idee in größerem Zusammenhang wieder auf, und Muncker betont bereits mit
Recht [31]), daß die formelle Ablehnung, in die sie in dem
Plane gekleidet ist, nur ein „Wink mit dem Zaunpfahl",
und zwar ein sehr deutlicher, sein sollte.

War das finanzielle Motiv also schon früh erregendes
Moment für den Dichter, so wird es nun in allen möglichen
Gestalten erste Grundlage des Plans. Während bei den
alten Vereinigungen und Leibniz' Akademie-Gedanken die
ausschließliche Hebung der Wissenschaften das Ziel war,
so ist der Leitgedanke nun die zureichende materielle Sicherung der Wissen s c h a f t l e r. Schon von hieraus betrachtet
ist Klopstocks Betonung, daß nicht eine A k a d e m i e beabsichtigt sei [32]), durchaus zutreffend. Leider verbindet er
damit wieder eine Originalitätssucht der Form, die die einzelnen Teile nicht klar erkennen läßt, doch der zweite Hauptgedanke kommt mit aller wünschenswerten Deutlichkeit zum
Ausdruck: es ist dies das n a t i o n a l e Interesse. Er hofft,
daß die Hebung der Wissenschaften auch eine Beförderung

---

[29]) Nord. Aufseher, 2. Bd. 1759, 115. Stück, S. 474 (Werke, Bd. X
S. 308 f. ist der betreffende Absatz ausgelassen).

[30]) Vgl. Lessing, Hamb. Dramat. (herausg. von J. Petersen,
Leipzig) S. 418; Anm. S. 524. E. Schmidt, Lessing Bd. I⁴ S. 648;
Anm. S. 691. Danzel, Gottsched u. seine Zeit (1855), S. 305 Abbé
Marci au Gottsched. Muncker S. 410. I. Mühlbrecht, Bücherliebhaberei
bis zum Ende des 19. Jahrhunderts, Leipzig 1898, S. 309.

[31]) S. 414.

[32]) Gel.Rep. S. 419; vgl. darüber die Epigr. Bd. V S. 317 Nr. 52;
S. 343 Nr. 109. Brief an Ebert, 11. Juni 1771, Lapp. S. 236.

des europäischen Ruhmes der Deutschen mit sich bringen müßte, und dieser ebenso schöne wie fruchtbare Gedanke ist der rote Faden für sein späteres Buch geworden. Die nationale Förderung, die Klopstock im Auge hat, ist ganz anderer Art, als sie z. B. in der Arcadia beabsichtigt war. Sollte auf der einen Seite die poetische Kunst und der Geschmack der Italiener gehoben werden, hatte Leibniz nur für die Wissenschaften an sich wirken wollen, da sie für ihn absoluten Wert besaßen, so stellt plötzlich Klopstock ein Volk g e g e n das andere, sie gegenseitig zum Wettkampf anfeuernd, und ihm geht es nicht mehr um die reine Erkenntnis der Wahrheit, sondern um den nationalen Ehrgeiz [33]). Der Leibnizsche Grundgedanke, daß nur über die trennenden Grenzen hinaus in Gemeinschaft Aller die Erkenntnis der Wahrheit gefördert werden könnte, wird durchbrochen, durchaus zum Schaden der reinen Wissenschaft, für die es ganz gleichgültig bleibt, ob z. B. Leibniz oder Newton die Integralrechnung [34]) erfunden hat. Dennoch ist auch Klopstocks Formulierung, jedenfalls für eine gewisse Periode, von Bedeutung, die ins Allgemeinpolitische übergreift und wohl der tiefste Gedanke ist, den er in diesem Zusammenhange ausgesprochen hat. „Ein Volk, das in viele Fürstenthümer abgesondert ist, konnte auch nicht eher mit einem gewissen Feuer, und mit Festigkeit vaterländisch seyn, als bis man es veranlaßte, Gesinnungen der Verehrung und der Dankbarkeit in seinem Oberhaupte zu vereinigen." (Gelehrtenrepublik S. 414.) Hier ist „Vaterland" schon im Sinne Ernst Moritz Arndts, mit dem Klopstock überhaupt manchen Berührungspunkt hat, gefaßt: „. . . soweit die deutsche Zunge klingt . . ." Aber er sagt auch, daß politisch die heterogenen Teile nur durch eine geistige Zentrale

---

[33]) Der an sich so schöne Gedanke hat also eine üble Folge, an der wir heute noch zehren, da allzu oft die Wissenschaften gegeneinander gestellt werden, statt nach Leibnitz' Idee gemeinsam zu kämpfen.

[34]) Derer können sich nach den neuesten Forschungen beide unabhängig von einander rühmen, doch bleibt dies eben von bloß biographischem Werte.

zusammengeschweißt werden könnten, in der die Wissenschaft und ihre Förderung keine ganz gleichgültige Rolle zu spielen berufen wären. Klopstock, der bis ins hohe Alter ein Jüngling in seiner Art zu fühlen und zu denken geblieben ist, fast ein Kind, in seinem Bedürfnis zu verehren und zu danken, glaubt, daß diese Gefühle in allen geistig Interessierten lebendig würden, sobald sie des Kaisers Verdienste erkännten. Selbst wissenschaftlich hat Klopstocks Blickrichtung entschieden ihre positive Seite, obwohl sie entsprechend der eben geäußerten Auffassung auf einen Punkt beschränkt bleibt. Im Gegensatz zu den früheren Plänen bleiben hier Aufnahme und Verteilung der einzelnen Wissensgebiete vollständig dunkel[35]), nur die Geschichte wird mit vollem Bewußtsein in den Mittelpunkt gerückt. Zum ersten Mal seit dem Humanismus ist der wahre Wert nationaler Geschichtsschreibung erkannt, hier überhaupt ganz neu gesehen, daß ein solches Werk nur aus nationaler Gemeinschaft, aus der inneren Begeisterung hervorgehen kann, wie denn fast gleichzeitig von Herder der Zusammenhang des Volkes mit seiner Geschichte gedeutet wird. Der Zweck, zu begeistern, ist noch der alte geblieben: wie sich die Humanisten an der neu gefundenen „Germania" des Tacitus entzündet hatten, so wollte Klopstock die Deutschen durch lebendige Schilderung des Gewordenen anfeuern. Dies ist auch die Ursache, die ihn bewog, die sogen. „Denkmale der Deutschen", kleine historische Anekdoten, gewissermaßen als Beispielsammlung in die „Gelehrtenrepublik" aufzunehmen[36]). Die Erörterung der beiden Fassungen, in denen er näher die Art beschrieb, wie er sich die Geschichtsschreibung dachte, wird uns auch die übrigen Charakteristika seines Planes erkennen lassen. Hatte Klopstock bei dem Gedanken einer Sozietätsdruckerei schon auf die Schwierigkeit hingewiesen, der die staatlichen Zensoren bei der Festsetzung ihrer Richtlinien unterlägen, „wenn es auch bei den

---

[35]) Dies könnte natürlich in den unbekannten Teilen ausgeführt gewesen sein.
[36]) S. 228/43; 281/93.

Büchern nicht in Betrachtung kommen sollte, ob die Verfasser Katholiken, oder Protestanten wären"[37]), so wird dieser Punkt jetzt entscheidend: denn über einer gewissen Zahl von „Sammlern", die das Material zusammenzutragen haben, stehen ein katholischer und ein protestantischer Geschichtsschreiber, die die Richtlinien für Auswahl des Nötigen zu geben haben[38]). Dies zeigt so ganz, wie die großen Hindernisse, die die Einigung Deutschlands über ein Jahrhundert verhinderten, trotz des besten Willens auch bei Klopstock noch nicht überbrückt waren, daß er dies als Erbschaft des pietistischen Vaterhauses und seines ganzen religiösen Bildungsganges mit sich trug. Die Gelehrtenrepublik, die nur einen allgemein christlichen Sinn predigt, und die oben zitierte Bemerkung zeigen, daß er die Schranken auf geistigem Gebiete fallen lassen wollte, daß er aber, wenn es um die produktive historische Leistung ging, nicht an die Emanzipierung von eingesessenen Vorurteilen glaubte. Die religiöse Befangenheit — die aber vielleicht nur realistisch die wahre Sachlage trifft — läßt ihn fast eine Generation älter als z. B. Lessing und Herder erscheinen.

Anders versucht Klopstock in einem späteren Briefe[39]) die Verteilung vorzunehmen. Danach soll das ganze Gebiet in Perioden geteilt und für die Ausarbeitung einer jeden ein Preis ausgesetzt werden, der entsprechend der Güte des Gelieferten bemessen wird. Daß dies Einteilungsprinzip viel fruchtbarer sein kann, braucht hier nicht erörtert zu werden, auch ist nicht auszumachen, ob Klopstock seine vorher bezeichneten Bedenken überwunden haben sollte[40]). Eher schon wird ihn dabei der Gedanke bewogen haben, daß die Aufgabe auf solche Weise schneller zu bewältigen ist, als wenn zwei den ganzen Zeitraum allein bearbeiten"[41]). Ent-

---

[37]) S. 415.
[38]) S. 417.
[39]) S. 419 (12. Juli 1768).
[40]) Anders Muncker S. 416.
[41]) Das soll wohl der „kürzere Weg" (Gel.Rep. S. 419) bedeuten.

scheidend bleibt wieder die Ausschreibung von Preisen, die für ihn das A und O bedeuten [42]), denn die „Unterstützung der Wissenschaften", wie er den Plan genannt hat, kommt eben zumeist auf Unterstützung der Wissenschaftler heraus. Er wünscht Belohnungen ausgesetzt zu sehen für alle die, die durch ihre Werke etwas Besonderes geleistet haben, Schriftsteller oder Erfinder sollten so nicht nur belohnt, sondern auch geehrt werden. Die vornehme Art, mit der Klopstock selbst in Kopenhagen behandelt wurde, entspricht seiner inneren Anlage, aber die Überbetonung des Materiellen springt auch aus der verklausulierten Form hervor. „Die Belohnungen für die guten, und für die vortrefflichen Scribenten, und für die nicht schreibenden Erfinder von gleichem Unterschiede, bestanden in Geschenken von zweyerlei Art. Die ersten erhielten Geld und Ehre dadurch, daß ihnen jenes gegeben wurde; die zweyten Geschenke zwar auch nicht von geringem Werthe der ersten Art, aber zugleich von solcher Beschaffenheit, daß der Empfang nicht allein die Ehre derselben ausmachte" [43]). Und in einem erläuternden Brief [44]): „.... der Zweck dieses Entwurfes ist, den Gelehrten, welche man der Belohnung würdig hält, außer den Ermunterungen der Ehre, auch Muße zu geben, und zwar eine solche, die ihrer Arbeitsamkeit angemessen ist." — Erinnert das Mittel der Ausschreibung an die Übung der Berliner Akademie, die gerade damals sehr rührig in Stellung von Aufgaben war, so könnte man auch an Skyttes Vorschlag denken, der einzige oben erörterte, bei dem ebenfalls die Fragen der Lebensmöglichkeit eingewirkt haben. Dessen große Vorteile, durch gemeinsames Arbeiten die Wissenschaften zu stärken und sie politisch gegen Schwankungen und Eingriffe zu schützen, fallen hier fort, da ein Wohnen am selben Platze durchaus nicht gedacht ist, sondern die Blicke der Kommision über ganz Deutschland reichen sollen. Dieser Ausschuß, in dem Klop-

---

[42]) Vgl. Brief an Denis. 22. Juli 1768, Lapp. S. 212.
[43]) S. 415. Muncker S. 413.
[44]) S. 418.

stock sich selbst sicher einen Platz zugedacht hatte [45]), besteht nur aus ganz wenigen Mitgliedern, die allein dem Kaiser und den Beschützern der Wissenschaften verantwortlich sind, nicht den übrigen Gelehrten. Dabei müssen sie die Ehre und den Ruhm des Kaisers und des Staates stets im Auge behalten, wie denn der Moralfaktor, der später bei Einrichtung der Bühne hervorgehoben wird, auch hier als Sache des Staates aufgefaßt ist. So ist es wohl auch zu verstehen, wenn Klopstock hofft, daß er Veranlassung habe, „so vieles für die Wissenschaft, und durch sie, auch für die Religion zu thun" [46]).

Ihre besonderen Gebiete, denen die auszusetzenden Belohnungen zugute kommen sollen, sind nicht näher bezeichnet[47], denn daß die Philosophie und Dichtkunst einzeln genannt werden, besagt nicht viel, auch die „erfindenden" Wissenschaften sind herangezogen, unter denen Klopstock nach Ausweis der Gelehrtenrepublik fast alle anderen Disziplinen versteht. Der Begriff der Philosophie müßte sehr weit gedacht sein, da Klopstock gegen die reine Philosophie in der Gelehrtenrepublik äußerst scharf vorgeht; kaum glaublich ist also, daß er sie in Wien noch besonders zu unterstützen beabsichtigte. Dafür wird den reinen Wissenschaften das Theater angegliedert, ein Rettungsanker für die schon versinkende Hamburger Unternehmung, der auch das Prinzip, daß keine Berufsschauspieler an der Spitze stehen sollen, entliehen ist. Daß, wie oben vermutet, die römische Arcadia Einfluß darauf gehabt haben kann, sei immerhin als möglich hingestellt.

Wenn wirklich, wie es Gleim berichtet [48]), die zwölf Kommissionsmitglieder, ein jährliches Gehalt von 2000 Talern erhalten sollen, die selbst wieder 24 in Deutschland ver-

---

[45]) Brief an seine Mutter, 9. Juli 1768. Muncker, Lessing und Klopstock. S. 215.
[46]) Brief an Cäcilie Ambrosius, 14. April 1768. Lapp. S. 232.
[47]) Gegen Muncker, S. 413.
[48]) Brief an Lessing, 9. März 1769, Lachm.-Muncker, Bd. 19 S. 301, der von Muncker S. 416 mit Recht in seiner Glaubwürdigkeit bezweifelt wird. Neben den verschiedenen Gehältern sind dort auch

teilte Gelehrte zu wählen hatten, von denen jedem 1000 Taler zustanden, so würde sich ganz kraß der große Mangel zeigen, an dem Klopstocks Idee litt: genau wie Skytte unterschätzte er die finanziellen Fragen, an denen auch das ideell Beste bei einem haushälterischen Herrscher scheitern mußte. Wenn er vielleicht daran dachte, daß Friedrich der Große für französische Gelehrte und Schriftsteller viel Geld ausgegeben hatte[49]), so meint er, daß es an anderer Stelle auch Deutschen zugute kommen könnte; aber sein Hinweis auf den König von Polen, der viel Geld für seine Oper verschwendet hat, wird noch kein Stachel gewesen sein, dasselbe für ein deutsches Nationaltheater zu tun, wobei es Klopstock sogar als besonderen Vorzug ansieht, daß die Bühne auf das Publikum keine Rücksicht zu nehmen brauche, da sie ja die staatlichen Zuschüsse erhalte. Ebenso sollten die Belohnungen aus der geheimnisvollen Kasse fließen, über die er mit einer späteren Bemerkung leicht hinweggeht: „Die Ausgaben können von keiner Erheblichkeit seyn. Nur im Anfange könnten sie es einigermaßen seyn, weil schon vieles da ist, das Belohnung verdient" (S. 418). Geht Klopstock mit bezeichnendem Leichtsinn über die praktisch notwendigen Dinge hinweg, so bleibt doch ein Gedanke von solcher Tragweite, auch für die späteren Ausführungen in der Gelehrtenrepublik, daß wir ihn nicht genug unterstreichen können. War oben auf die tiefste Bedeutung des geistigen Mittelpunktes für eine Nation hingewiesen worden, so kommt nun die andere Seite dieses Problems zum Ausdruck: die Unterhaltung der Gelehrten ist nicht mehr Nebenfrage oder Aufgabe Einzelner, im Gegenteil, das Mäzenentum wird zurückgewiesen und es dem Staat zur P f l i c h t gemacht, für seine geistigen Heroen zu

---

mehrere Klassen substituiert, zu deren erster Gleim Lessing zählt; doch hatte Klopstock diesem und Gerstenberg die Leitung der Bühne zugedacht.

[49]) Ich glaube, daß auf S. 413, vielleicht auch S. 420, eine derartige Bemerkung ausgelassen worden ist; auf die Stellung Klopstocks zu Friedrich II. komme ich im 3. Kapitel zurück.

sorgen. Der Kaiser, der in dem Wiener Plan natürlich im Mittelpunkt steht, ist für den Dichter nicht eine einzelne ruhmbedürftige Person, sondern nur Verkörperung des Staates[50]).

Erst von hier aus wird der Kampf gegen das „Mäzenatentum", den Klopstock in der Gelehrtenrepublik aufs eifrigste und schärfste führt, verständlich, begründet bei einem Mann, der sein ganzes Leben lang auf solche Unterstützung angewiesen war und um sie geworben hat. Genau wie Saavedra wollte er die Abhängigkeit vermeiden, die im allgemeinen aus solchen Geschenken fließen muß, und so sah er in den Gehältern und Belohnungen kein freiwilliges Geschenk, sondern einen pflichtigen Sold, den zu geben fast mehr Ehre bedeutet als ihn zu empfangen. Wenn all das in der Gelehrtenrepublik auch nicht ausgesprochen ist, so steckt es doch hinter den Worten und läßt die Wandlung der Anschauungen im 18. Jahrhundert ahnen.

Hat also der erste von uns oben unterstrichene Punkt des materiellen Interesses eine weittragende Bedeutung bekommen, so geht es nicht anders mit dem nationalen Moment, das von der Gelehrtenrepublik, für die es den Grundakkord abgibt [51]), bis ins 19. Jahrhundert hinein fortgewirkt hat [52]). Beide Teile, Publikum (oder vielleicht besser „Volk") und Schaffende sollen sich nach Klopstocks Ideal zu dem großen Ziel vereinigen, den deutschen Ruhm durch Förde-

---

[50]) Wie denn auch die Ode „An den Kaiser" (1781, Bd. 4, S. 262 f.) besonders die sozialen Reformen preist, nach Muncker noch mit einer leisen Hoffnung auf Verwirklichung des älteren Planes (Muncker S. 421). Vgl. die Kontroverse, die sich an diese Ode knüpfte: Lorenz Leopold Haschka, Ehrenrettung des Kaisers und Klopstocks. Dresden 1782. Gegen den Mercure de France. 4. Mai 82. (Vgl. auch Gustav Gubitz, L. L. Haschka, Jb. der Grillparzer-Ges. 17. Jg. Wien 1907. S. 64 f.)

[51]) Vgl. Fr. Pfeifer, Goethe und Klopstock, Leipzig 1842 (S. 105 f. aus dem Schreiben eines noch lebenden persönlichen Freundes an den Herausgeber) S. 108 u. Anm.

[52]) A. W. Schlegel, Vorlesungen über schöne Literatur und Kunst, 3. Teil S. 21 (Deutsche Literaturdenkmaler des 18. u. 19. Jahrhunderts. Nr. 19. 1884).

rung der Wissenschaften zu mehren. Sind auch die Bedenken gegen eine solche beschränkende Aufgabe, die sich nicht die reine Wissenschaft zum Ziel setzt, nicht verschwiegen worden, so bleibt doch liebens- und bewundernswert, mit welchem heißen Eifer der Dichter diesem Ziele zustrebte, und er wird darüber in der Gelehrtenrepublik oft zum Prediger und Propheten. Aber auch die vergeblichen Versuche in Wien sind gerade in dieser Beziehung nicht ohne bedeutende Nachwirkung geblieben, glaubt man doch selbst in den neuesten Bestrebungen zur Gründung einer „Deutschen Akademie", die jetzt endlich in München wirklich geworden ist, Klopstocks Geist zu spüren [53]). Trotz allen Spotts, der nach Mißlingen Klopstock von vielen Seiten traf, wurde der Gedanke im 18. Jahrhundert selbst, und zwar von keinem geringeren als Herzog Karl August von Weimar, wieder aufgenommen, der mit Johann Heinrich Merck zusammen einen ähnlichen Vorschlag an Kaiser und Reich ausarbeitete [54]).
Dort wird „Klopstocks Geist" zitiert und, charakteristisch genug, gegen den „deutsch-französischen Friedrich" ausgespielt, der in der Zueignungsschrift getroffen werden soll. „Ohne Preußens Zuthun" und ohne daß dessen König „die mindeste Ehre davon haben soll", wird, wie schon der allein

---

[53]) Selbst der Stil in Thomas Manns „Aufruf zur Gründung einer Deutschen Akademie" (1914; „Rede und Antwort", Ges. Abhandlungen und kleine Aufsätze, Berlin 1922, S. 291 ff.) sticht so stark gegen seinen sonstigen Gebrauch ab, daß man unwillkürlich an die Gelehrtenrepublik erinnert wird. Vgl. auch W. Schölermann, Eine deutsche Akademie in Weimar. Lpz. 1910.

[54]) Vgl. darüber den Brief Mercks an Karl August: Mercks Briefe an die Herzogin und den Herzog von Weimar, herausgegeben von H. G. Gräf, Leipzig 1911, S. 44 ff.; Karl August an Merck: Briefe an J. H. Merck, herausgegeben von K. Wagner, Darmstadt 1835, Nr. 105, S. 240 ff.; Goethe, Briefe W. A. Abt. IV Bd. 4 S. 203; Wieland, „Patriotischer Beitrag zu Deutschlands höchstem Flor, veranlaßt durch einen im Jahre 1780 gedruckten Vorschlag dieses Namens." Werke (Göschen) 1857, Bd. 30, S. 349/69. Dieser gedruckte Vorschlag ist bisher unbekannt geblieben (vgl. Gräf, Anm. zur Stelle usw.), doch teilt mir Prof. B. Seuffert mit, daß Prof. Kurrelmeyer ihn wiedergefunden hätte und demnächst in der Wieland-Ausgabe der Akademie veröffentlichen würde.

bekannte Titel sagt, das patriotische Werk zur Blüte und Ehre Deutschlands unternommen. Wieder 7 Jahre später entstand im Auftrag Kurfürst Friedrichs V. von Baden Herders „Idee zum ersten patriotischen Institut für den Allgemeingeist Deutschlands"[55]), deren enger Zusammenhang mit Klopstock sich leicht erkennen läßt. Der ganze Aufbau stimmt selbst in vielen kleinen Einzelzügen zu Klopstocks Plan; am interessantesten ist, daß hier auch die Aufgabe, eine große deutsche Geschichte zu schreiben, wiederkehrt. Geblieben ist dabei sogar das Prinzip, das große Gebiet zu teilen, aber an die Stelle von Perioden tritt nun die Teilung nach Provinzen oder Bezirken, da für einige von diesen schon ausgezeichnete Arbeiten vorhanden seien. Es ist kein Zweifel, daß Herder an Mösers „Osnabrückische Geschichte", das bewunderte Beispiel deutscher Geschichtsschreibung, gedacht hat. Ein Unterschied besteht allerdings gegen Klopstocks Plan; denn während sich in diesem der pietistische Geist in manchen Beschränkungen zeigte, scheint bei Herder das Ideal der Humanität durch, den Geist der Menschen mittels Förderung der Wissenschaften und durch Forträumen der Vorurteile zu erhellen[56]). Eines lebendigeren Beweises für die wirkende Macht von Klopstocks Plan und Ideal bedürfen wir nicht, und wenn auch diese erneuten Versuche nicht durchgedrungen sind, der Geist, der sich in dem Plan von 1768 aussprach, hat weit über den Kreis von Klopstocks engsten Freunden hinaus gewirkt.

---

[55]) Adrastea VI, S. 215, Werke, Suphan Bd. XVI, S. 600—16, vgl. Haym, Herder, Bd. II, S. 487 ff.

[56]) Noch einmal wurde 1809 von Friedrich Perthes die Idee, die Vereinigung der Wissenschaftler als Gelehrtenrepublik aufzumachen, wenn auch in veränderter Form, wieder aufgenommen. Leider fehlt der darüber geführte Briefwechsel mit Jean Paul (nach freundl. Auskunft von Dr. Eduard Berend), näheres darüber s. bei Cl. Th. Perthes, Friedrich Perthes. Leben. Hamburg u. Gotha 1848. Bd. I. S. 203 ff.; vgl. J. Goldfriedrich, Gesch. des deutschen Buchhandels. Bd. IV. S. 18.

Klopstocks „Deutsche Gelehrtenrepublik".

Die rechtliche und geistige Struktur.

Wenn auch die Erkenntnis von Sinn und Gehalt der Gelehrtenrepublik Ziel und Ergebnis unserer Untersuchung sein soll, so muß doch hier zu Beginn ganz kurz auf die eigentümliche Stellung hingewiesen werden, die Klopstock zu seinem Werk einnimmt. Denn die Wendung von der gescheiterten T a t (dem Plan), deren Hoffnungslosigkeit er erst sehr langsam einzusehen begann, zu dem doch mehr k r i t i s c h e n Buch muß einen inneren Bruch bilden. Während er vorher nur darauf gesehen hatte, die Wissenschaften durch praktische Hilfe zu fördern, tritt jetzt das Inhaltliche in den Vordergrund. Ein Motiv des „Plans", das zu Anfang ausgesprochen wird, war die „Lage" der Wissenschaft, in materiellem Sinn, diese — aber nun die innere — Situation wird im Werk von Bedeutung. Wenn er seine Freunde auffordert, ihm über alle möglichen Wissenschaftsgebiete Meinungen und Probleme mitzuteilen[1]), zeigt sich die Absicht, bei mehreren die Fortschritte und Entwicklungsmöglichkeiten, kurz die wissenschaftliche Lage aufzuzeigen. So erklärt sich auch vieles Merkwürdige der Form, die neben den rein rechtlichen Aufbau des Staatsgefüges gelehrte Abhandlungen stellt. Weniger erstaunlich ist, daß dabei poetische und sprachliche Probleme bevorzugt werden, standen sie doch Klopstock selbst näher, und läßt sich so wahrscheinlich machen, daß er von seinen Freunden und ihren Beiträgen, soweit solche geliefert sein sollten, kaum etwas aufgenommen hat. Auf die historischen Anekdoten wurde schon oben hingewiesen und auf ihre Absicht, ein

---

[1]) Z. B. Brief an Ebert (Mai 1773), Lapp. S. 251; auch Gleim, Cramer, Goethe wurden aufgefordert, vgl. Pieper S. 15 u. Anm. 2.

Beispiel der Verbindung von geschichtlichen und nationalen Gedanken zu geben.

Das Ganze verliert erheblich an Merkwürdigkeit und Unverständlichkeit, wenn wir es dem im ersten Kapitel gezeichneten Zusammenhang einordnen. Wohl muß Klopstocks Form befremdend für jeden bleiben, der in dem Gewand der Gelehrtenrepublik, wie z. B. Muncker [2]) und alle anderen Beurteiler, nur „eine künstlich ausgebildete Allegorie" sieht. Das ist es im Sinne Klopstocks nicht, oder sollte es jedenfalls nicht werden. Wahrscheinlich ergibt sich nach der erkannten Entwicklung, daß der im ersten Drittel des Jahrhunderts noch lebendige Begriff zur Erscheinungszeit von Klopstocks Buch schon so abgegriffen war, daß die Zeitgenossen den realen Sinn bereits nicht mehr erkannten. Damit wäre allerdings der Weg vom Symbol zur Allegorie gegeben, doch ist es mehr unsere Aufgabe, den Inhalt nach seiner inneren Absicht zu durchforschen, als nach der äußeren Wirkung.

Klopstock errichtete, wie es vor ihm am ausgeprägtesten Saavedra getan hatte, einen eigenen Staat, der nach bestimmten Gesichtspunkten gegliedert wurde, der eigene Gesetze erhielt, die Regierungsform und Verkehr der Bürger untereinander festlegten. Der erste Teil des Buches enthält also nach Klopstocks eigener Bezeichnung die Darstellung der E i n r i c h t u n g der Republik und der G e s e t z e. Diese sind nicht nur trocken aufgezählt, sondern gleich mit einem kurzen Kommentar versehen, der hier um so nötiger ist, als sie selbst nur in fragmentarischer Form erscheinen, über deren Bedeutung und Herkunft noch zu sprechen sein wird. Den Gesetzen folgt ein Abschnitt „Guter Rath der Aldermänner", kürzere Ausführungen über Themen, die den von den Gesetzen behandelten ähnlich sind, doch nicht mit deren regulativer Kraft. Es sind „Winke", deren Befolgung den Mitgliedern des Staates nützlich sein soll, ohne als nötig hingestellt zu werden. Polemische Ausführungen

---

[2]) S. 445.

sind hier ebenso eingestreut wie in die „Geschichte des letzten Landtages", die den Hauptteil des Werkes ausmacht. In ihr wird ausführlich über eine fiktive Zusammenkunft der Staatsgemeinde berichtet mit Verhandlungen über neue Gesetze, „kleine Anfragen", Auseinandersetzungen über Außen- und Innenpolitik, also all dem, was gemeinhin zu den Aufgaben eines Landtages gehört. Da an den Abenden Besprechungen öffentlicher Gegenstände nicht stattfinden dürfen, werden diese mit Ausführungen über wissenschaftliche Fragen, zum Teil in rein theoretischer Form, ausgefüllt, zum Teil von Unterhaltungen der Versammlungsteilnehmer. Auch finden hier als Einschiebsel die „Denkmale der Deutschen", die Mitteilungen über den Wiener Plan und eine Gruppe von Epigrammen ihren Platz. So erscheint das äußere Bild wirklich reichlich bunt, der rote Faden, der das Ganze zusammenhalten soll, geht unter dem wuchernden Beiwerk dem Leser fast verloren. Rückschauend klärt sich allerdings der innere Leitgedanke, die Wissenschaften national und die Nation stark zu machen, auch die äußere Einrichtung des Gelehrtenstaates, dem alles ausnahmslos eingepreßt wird. Daß Klopstock dadurch seinem Ideal der künstlerischen „Darstellung" nahekommen wollte, entschuldigt noch nicht das Ergebnis, in dem vieles unverständlich wurde. Denn er beschränkte sich schließlich nicht allein, den gegebenen Zustand zu beschreiben, sondern seine Neigung zur Geschichte verführte ihn, vieles zeitlich zurückzuverlegen, um bessere Gelegenheit zum Altertümeln zu haben.

Ehe wir uns der näheren Betrachtung des Staatsgebäudes zuwenden, sei ein Punkt unterstrichen, der zwar auch von Muncker[3] gesehen, aber nicht annähernd seiner Bedeutung entsprechend gewürdigt worden ist. Es ist dies die Stellung, die L e i b n i z in der Gelehrtenrepublik eingeräumt wird. Eine genaue Begründung aus Klopstocks eigenen Worten ist schwer zu geben, da er ihn, wenn auch verhältnismäßig am häufigsten, nur selten nennt. Aber be-

---

[3] S. 448 (S. 110).

reits im zweiten Kapitel zeigte sich die große Bedeutung, die Leibniz' Ideen für unser Problem haben, selbst in einem so kleinen Punkt wie der gemeinnützigen Druckerei ist Leibniz dem 18. Jahrhundert und speziell Klopstock vorausgegangen. Ich glaube, daß die große geistige Macht, die Leibniz im 18. Jahrhundert für die Literatur bedeutete, weit unterschätzt wird, und daß seinen philosophischen Lehren den spinozistischen gegenüber einmal ein viel größerer Raum wird eingeräumt werden müssen [4]). Diese große Bedeutung ist auch bei einem so unphilosophischen Kopf, wie es Klopstock war, zu bemerken, der — das hebt bereits Muncker hervor — in ihm den Polyhistor und umfassenden Gelehrten ehrte. Wir können die Stellung, die er in der Gelehrtenrepublik einnimmt, nicht besser umschreiben, als durch einen Vergleich mit dem Führer Saavedras durch seinen Traumstaat. Dort hat Marcus Terentius Varro, bei den Alten der Prototyp des Universalgelehrten, die Aufgabe, die Vereinigung aller Wissenschaften in einer Person zu verkörpern. Im selben Sinne verbieten Klopstocks Gesetze dem Gelehrten das Treiben von „mehr als zwei Wissenschaften und drei Kenntnissen" — „oder er muß beweisen, daß Leibnizens Geist in ihn gefahren sei" (S. 43). Er ist der Schutzgeist des Staats und Vorbild für alle, die dem Ziele eines großen Gelehrten zustreben. Was für die national-politische Idee der Cherusker Hermann darstellt, ist auf geistigem Gebiet in Klopstocks Gedankenwelt Leibniz. Die auffallende Analogie, in der Leibniz und Varro stehen, läßt die Vermutung zu, daß Klopstock den antiken Geisteshelden — seiner ganzen Tendenz entsprechend — durch den deutschen ersetzen wollte.

Die große Verehrung, die Klopstock schon von früh an für Leibniz hegte, dokumentiert sich in dem Bericht seines

---

[4]) In neuerer Zeit sind auf diesem Wege schon einige Versuche unternommen worden, so besonders von dem Leibniz-Forscher Dietrich Mahnke, dessen verdienstvolle Schrift Leibniz und Goethe (Weisheit u. Tat, Heft 4, Erfurt 1924) den Gegenstand noch lange nicht erschöpft. Vgl. ferner H. Kindermann, Schiller u. Leibniz (Diss. Wien 1916 nicht erhältlich), Zt. f. d. dt. Unterricht, 30. Jahrg. 1916, S. 16/29.

Freundes und Nachlaßwalters Böttiger:[5] „Klopstock hatte eine große Ehrerbietung vor Leibniz, über dessen Theodizee er einst in Leipzig mit so vieler Begierde herfiel, daß er vierzehn Tage nicht aus seiner Wohnung kam. Mit großer Achtung sprach er von Leibnizens etymologischen Kollektaneen und empfahl sie als Muster jungen Leuten. Vor allem aber ehrte er ihn als Stifter der Berliner Akademie der Wissenschaften und hatte große Freude noch in den letzten Lebenstagen, als ihm erzählt wurde, daß ihr Kurator, der Minister Hertzberg, dem ursprünglichen Plane Leibnizens gemäß, eine eigene Abteilung derselben zur Vervollkommnung der deutschen Sprache einzurichten gesonnen sei. Leibniz dachte klar und wollte unsere Muttersprache zu Ehren bringen. Das genügte dem Dichter . . ." Hier sind einige wesentliche Punkte bereits vereinigt, zumal die Unterstreichung der Berliner Akademie, die also den Gedanken, sie mit der „Gelehrtenrepublik" in Verbindung zu bringen, nahelegt. Aber daß Klopstock den Philosophen mehr geschätzt hat, als aus seiner Stellung zur Philosophie hervorgeht, die sich in der Einteilung der Wissenschaften zeigen wird, beweisen die Anklänge, die letztens W. Iffert[6] aus den Oden hervorgezogen hat. Es sind verständlicherweise Gedanken der Theodizee, die dem Messiassänger nahe lagen, und es soll auch hier nicht behauptet werden, daß er den übrigen mehr erkenntnistheoretischen Schriften mit tieferem Verständnis gegenübergestanden hat[7].

---

[5] Böttiger, „Minerva" 1816. 8. Jahrg. S. 326, vgl. Hamel Bd. III S. 271. Vgl. jetzt auch Ermatinger, Krisen und Probleme der neueren deutschen Dichtung. Zürich 1928. S. 143. „In Klopstocks Messias jubelt der gleiche hohe Optimismus, der Leibniz' „Theodicee" erfüllt."

[6] W. Iffert, Der junge Schiller. Halle 1926. S. 52, Anm.-Anhang, wo auf „das große Halleluja" (IV, 165) Vers 17/20 und „die Glückseligkeit aller" (IV, 123) Vers 73/81 verwiesen wird. Diese Zahl ließe sich noch vermehren, doch glaube ich, daß die einzelnen Stellen nur aus der Gesamtentwicklung zu beleuchten sind.

[7] Möglich immerhin, daß die erst 1765 erfolgte Veröffentlichung der „Nouveaux Essais sur l'entendement humain" ihn zu neuem Studium Leibniz' angeregt hat; Spuren haben diese kaum hinterlassen.

Neben dem Chronisten und dem Vorkämpfer der deutschen Sprache, dessen eigene Arbeiten zum größten Schmerz des Dichters allerdings fast ausschließlich in fremden Sprachen abgefaßt sind[8]), ehrte Klopstock dessen Verdienste um ihre Erforschung. Denn Leibniz hatte nicht nur in dem Akademieplan die Anregung gegeben, sondern sich auch auf diesem Felde sehr lebhaft betätigt. Seinem bekanntesten Mitarbeiter, J. G. Eccard, verdanken wir nicht nur die erste Bekanntschaft mit dem Hildebrandslied; beide haben, zum Teil zusammen, später nach Leibniz' Tode Eccard allein in Fortsetzung von dessen Plänen, weite Strecken deutscher Altertümer durchforscht und dabei wertvolle Materialien hervorgesucht. So bilden die von Leibniz herausgegebenen „Scriptores rerum Brunsvicensium" das erste wertvolle historische Quellenwerk, das Klopstock genau studierte und für Einzelheiten der Gelehrtenrepublik heranzog. Kein Zweifel, auch den Historiker Leibniz wollte er als Muster hinstellen; denn warum hätte er sonst einen Teil seiner „Denkmale" wörtlich aus dessen Hauptwerk übernehmen sollen? Schließlich und nicht zuletzt war es der Rechtshistoriker, der ihn fesselte, und die Wahl der Chronisten Salogast und Wlemar, die nach der Fiktion des Titels die Gelehrtenrepublik herausgegeben haben, geht vielleicht ebenfalls auf Leibniz zurück.

Seinem Herzen am nächsten unter den Werken des großen Universalgeistes lagen natürlich die „Unvorgreiflichen Gedanken, betreffend die Ausübung und Verbesserung der teutschen Sprache". (1697) [9]) Das war der Geist, in dem Klopstock die Gelehrtenrepublik gedacht und unternommen hatte, und wären Leibnizens Handlungen alle danach gewesen, Klopstock hätte nichts an ihm auszusetzen ge-

---

[8]) Gel.Rep. S. 36. Auch wenn Leibniz wiederkäme, dürfte er nicht mehr in fremder Sprache schreiben. Es klingt beinahe so, als ob Klopstock ihm in Anbetracht der Verhältnisse des 17. Jahrhunderts verzeihen könnte, was z. B. bei Friedrich II. unverzeihlich bleibt.

[9]) Philosoph. Bibliothek, Bd. 108, Leibniz, Hauptschriften Bd. II S. 519/55. Darauf verweist schon Hamel Bd. III S. 86 zur Ode „Fragen" (§ 4 ist Versehen für § 3).

wußt. So nahm er dessen Programm auf und verfocht es, zumal gegen die Berliner Akademie, die zusammen mit der Mannheimer wegen ihrer französischen Veröffentlichungen getadelt wird. Ihn selbst zitiert er bei den Gesetzen über die Sprache (S. 38) und erzählt eine Bemerkung aus den „unvorgreiflichen Gedanken"[10]). Daß diese Gesetze, dem historisierenden Gebrauch der Gelehrtenrepublik entsprechend, auf das Jahr 1698 datiert werden, ist kein Zufall, gewiß zielte Klopstock damit auf das Erscheinungsjahr der Leibnizschen Schrift. Und weiter: in der Gelehrtenrepublik erscheint unter den theoretischen Abendunterhaltungen ein Abschnitt „von einem zu schreibenden deutschen Wörterbuche" (S. 294 f.), ein Gedanke, der ihn lebhaft beschäftigte und auch sonst der zweiten Hälfte des 18. Jahrhunderts vertraut war; Adelungs Werk war das Ergebnis der vielfältigen Bemühungen. Doch die Einleitung übernimmt mit deutlichem Anklang Leibniz' Hinweis auf die Academia della Crusca und die französische Akademie[11]), der Klopstock ja sonst nicht allzu gut gesinnt war. Wenn er dann im einzelnen ein anderes Problem in den Mittelpunkt stellt als Leibniz, der die „Kunstwörter" (technische und handwerkliche Bezeichnungen) besonders beachtet sehen will, während Klopstock eine freie Art der Sammlung und eine große Zahl von Mitarbeitern verlangt, ist auch dieser Gedanke durch Leibniz' Schrift bestimmt worden[12]). Selbst bis in den Stil hinein sind diese wenigen deutschen Seiten wirksam geblieben; denn hält man die Abschnitte aus dem „guten Rath der Aldermänner" (S. 113 ff.), die sich der Sprache des 17. Jahrhunderts nähern, neben die Leibnizsche Schreibart, so erkennt man deutlich die beabsichtigte Nachahmung.

Nach dem hier Entwickelten ist es nur konsequent, daß das erste Denkmal, welches in der Gelehrtenrepublik errichtet wird, das Leibnizens ist. Unter feierlichem Erheben der Ältesten und aller Bürger wird es aufgestellt, und in ge-

[10]) S. 527 § 24.
[11]) S. 551 § 36.
[12]) S. 537 § 52.

hobener Sprache verkündet die Inschrift: „Steh still, Untersucher, Deutscher, oder Britte. Leibniz hat die Furche geführt, und die Saat gestreut, wo es Newton und wie er es gethan hat. Allein er hat, mit gleicher Furche und Saat, auch da angebaut, wo Newton nicht hingekommen ist. Du weigerst dich umsonst, Britte, ihn den Vortrefflicheren zu nennen. Denn Europa nennt ihn so." (S. 320). Der ganze Stolz auf den großen deutschen Gelehrten klingt hier heraus, wenn sich auch Klopstocks kindliches Gemüt nicht verleugnet, der seinen Helden gegen den der Fremden setzen muß, wozu ihn überdies der noch lebendige Prioritätsstreit verführte [13]).

Die Verfassung der Gelehrtenrepublik.

Hatte die Stellung Leibniz' die Erinnerung an Marcus Varro und die Schrift Saavedras wachgerufen, so bildet den Ausgang für die rechtliche Einkleidung die Erzählung in den „Neuen kritischen Briefen". Denn waren dort Bodmer und Breitinger in die ihnen vertraute Zeit der Minne- und Meistersinger zurückgegangen, um ihren Vorschlag an

---

[13]) Noch einige Beispiele aus dem übrigen Schaffen Klopstocks für den Einfluß Leibniz', seien erwähnt: das Epigramm „Leibniz" (Hamel Bd. III. S. 271), Ode „Der Nachahmer" (Werke IV, S. 153); „Die Vortrefflichkeit" (IV S. 294). Möglich, daß bei der Auseinandersetzung über die „Kunstwörter" (Gel.Rep. S. 213 ff.) ihm Leibniz' Artikel vorschwebten, auch zu dem Zitat in den „grammatischen Gesprächen" (2. Abtlg. 1795 IX, S. 228) „Tot verbas tot spondera", vgl. Leibniz a. a. O. S. 540, § 62. Das interessanteste Beispiel stammt aus dem Brief Fürstenbergs an Klopstock (Münster, den 2. VIII 1775, Lapp. S. 265): „Für Leibnitzen habe ich die größte Verehrung und bin stolz darauf. Wie sehr hat dieser alles umfassende Denker auch in diejenigen Erkänntnisse gewirket, welche man zu seiner Zeit gewiß nicht geglaubt hat, in so naher Verbindung mit seiner Philosophie zu stehen? Ohne ihn wären wohl nicht einmal Winkelmann und Mengs das geworden, was sie sind. — Ich danke Ihnen für den Gedanken, und werde auf welche Art es mir möglich seyn wird, durch einiges Ehrenmal für diesen großen Mann meinen Landsleuten Ehre zu machen suchen." Schade, daß Klopstocks Brief an Fürstenberg nicht erhalten ist; denn er gäbe ein direktes Zeugnis, wie wir es sonst nicht besitzen.

ältere deutsche Überlieferung anzuknüpfen, so geht Klopstock nun einen beträchtlichen Schritt weiter und holt Rechtsgebräuche der alten Germanen, wie sie in deren alten Gesetzen überliefert sind, hervor. Das Problem wird allerdings dadurch erschwert, als er nur einzelne Flicken nimmt, um sie auf den wirklichen Gelehrtenstaat als äußeren Zierat aufzukleben [14]). Es ist kaum anzunehmen, daß er sich von den Rechtsverhältnissen der Alten eine lebendige und klare Vorstellung gemacht hat, die Form hätte nie so unsystematisch und unklar bleiben können. Aber wie er allem Nachahmen abhold war, glaubte er, durch Vermengen mehrerer heterogener Teile, die er sich von überall her entlieh, ein originales Ganzes zusammenbauen zu können. Wir müssen also im folgenden den Ideen, die aus der Vorstellung des Gelehrtenstaats erwachsen sind, andererseits den dazu getragenen altgermanischen Rechtsgebräuchen unser Interesse zuwenden.

Nach Klopstock muß der Gelehrtenstaat aristokratisch eingerichtet werden. Eine nähere Begründung gibt er nicht, aber er vergleicht die deutsche Republik mit der englischen und französischen. Das läßt erkennen, daß er durch die Art seiner Gesetze diejenigen Gelehrten, die nichts leisten, nur in beschränktem Maße an der Gelehrtenrepublik teilnehmen lassen will. Dies Prinzip bedeutet, daß die erstrebte Höhe, auf die die Wissenschaften durch vernünftigen Aufbau gebracht werden sollen, nur erreicht werden kann, wenn eine gewisse Auslese getroffen wird. Er folgt darin älteren Beispielen, die gleichfalls einen Teil der Bürger als Pöbel bezeichneten, der unter dem Volke, den Mittelmäßigen, steht.

---

[14]) Im Gegensatz zu Muncker S. 445 sehe ich allerdings das „allegorische" Gewand des Buches als Ausgangspunkt und berufe mich dafür auch auf die zuerst erfolgte Veröffentlichung der Gesetze in Gerstenbergs „Hypochondristen" 2. Teil, 2. Aufl. (die 1. Aufl. war von Schmidt herausgegeben) 20. Stück, S. 629/67. Dazu stimmt auch ein anderes Zeugnis, das sein stets waches juristisches Interesse bekundet. Böttiger (Minerva 1814 S. 337) weist darauf hin, daß er bei seinem Besuch in Frankfurt 1775 nicht in Unterhaltungen über die Messiade sich eingelassen, sondern gefragt habe, „was Frankfurt eigentlich für eine Verfassung" hätte (vgl. Muncker S. 468).

Im Gegensatz dazu genießt nach Klopstocks Meinung in der beinah demokratischen Republik der Engländer der Pöbel viele Freiheiten, während die Franzosen in einer Oligarchie lebten, die sich sogar der Diktatur zuneige. Letzteres aber müßte die großen freiheitlichen Rechte, die Klopstock jedem wirklichen Gelehrten zugestehen will, hemmen, und, wie er für sich stets das Recht des eigenen Denkens verlangt hat, will er der Entwicklung der jungen Talente und der originalen Köpfe keine Schranken setzen, es sei denn im Sinne nationalen Nutzens. Man kann fast sagen: durch die anscheinend so strengen Gesetze, die Klopstock aufgenommen hat, soll jedem Staatsglied nach „oben", zu einem hohen wissenschaftlichen Ziel, jede Entwicklungsmöglichkeit gegeben, eine Herabminderung wissenschaftlicher Bedeutung und Ehre im kleinsten Teile vermieden werden. Gerade aus diesem Grunde muß er auch die Demokratie fernhalten; denn ihre schädliche Seite ist ihr Grundprinzip, das jeden, der es wünscht, zu wissenschaftlicher Betätigung zuläßt, und durch diese Masse nichtskönnender „Knechte" muß notwendig das Gesamtniveau herabgedrückt werden. Betrachtet man Einrichtung und Gesetze Klopstocks unter dem Gesichtspunkt, daß sie auf der einen Seite Freiheit in möglichster Weite, auf der anderen Regeln für produktiv-wertvolles Schaffen hergeben müssen, so wird man ein durchgehendes Prinzip herauszuschälen vermögen, so sehr es auch durch die Art der Diktion verschleiert wird. Man lese nur den hier zugrunde liegenden Abschnitt in der Gelehrtenrepublik (S. 26 ff.), und man wird finden, daß erst durch Angliederung an die Anschauungen der Vorgänger der Inhalt zu erkennen ist. So kleidet er z. B. die Abneigung gegen die Diktatur in einen Vergleich, den er, wie so häufig, zum Ausfall gegen Voltaire benutzt, und dem er die Gestalt Leibnizens entgegenhält. „Auf dem Landtage (der französischen Gelehrtenrepublik) fehlte nicht viel daran, daß Voltaire wäre zum Dictator gemacht worden . . . Wenn denn ja Dictatur sein sollte, welch ein Dictator! . . . Sollte unsere Republik (welches doch ganz und gar nicht zu befürchten ist) so unglücklich seyn, auf die Dictatur zu verfallen; so würde die Sache doch gewaltig ins Stocken gerathen, wenn es nun auf die Wahl des Dictators ankäme. Leibnitz könnten wir denn doch nicht wieder auferwecken. Aber gesetzt, er lebte noch, würde dieser so sehr verehrungswürdige Mann, dessen Bescheidenheit nur seiner Größe glich, die Dictatur annehmen wollen?" (S. 27 f.)

Klar wird nur ausgesprochen, daß „die Freyheit unsrer Republik in ihrer Einrichtung und in ihren Gesetzen tief gegründet" ist. Charakteristisch ist die Fortsetzung dieser Stelle, die das Verhältnis der Gelehrten und ihrer Republik zu dem Staat und den außerhalb stehenden Menschen in Beziehung setzt und diese regelt. „Von innen haben wir also ihren (der Freiheit) Verlust nicht zu fürchten; aber von außen auch nicht. Denn wären auch Mäcene in Deutschland, so würden die sich gewiß nichts gegen die Republik anmaßen, das ihrer Freyheit nachtheilig seyn könnte: und dazu, daß uns die Mäcenate, die es etwa hier und da giebt, auch nur den Schatten eines Jochs sollten auflegen können, würde sehr viel gehören, nichts geringers, als die Abschaffung derer Gesetze, welche die Republik in Beziehung auf sie gegeben hat." (S. 28.) Die wahren Förderer, wie es für Horaz Maezenas und für Klopstock Friedrich V. waren, bleiben aus der Diskussion; denn sie erfüllen, wie im zweiten Kapitel betont, nur die Pflicht des Staates und der Kulturgemeinschaft im höchsten geistigen Sinne, sie verlangen keine Konzessionen oder Beweihräucherungen, sondern sie geben nur um der Sache willen [15]). Wenn sich dagegen ein Einzelner einem Gelehrten verbindet, um ihn zu unterstützen, besteht die Gefahr, daß er es nur um des eigenen Ehrgeizes willen tut, also auch dementsprechende Behandlung

---

[15]) Bezeichnend, wie Klopstock sein ganzes Leben hindurch diese Meinung bewahrt hat, ist ein späterer Brief (an Böttiger, Hamburg, 22. Juli 1797. Schnorrs Archiv Bd. III S. 267). „Wenn Sie die Anfangsverse der Horen (1. Stück S. 2) gelesen haben; so wissen Sie auch, daß darin steht: ‚Was könnten die Herrscher bewirken...' [Goethe. Epistel Ausg. letzt. Hand., Bd. I. S. 336]. Ich kenne nichts gleiches. Über die Gelehrten und die Liebhaber der Wissenschaften herrschen w o l l e n,

von dem Empfangenden erwartet. (Gesetze S. 53/58 „Von den Mäzenaten"). Hier muß daher das Gesetz eingreifen, um den Gelehrten an unwürdigem Betragen zu hindern und ungeeignete Unterstützer fernzuhalten. Es ist dieselbe Gefahr, die Saavedra betont hat, und fast dieselbe Unterscheidung, wenn er zwischen echten und unechten Mäzenen trennt.

Nach dieser Erklärung läßt sich die aristokratische Verfassung verstehen, nach der die Republik aus Aldermännern, Zünften und Volk besteht. Nach Ausscheidung des Pöbels, der auf dem Landtag seine Sache durch einen „Schreier" vorbringen darf (der aber nicht gehört zu werden braucht), findet sich im „Volk" das zusammen, was sich nicht über das Mittelmäßige erhebt, durch Schreiben, öffentliches Lehren oder Anwendung der Wissenschaften im täglichen Leben seine Zugehörigkeit zur Republik beweist. Dieser breiten Masse, die naturgemäß die beträchtlichste Anzahl stellt, wird insofern eine besondere Aufgabe zuteil, als die jungen Gelehrten, bzw. die, die es einmal werden wollen, sich unter ihnen aufhalten müssen, bis sie sich durch eigene Leistungen den Zugang zu der nächst höheren Stufe erworben haben. Im Gegensatz zum Pöbel, der sich bei versammelter Landgemeinde außerhalb des Bannkreises aufhalten muß, hat das Volk nicht nur das Recht, daran teilzunehmen, es stehen ihm sogar (im besten Fall) bis zu drei Stimmen zu, je nachdem wie die Mehrheitsverhältnisse innerhalb ihrer Gruppe sind. Wenn wir von der Einkleidung abstrahieren, so ist der Sinn dieser Bestimmung: bei wissenschaftlichen oder Verwaltungsfragen will Klopstock die große Menge, die er selbst in dieser Gruppe sieht, nicht ausschalten. Sie soll aber nur bedeutsam zur Bildung der öffentlichen Meinung mitwirken

---

ist eine von allem Urtheile verlassene und beynahe abentheuerliche Unternehmung; es sich m e r k e n lassen, daß man es wolle, sehr lächerlich; und mit dürren Worten h e r a u s s a g e n, daß man ein Herrscher sey, ein sehr hoher Schwung der Abgeschmacktheit. Nach dieser Kundthuung, kann man nichts mehr, ich sage nicht wirken, sondern auch nur b e wirken."

dürfen, wenn sie in sich einig ist, da sonst ihrer größeren Stimmenzahl das größere Gewicht der gehobenen Stände gegenübersteht. Klopstock will nicht ausdrücken, daß es immer so ist, vielmehr spricht er selbst davon, daß im 17. Jahrhundert, wo es z. B. an bedeutenden Köpfen nur zu sehr fehlte, die Meinung der Menge ein Übergewicht gewinnen konnte, aber es ist seine Absicht: „Man soll die Stimmen wägen und nicht zählen." Es ergibt sich somit eine immer stärkere Einschränkung, deren Tendenz es ist, dem Ideal eines bedeutenden Gelehrten zuzustreben und alles, was im Mittelmaß oder nur wenig darüber bleibt, gering zu achten.

Auf dieselbe Stufe wie das Volk, aber doch außerhalb des Staates, wird von Klopstock die Gruppe der „Altfranken" gestellt, eine selbständige Erfindung, mit der er alle die meint, die zwar auch Deutsche sind, aber der Republik nicht angehören. Die soziale Scheidung zwischen Gebildeten und Ungebildeten, oder vielmehr Besitzenden und solchen, die sich eine annehmbare Bildung nicht leisten können, wird in Parenthese angedeutet, indem letztere für ihn vollständig aus der Diskussion ausscheiden. Die Bezeichnung wählt er in Analogie zu den alten Franken (das sind die Deutschen überhaupt), die zwar durch ihre Taten berechtigten Ruhm genossen, den Wissenschaften aber fernstanden. Hiermit will der Dichter noch keine Geringschätzung ausdrücken, aber eine gewisse Mißbilligung spricht doch aus seinen Worten, wenn er auch nicht verkennt, daß „man Verdienste haben kann, ohne mit den Wissenschaften bekannt zu seyn." Ohne Rücksicht auf die hohe Stellung, die solche Leute im Leben einnehmen mögen, bleibt es gleichwohl sehr verwerflich, wenn sie trotz der eingestandenen Uninteressiertheit sich ein Urteil über wissenschaftliche oder künstlerische Fragen anmaßen. Um eine Verwechslung mit dem Pöbel zu vermeiden, definiert er zum Schluß sehr treffend: „Ein Mitglied des Pöbels verdirbt die wenigen Naturgaben, die es etwa noch haben mag, durch das Studiren; ein Altfranke läßt sich gar nicht darauf ein. Denn daß er etwa auch einmal in einem Buche blättert, oder einem Gelehrten mit Gebehrden zuhört, als ob er wirklich Ohren für ihn hätte, das verändert bey der Sache nichts." (S. 7.)

Über dem Volk stehen die Zünfte. Es ist anzunehmen, daß Muncker [16]) mit seiner Bezeichnung einer ständischen Gliederung auf diesen Teil von Klopstocks Staatsgebäude zielte, doch läßt sich zeigen, daß ein solcher Gedanke nicht vorliegt, sondern daß die Schichtung im Staate nach den wissenschaftlichen Leistungen, die Trennung innerhalb der Zünfte nach den Kenntnissen und den Wissenschaftsgebieten vorgenommen wird, also nur der Name auf mittelalterliche Formen deutet. Es wird in sogenannte ruhende und wirksame Zünfte geteilt. Zu ersteren zählen die, die sich durch das Maß ihres Wissens auszeichnen, ohne daß sie es in die Erscheinung treten lassen. Je nach Höhe der Kenntnisse gehören die einzelnen in die Zunft der „Wisser", die beinah alles Wissenswürdige kennen, der „Kundigen", die mehr als die Hälfte wissen, der „Drittler" und „Kenner", doch bleibt im ganzen der Einfluß und die Bedeutung dieser Gruppe recht gering. Klopstock wollte nur, in seinem Bestreben, alle Möglichkeiten zu erschöpfen und die Gelehrsamkeit in ihrer ganzen Breite darzustellen, diese ganz unproduktiven Bürger nicht übergehen; er selbst bedauert, daß gerade die Zunft der Kenner, der auch die weiblichen Staatsbürger anzugehören pflegen, so außerordentlich groß ist, ohne eine Leistung für die Republik zu bringen. Daß die hier geübte Einteilung recht oberflächlich ist, gibt er selbst zu, wenn er verlangt (S. 10), daß eine schärfere Abgrenzung zwischen Geschmack und Kennen vorgenommen werden müßte.

Wertvoll erst werden Klopstocks Aufstellungen, wenn er sich den wirksamen oder Oberzünften zuwendet, und die Erklärungen, die er hier gibt, behalten auch in beschränktem Rahmen über die Gelehrtenrepublik hinaus Geltung. Er verlangt nämlich, daß die Kennzeichen der gehobensten wissenschaftlichen Arbeiten Entdeckung oder

---

[16]) S. 445; 456.

Erfindung seien. Das ist die Einteilung nach dem Inhalt, bei dem von jedem Mitglied der Nachweis eigener Gedanken und die Vermeidung der Nachahmung anderer verlangt wird. Mit Stolz beruft er sich darauf, daß in keiner Gelehrtenrepublik so viel entdeckt und erfunden worden sei wie in der deutschen. Ein Gelehrter vermag beide Kriterien in sich zu vereinigen, je nachdem, welche Wissenschaft er pflegt; denn wenn er z. B. als Historiker erweist, wie die Geschehnisse wirklich gewesen sind, entdeckt er; gibt er der Wiedergabe des Gefundenen oder schon Bekannten eine neue Form, so erfindet er. Damit wird aber bereits das durchaus treffende Einteilungsprinzip, dessen Grenzen übrigens als fließend angenommen werden müssen, verunklart, indem dem eigentlich Inhaltlichen ein formales Kriterium an die Seite gestellt wird, das selbst wieder dieser Einteilung unterliegt. Dem formal Neuen steht wieder die Methode des Gelehrten gegenüber, die das inhaltliche Neue in altem bzw. rein theoretischem Gewande zum Ausdruck bringt. So findet er ein zweites Kriterium für die Teilung, das der Abhandlung und Darstellung; bei jener steht der Inhalt im Vordergrund, sie ist besonders den Naturwissenschaften und der Mathematik eigentümlich, während er dieser, die auf die Form zielt, die Geschichtsschreiber, Redner und Dichter zuzählt. Es ergibt sich bei genauer Analyse, daß Klopstock sich das Verwirrende seiner Gedanken nicht zum Bewußtsein gebracht, seine eigenen Ideen nicht zu Ende gedacht hat. Denn die elf Oberzünfte greifen aus ihrer Gruppe stets heraus, Klopstock hat nur das Bedeutsame der inhaltlichen und formalen Momente gefühlt, ohne sie wirklich zur Geltung bringen zu können. Trotzdem kommen wir nicht um die Pflicht herum, seine eigenen Gedanken genau zu sezieren, da sie im folgenden bei den Richtlinien für das Wissenschaftssystem ebenso von Bedeutung sind, wie später in der Poetik. Der Hauptgrundsatz der Trennung ist formal: den drei darstellenden Zünften stehen die acht abhandelnden gegenüber: die Gottesgelehrten, Naturforscher, Rechtsgelehrten, Astronomen, Mathematiker, Weltweisen,

Scholiasten und die gemischte Zunft, in der die kleinen unwichtigeren Zweige vereinigt sind. Dabei dürfen nun Geschichtsschreiber, Redner und Dichter durch die Darstellung Erfinder sein, während z. B. die Mathematiker als Erfinder den abhandelnden Zünften zugehören. Noch verwirrender werden diese Begriffe, wenn er von den Chemikern, die den Naturwissenschaftlern zugehören, sagt: „Auch die Chymiker gehören dieser Zunft an, so wie die Mechaniker der Zunft der Mathematiker auch angehören, ob sie gleich besondere Zünfte ausmachen könnten. Denn sie handeln nicht ab, beschreiben auch nicht nach Art der Abhandlung; sondern sie bringen hervor, oder stellen dar. (Man sieht, daß hier Darstellung in einer andern Bedeutung genommen wird.)" (S. 14 f.). Die hinzugefügte Bemerkung zeigt, daß Klopstock selbst vor der Doppeldeutigkeit warnen wollte, daß „Darstellung" hier im alten Sinne des „Voraugenstellens" zu nehmen sei [17]). Wir würden es heute als Experiment erklären und es damit zu einem Teil der Erfahrungswissenschaften stempeln, denen die Gesetzeswissenschaften gegenübertreten. Diese durchaus dem Wesen der verschiedenen Wissenszweige entsprechende Einteilungsmethode ist auch schon vor Klopstock von verschiedenen Männern für unser Thema herangezogen worden. Doch stemmte er sich gegen den Begriff des Gesetzmäßigen viel zu sehr, um ihn sich zur Richtschnur bei den Wissenschaften zu wählen. Denn die Freiheit, die er als obersten Grundsatz des Staates proklamiert hatte, die dem Gelehrten jede Ausbreitungsmöglichkeit lassen sollte, durfte diesem auch im inhaltlich-methodischen Sinne keinen Zwang auferlegen. Damit finden wir auch zu dem von ihm wahrhaft erstrebten Ziel, das in den verschiedenen Begriffspaaren verborgen liegt, jedoch erst viel später ausgesprochen und zum Grundsatz erhoben wird: was er mit Erfindung, Entdeckung und Darstellung meint, ist nichts anderes als das Neue,

---

[17]) Diese Begriffstrennung wird im 4. Kapitel einer ausführlichen Untersuchung unterworfen werden.

das zu finden die Aufgabe des Gelehrten bildet. Diesem Grundbegriff haben sich alle anderen Ideen unterzuordnen, und von hier aus sind die von Klopstock so unklar in Beziehung gesetzten Wissenschaften zu begreifen. Wer inhaltlich nichts Neues geben, d. h. nicht erfinden oder entdecken kann, der muß es durch die Form tun; wer aber erfindet oder entdeckt, dem bleibt die Vollendung des äußeren Gewandes erlassen. „N e u e s" schließlich „heißet uns nicht nur das, was es von Grund aus und durchgehends, sondern auch, was es durch andre Bestimmungen und Gründe ist" (S. 182). Nur der wahre Historiker, der Unbekanntes finden muß, soll es auch neu wiedergeben können. Er bildet also in dem System Klopstocks die Krone, ihn stellt er deshalb an die Spitze, und so wird es verständlich, daß diesem Zweige seine so vielfältigen Bemühungen galten.

Der Begriff des Neuen kann hier nicht genug unterstrichen werden; denn er gibt den Schlüssel zum Verständnis aller wissenschaftlichen Gesetze. In diesen und in allen anderen Äußerungen kämpft Klopstock gegen die Nachahmung, sei es der Antike oder der Ausländer oder eigener großer Vorbilder. Nachahmung aber trägt den Stempel des Alten, sie verhindert das Entstehen eigener Gedanken, und das Originalgenie, das höchste Ideal, ist eben nur außerhalb jeder Nachahmung vorstellbar. Wer Neues bringt, kann vom Volke zu den Zünften emporsteigen, die Nachahmung aber ist das Charakteristikum des Knechtes. Neues macht die Gelehrten fähig, jede Art von Belohnungen zu erwerben, ein Wiederkäuen des Bekannten aber muß nach den Gesetzen des Gelehrtenstandes streng bestraft werden. So lautet denn auch das erste Kerngesetz: „Wer, unter dem Vorwande der Vollständigkeit, das Wiederholte wiederholt, ist auf Jahr und Tag zu Belohnungen unfähig" (S. 42). Nehmen wir diesen Begriff als w i s s e n s c h a f t l i c h e n Leitgedanken, als den wir früher im staatlichen Sinne die Freiheit erklärten, so werden sich die „Gesetze" leicht den großen Gesichtspunkten einordnen.

Betrachten wir noch einmal unter diesem Gedanken seine Einschätzung der Wissenschaften, so bleibt auch das verschiedene Maß von Klopstocks Zuneigung nicht mehr im Dunkeln. Daß die Historiker an erster Stelle stehen müssen, da sie in jedem Sinne die Hauptbedingung erfüllen, wurde schon betont. Aber auch daß die Redner und Dichter als Darsteller seinem Herzen näher stehen, bedarf keiner weiteren Ausführung. Während bei der Rednerzunft die Übergänge zum Volk fließen, da sich ein großer Teil nicht der Forderung zu fügen weiß, ist Dichter nur, wer durch Erdichtung oder besondere Darstellung Neues gibt. Mit Stolz stellt er fest, daß trotz der strengen Sichtung diese Zunft zur Zeit außerordentlich groß sei. Wenn Klopstock auch die bedeutenden Aufgaben der abhandelnden Fakultäten durchaus nicht verkennt, ganz mit dem Herzen ist er nicht dabei. So haben die Theologen nur die Exegese zu üben, obwohl sie eigentlich auch als Redner etwas leisten sollten. Mit mehr Nachdruck gedenkt er der naturwissenschaftlichen Zunft, der in erster Linie auch die Ärzte angehören, die mit ihren Quellen zum Teil bis zu den Druiden zurückreichen. Auch die Rechtsgelehrten, denen er die Publizisten und Politiker zuzählt, haben noch ein großes Betätigungsfeld vor sich, sie können ebenso wie die Astronomen und Mathematiker durch Erfindung oder Entdeckung bedeutendes Neues leisten.

Schwierig erst wird die Erläuterung, wenn wir uns der Zunft der Weltweisen, der Philosophie, zuwenden. Kein Zweifel, daß sie Klopstock in die Gelehrtenrepublik aufnehmen mußte, auch aufnehmen wollte, aber die eigentümliche Beschränkung, die er ihnen auferlegt, und der Kampf, den er in der Gelehrtenrepublik und besonders in den Epigrammen gegen sie führt, läßt seine Stellungnahme zweifelhaft erscheinen. In erster Linie sind sie ihm „Sittenlehrer", die ethischen Aufgaben faßt er wohl als Ergänzung zur Theologie und zur Religion. Diese Gedanken hat er auch selbst in einer Ode zum Ausdruck gebracht, der er die Freiheit des Willens zugrunde legt und zu Gott in Beziehung setzt [18]). Auch das Recht, neue oder vorher schon wahrscheinliche Sätze zu e r w e i s e n , gesteht er ihnen zu. Aber bereits hier setzt seine Kritik ein: glaubt er doch, daß die „heurigen Philosophen" ihre Behauptungen eines Beweises nicht mehr für nötig erachteten[19]). Darüber hinaus gäben sie sich von den benutzten „Kunstwörtern" gar keine Rechenschaft mehr, so daß sie allzu sehr dazu neigten, reines Geschwätz hervorzubringen. Klopstock, dem die philosophische Terminologie fernstand, sah in rein theoretischen, speziell erkenntnistheoretischen Büchern nur das Spielen mit Worten, denen der Zusammenhalt mit der irdischen Wirklichkeit mangelt. So streitet er gegen Kant, wo es nur angeht[20]), gegen Fichte[21]), kurz gegen alle die, die nicht die Erfahrung zugrunde legen, so daß ein größerer Einfluß der englischen Philosophie bei Klopstock nicht abweisbar scheint. Für Leibniz und dessen Nachfolger Wolff bewahrt er jedoch gleichmäßige Achtung, und das Gesetz über „Lehrgebäude" soll bis zu Wolffs Tode ausgesetzt werden. Dabei steht er dem in diesem Gesetz angeschnittenen Problem des Systems besonders feindlich gegenüber. „Lehrgebäude" sind der Typus des reinen Theoretisierens, das Klopstock auf allen Gebieten bekämpfte, und noch viel schlimmer: ihre Systematik ist nach seiner Meinung geeignet, dem Geist Fesseln anzulegen und so vom Wege zu Neuem abzuhalten. Zudem ist es ein bequemes Gerüst, um Nachtretern unselbständige Arbeit zu erleichtern. Daher bestimmen die Gesetze: „Neue Lehrgebäude werden gleich, wenn sie fertig

---

[18]) Ode „Beruhigung" (1778), Muncker-Pawell II S. 11 f., Werke IV S. 240 f.
[19]) Epigr. „Die heurigen Philosophen" V S. 308.
[20]) Epigr. „Kant" V, S. 336; „An die Bewunderer eines Meisters". V, S. 339; ähnlich „Die Idealisten" Gel.Rep. S. 192; Brief an Wieland, Hamburg 7. VIII. 1797. Böttiger, Minerva 1816, S. 328 ff.; „Die Bedeutsamkeit" (1795) Gramm. Gespräche, 2. Teil Bd. IX, S. 305/22, bes. S. 322 (vgl. Brief an Gleim, 7. XI. 1795, Bd. X, S. 456).
[21]) „Die philosophische Caricatur" V, S. 309.

sind, verbrannt" (S. 47) [22]), und dieser Bestimmung kommt man in der Republik auch mehrfach nach (S. 223; S. 251). Die vermenschlichten Geister dieser Lehrgebäude, die später beschworen werden (vgl. unten S. 152), zeigen auch alle Charakteristika, die dem Unlebendigen und Trocken-theoretischen anhängen: „Sie waren lang und dürr wie Hopfenstangen; hatten stroherne Gesichter, gewöhnlich bleyerne Füße, und nicht selten ein hölzernes Bein" (S. 384). Diese Abneigung gegen Theoristen und Systematiker drückt sich auf allen Gebieten aus, speziell in der Poetik, wie denn auch die „Theoristen der schönen Wissenschaften" der niedrigsten, „gemischten" Zunft angehören. Noch über diesen stehen die „Scholiasten", deren Namen schon keine allzu große Wertschätzung auszusprechen geeignet ist. Glaubt doch Klopstock, daß die Philologen zurzeit nicht mehr viel zu entdecken haben, ja ihre Aufgabe immer nur war, Scholien zu den antiken Autoren zu sammeln, eine Arbeit, die einer Zunft unwürdig sein muß, da sie nichts Neues bringt, zumal nach 300jähriger Tätigkeit nur noch eine Nachlese zu leisten ist. Da sie außerdem das Verbrechen begehen, die lateinische Sprache ihrer Muttersprache vorzuziehen, verfallen sie schließlich auf dem Landtage der Auflösung, und die meisten Mitglieder dieser Zunft werden dem Pöbel zugewiesen[23]).

Dasselbe Schicksal wie die Philologen trifft die Heraldiker, die mit den schon genannten Poetikern, den deutschen Sprachlehrern und Geographen die gemischte Zunft bilden. Aber auch die guten Übersetzer und all die, die über vielerlei

---

[22]) Sehr ähnlich äußert sich z. B. auch Maupertuis, Lettres (Dresden 1752, S. 48 ff.), „Sur les Systemes" (die Übersetzung Hamburg 1753 S. 32 ff. schreibt dafür Lehrgebäude).

[23]) Vgl. auch die Epigr. „Die neuen Scholiasten" Hamel, Bd. III, S. 256; ferner J. H. Voß, Gedichte I. Bd. Hamburg 1785, S. 352 „Scholiastenurtheil". Unter der aufgelösten Zunft befand sich auch Joh. Aug. Ernesti, bei dem Klopstock selbst in Leipzig gehört hatte und den noch Goethe 1765 besuchte (vgl. Briefe des jungen Goethe, S. 6). Noch viel später verspottet ihn Th. Heinsius, Friedrich II. und sein Jahrhundert, Berlin 1840, S. 59, daß er nur spöttisch von der „Frau Muttersprache" redet.

verschiedene Dinge schreiben, „daß man sie wegen Einer, in keine andre Zunft, aber doch wegen aller zusammen in diese aufnehmen kann" (S. 16), gehören dazu. Die Heraldik, die der Zeit entsprechend noch unter die Zünfte geraten war, wird dann in der Landgemeinde von scharfem Spott getroffen, daß sie kaum eine kleine Kenntnis, geschweige denn eine Wissenschaft sei (S. 303; 330 ff.). Eine besondere Freude bereitet es dabei Klopstock, daß damit die Altfranken am meisten getroffen würden, da sie, ohne sich sonst mit Wissenschaften zu beschäftigen, diesen Familientraditionen einiges Interesse widmeten. Da aber die Altfranken bei dem Hinweis auf ihre vermutlichen Verdienste nur ihre Kenntnis in fremden Sprachen nachweisen können, wird ihnen aufgegeben, sich zunächst mit dem deutschen Geist und dieser Sprache näher vertraut zu machen. Recht bemerkenswert ist, daß Klopstock hier in seiner Abneigung gegen die Wappenkunde und deren Begründung mit seinem stets bekämpften Feind Voltaire zusammentrifft, von dem er zu dieser Äußerung vielleicht veranlaßt wurde[24]).

Erwähnt muß noch werden, welche Funktion Klopstock den Zünften im Betriebe des Staates zuerkennt. Dabei wird der Wertunterschied zwischen Ober- und Unterzünften aufrechterhalten, indem jene stets je eine Stimme haben, die ruhenden aber nur, wenn innerhalb der Zunft Zweidrittelmehrheit herrscht. In den öffentlichen Verhandlungen werden sie durch „Anwalde" vertreten, die ihre Wünsche vorzutragen und ihre Angaben zu befolgen haben.

Es könnte scheinen, daß die vorstehenden Auseinandersetzungen, besonders auch im Verhältnis zu dem betreffenden Abschnitt der Gelehrtenrepublik, ungewöhnlich breit geraten sind, aber dem steht entgegen, daß das Wissenschaftssystem die eigentliche Grundlage der Gelehrtenrepublik darstellt und hier genau wie bei den früheren Gelehrtenrepubliken den Kern der Sache ausmacht. Aus der

---

[24]) Vgl. Voltaire, Erzählungen, übersetzt von E. Hardt, Berlin 1908, „Hans und Klaas" S. 27. Eine ganz ähnliche Stellungnahme finden wir später in Brentanos „Godwi" Bd. I (1801) S. 188.

verschiedenen Auffassung der Materie fließt fast mit Notwendigkeit alles übrige, und die von uns gewonnenen Ergebnisse erleichtern das Verständnis des ganzen inneren Baus, zumal der einzelnen Gesetze, die sich nach den Richtlinien schnell verstehen lassen. Es sei deshalb noch einmal schlagwortartig das Ergebnis zusammengestellt, auf das wir uns dann im späteren beziehen können: Betrachtet man den Gelehrten im Getriebe der eigenen Republik, so muß F r e i h e i t das einzige Ziel sein, wie die N e u h e i t vom wissenschaftlich - produktiven Standpunkt aus. Setzen wir ihn gegen den politischen Staat, in dem er lebt, so hat er stets auf seine und seiner Standesgenossen W ü r d e zu sehen; vergleichen wir ihn mit Mitgliedern fremder Gelehrtenrepubliken, so müssen wir den — auch absolut höchsten — Maßstab n a t i o n a l e n W e r t e s anlegen.

Mit der Trennung in Volk und Zünfte sind die Wissenschaftler geschieden worden. Über beiden stehen zur Leitung des Ganzen die Aldermänner, deren Zahl nicht angegeben wird. Naheliegend wäre, diese auf 11 nach der Zahl der Zünfte oder auf 12 nach den Leges Arcadiae § 3 und der Zahl der Kommissionsmitglieder des Wiener Planes anzunehmen. Genau erfahren wir nur, daß sie den Zünften entnommen werden und bei der Wahl mindestens zwei Stimmen über die Hälfte haben müssen. Der Name ist nach Klopstocks eigener Anmerkung „ein altes deutsches Wort", das er vielleicht englischen oder angelsächsischen Quellen entnahm. Dem Sinn nach gebraucht er es, wie es Schilter mit Senatores, Presbyteri, Seniores populi umschreibt[25]). Aber auch Leibniz' Scriptores rerum Brunsvicensium[26]) bot es ihm, und diese Stelle ist um so verführerischer, als Klopstock fortfährt, daß noch nie ein Aldermann mit allen Stimmen gewählt worden sei: „Selbst Leibnitz ward es nicht" (S. 17). Die Rechte der Aldermänner sind nicht sehr groß, nur dem

---

[25]) Glossar. Germanicum, Ulm 1728, S. 36.
[26]) Tom. III, p. 463. Über die Geschichte des Wortes in Deutschland vgl. jetzt auch J. A. Walz, „Aldermann", a supposed Anglicism in German. Modern Language Notes. Bd. 40, S. 449—61.

Pöbel gegenüber steht ihnen freie Hand zu. Im übrigen haben sie zwei Stimmen in der Republik[27]) und die Führung der Geschäfte. Hier nun muß man fragen, ob Klopstock nicht auch mit dem alten Namen den alten Begriff verbinden wollte und die Leitung germanischer Stämme nachbilden, wie er sie sich dunkel vorstellte. In der Beschränkung ihrer Rechte und der maßgebenden Bedeutung, die er dem Landtage zugesteht, erkennt man deutlich die Souveränität des germanischen Volkes wieder. Ferner läßt er das Gelehrtenvolk sich unter freiem Himmel zum Landtage versammeln, und wenn ich auch kaum glaube, daß er eine bestimmte Stelle Norddeutschlands im Auge hat, etwa das Bodetal[28]), so schwebt ihm doch das altdeutsche Thing vor. Die Analogie geht noch weiter; denn auch die „Genossame" entnimmt er dem schweizerischen Sprachgebrauch[29]); sie bedeuteten Versammlungen der einzelnen Gaue (pagi), die sich mit nur viel weniger Mitgliedern zusammenfanden, bevor es eine große Republik und eine Landgemeinde gab. Aber eine solche Aufstellung ist in Klopstocks Plan ganz überflüssig, auch allein aus reinem Historisieren nicht zu erklären. Sofort verständlich wird sie, wenn wir an die Entwicklung der römischen Arcadia erinnern. Dort wie hier werden auch auf den kleinen Nebenversammlungen die „Jahrbücher" geführt, und getroffene Bestimmungen der großen Versammlung vorgelegt. Auch andere wertvolle Er-

---

[27]) Zusammen natürlich, und nicht wie Pieper S. 22 meint, jeder zwei. Der Wortlaut ist gar nicht mißzuverstehen, da Klopstock bestimmt das „jeder" hinzugesetzt haben würde wie bei den Oberzünften S. 16.

[28]) Pieper S. 22, der mit ziemlicher Sicherheit darauf schließen will; seine Gründe sind aber nicht ganz überzeugend.

[29]) Ich glaube nicht, daß seine Berufung auf die Erinnerung, es würde noch in Uri gebraucht, richtig ist. Die genaue Entsprechung finden wir vielmehr bei J. L. Frisch, Teutsch-lat. Wörterbuch. 1741. Bd. II p. 19 unter genießen „Genossame, foederis socii incolae adsociati alicui pago. Alle Leute so in derselben Grafschaft und Genossami gehören. Tschudi Tom. I. Chron. Helv. p. 592. Die Genossamen in der Kanton Uri." (Aus Tschudi ist es auch in Schillers „Tell" Vers 1454 übergegangen.)

kenntnisse müssen dem Protokollbuch einverleibt werden, von dem ganz zweifellos ebenfalls anzunehmen ist, daß Klopstock es dem Bericht der „Neuen kritischen Briefe" entlehnt hat. Während es aber dort der Vorsitzende selbst zu führen hatte, überträgt die Gelehrtenrepublik diese Aufgabe zwei Chronisten, die wieder dem Altgermanischen entlehnt werden. Es sind dies Salogast und Wlemar, zwei Männer der Zeit um Karl den Großen aus der lex Salica und der lex Frisionum, die mit anderen zusammen nach den Gesetzen Recht sprachen. Weshalb Klopstock gerade diese beiden wählte, läßt sich kaum ausmachen; leichter ist schon der Grund zu erkennen, weshalb er sich unter den vielen überlieferten Gesetzbüchern auf das Salische Gesetz stützte. Nicht mit Unrecht erblickte er in diesem das älteste der uns erhaltenen, zudem stammte es von den Franken, denen unter den alten Stämmen seine besondere Liebe galt. Schließlich, für Klopstock wohl am entscheidendsten, sind den lateinischen Gesetzen und Kapitularien einzelne deutsche Worte beigesellt, die an kontinentaler Sprachüberlieferung die frühesten westgermanischen Fragmente darstellen. Das reizte ihn natürlich, wie er sich ja auch jahrelang um eine Veröffentlichung des Heliand bemühte, von dem er sich eine Abschrift verschaffte. Was lag also seiner germanisierenden Tendenz näher, als das Gesetzbuch seiner Gelehrtenrepublik von den Kommentatoren Salogast und Wlemar schreiben zu lassen? Aber auch äußerlich folgte er ihnen in seiner Form, leider nur zu genau; denn der Tadel, den Amira[30]) über die alte Form ausspricht, gilt nur noch in erhöhtem Maß von der seinen. „Die Fassung der Gesetze ist oftmals eine nach modernen Begriffen ungenügende, wenn nämlich das Kapitular nicht die b e f e h l e n d e, sondern die e r z ä h l e n d e Ausdrucksform wählt und sich als bloßes Beratungs- oder Beschlußprotokoll gibt." Genau dies finden wir bei Klopstock wieder. Seiner schon vorher hervorgehobenen historisierenden Neigung kam eine solche

---

[30]) v. Amira, Recht, in Pauls Grundriß der germanischen Philologie, 2. Bd., 2. Abtlg. (1893), IX. Abschn. S. 51.

Form entgegen, und so verlegte er in erzählendem Ton die meisten Gesetze auf frühere Jahre, in denen sie durch die Landgemeinde angenommen worden seien. Wenn Muncker daher meint[31]), daß Klopstock mit jeder dieser Angaben einen bestimmten Sinn verbunden habe, der aber oft nicht zu entziffern sei, da man „mit knapper Not" passende Ereignisse oder allgemeine Strömungen auffinde, glaube ich, daß er Klopstocks Genauigkeit überschätzt. Durch die allzu nahe Analogie zu der lex Salica wurde er zu seiner verwirrenden Methode verführt, wobei nicht geleugnet werden soll, daß einzelne Zahlen wirklich auf eine bestimmte Tatsache gezielt haben, wie dies oben (S. 98) schon bemerkt wurde. Daß dies Prinzip allgemein gilt, ist um so weniger wahrscheinlich, als auch der übrige Teil der Gesetze die lex Salica imitiert. Die Malbergische Glosse gibt für besondere lateinische Worte den beim Gericht üblichen deutschen Ausdruck. Dies übernimmt Klopstock, indem er dem einfachen Gesetzestext Fragmente von Sätzen — meist Teile eines Vordersatzes, von denen wieder nur Anfang und Hauptsubstantiv gegeben werden — unter dem Namen „Landgericht" (mit L. G. abgekürzt) folgen läßt, eine ganz gute Übersetzung des jeder Glosse beigesetzten „maloberga". Den Höhepunkt der Nachahmung bedeutet allerdings das „Gesetz von der Eule" (S. 109 f.), in dem immer Punkte eine Zahl ausgefallener Worte und Zeilen bedeuten. Auch dies ist durch fragmentarische Andeutung mit Hilfe von Punkten in der lex Salica vorgebildet![32]).

Der Inhalt der Gesetze bezieht sich natürlich auf den Gelehrtenstaat und verzichtet auf weitere Vermummung bis auf eine gewisse Altertümelei des Stils, wie das schon die von Klopstock so beliebte Kürze mit sich bringt. Doch noch manches im äußeren Schmuck geht auf altes zurück. So der Hain, der an dem Platze der Landgemeinde gedacht ist und ein altes Heiligtum vertritt, die Quelle, bei der die Aldermänner niedersitzen und die mit Wodans Weisheits-

---

[31]) S. 456 f.
[32]) Lex Salica, ed Merckel, Berlin 1850, S. 100 f.

quelle verglichen werden kann, die Laube, in der die Abendunterhaltungen stattfinden, und die an die „Gerichtslaube" erinnert. Die Einteilung nach Edlen, Freien und Knechten, die sich auf verschiedene Verdienste um die Wissenschaften beziehen, indem die ersten als Entdecker oder Erfinder eine gewisse Höhe erreicht haben, die zweiten wenigstens selbst denken und nur selten nachahmen, während die letzten stets anderer Leute Meinung folgen, führt schon Pieper[33]) ganz richtig auf Tacitus' Germania zurück, der über Edle, Freie, Freigelassene und Knechte berichtet. Die Freilassung wird bei Klopstock unter die Belohnungen aufgenommen, die den Gesetzen gemäß zugesprochen werden[34]). Die anderen Belohnungen, die ausgelobt sind, lehnen sich ebenfalls an germanischen Brauch an, so die Schale: „Einigen wird, wenn sie in die versammelte Landgemeine kommen, aus der Quelle des Hains geschöpft" (S. 21), eine Bestätigung unserer Vermutung, in dieser Quelle den Weisheitsbrunnen zu sehen. „Eichenblatt" und „Blatt und Eiche" als Belohnungen sind die Entsprechungen für den antiken Lorbeerzweig, der nun von dem d e u t s c h e n Baum genommen wird. Dazu kommt als Ehrenplatz der „Hügel", von dem aus die Ausgezeichneten sprechen dürfen. Wenn Klopstock selbst gleich der Meinung derer entgegentritt, die „den Ursprung der eben angeführten Belohnungen in den ältesten Zeiten unsrer Nation finden" wollen, so bestätigt dies höchstens die entgegengesetzte Meinung. Ähnlich steht es mit einigen Strafen; so wenn das Tragen von „zwei einheimischen Folianten" — die Strafe für Ausschreiber — „den Hund tragen" genannt wird, von „vier ausländischen" „den Sattel tragen". „Wer den Hund trägt, geht hundert Schritte damit, und wer den Sattel, tausend. — Kein Freier trägt den Sattel. Den tragen nur die Knechte." (S. 23.) All das sind alte Gebräuche, deren Anwendung sehr hoch hinauf

---

[33]) S. 23 Anm. 1.
[34]) Das Symbol der Freilassung, den „Pfeil", deutet Bailly, Etude sur la vie et les oeuvres de Klopstock. Paris 1888 S. 349 richtig nach dem Brauch der Langobarden aus Paulus Diaconus I, 13.

datiert wird. Es wird schon nicht mehr als Zufall erscheinen, wenn diese doch immerhin unbekannten Tatsachen sich wieder in Leibniz' „Scriptores rerum Brunsvicensium" finden[35]), ebenfalls mit der Scheidung von Hund und Sattel für Adlige und Niedriggestellte. Zur Sicherheit wird aber diese Quelle, wenn von italienischen Bischöfen berichtet wird, daß sie einen großen schweren Kodex etliche Meilen weit schleppen mußten, zur Strafe und Ermahnung, daß sie fleißiger studieren sollten. Demselben Werke seines großen Ideals entnahm Klopstock noch zwei weitere Bestimmungen, so die Einführung des Wergelds, das zwar auch die lex Saxonum kennt, doch las er diese eben im ersten Bande der Scriptores[36]), der ihn noch anderweit interessierte. Und wenn nach einem der strengsten Gesetze, das die Ausländerei verdammt, der alte Klageruf „Jo Duthe!" ausgestoßen werden soll, so fand er auch diesen außer in Leibniz' etymologischen Collectaneen[37]), die er nach eigenem Geständnis sehr gut kannte, in der zitierten Quelle[38]). Schließlich sei auch noch auf die Totenfackel verwiesen, die über wissenschaftlich toten Gelehrten — also solchen, die nichts Neues mehr zu leisten vermögen — angezündet wird, und ebenfalls altem Brauche entspricht.

Damit sind die germanischen Formen unserer Gelehrtenrepublik erschöpft, es sei denn, wir ziehen auch den Warner und Wahrer, das Sprachrohr von Klopstocks eigener Meinung, hierher, denn er läßt ihn als getreuen Ekhardt erscheinen. Daß er dabei den treuen Begleiter und Beschützer der Alten meint, ist zweifellos; trotzdem möchte

---

[35]) Tom. III S. 791. Vgl. einen ausführlichen Auszug daraus bei Lentzens, Diplomatische Stifts- und Landeshistorie von Magdeburg, Cöthen und Dessau. 1756. S. 168 ff.
[36]) Tom. I, S. 79.
[37]) P. I. S. 44.
[38]) Tom. II, S. 204; 498; 896; Tom. III, S. 334. Zugegeben sei, daß ihm noch andere Quellen zu Gebote standen, z. B. J. L. Frisch, Clamoris publici Jodute Etymologia. Miscell. Berolinensia Tom. IV (1734) S. 195/98; Joh. G. Hoffmann, Observationum iuris Germanici lib. duo. (Frankfurt u. Leipzig 1738) S. 133/52; aber der Schluß auf die Scriptores liegt doch sehr nahe.

ich nicht von der Hand weisen, daß er mit einem Nebengedanken Leibniz' Schüler und Freund Johann Georg Eccard streifte, der, ebenso wie in der Vorzeit der ältere Namensvetter, im 18. Jahrhundert für das alte Gut eintrat und es den Enkeln bewahrte. Einzelne der zu ihm in der Gelehrtenrepublik genannten Jahre geben einen gewissen Anhalt, ohne größere Sicherheit zu gewähren; aber nach der Kenntnis seiner Schriften, die Klopstock besaß, legt die Namensgleichheit auch Sinngleichheit außerordentlich nahe[39]).

Es seien hier auch gleich die übrigen Strafen erörtert, die die Zeitgenossen reichlich zum Spott herausforderten, die aber nur durch Klopstocks formlose Übertreibung zu komischer Wirkung gebracht werden. „Das Stirnrunzeln zeigt nicht Spott, sondern nur Verdruß an. — Das Lächeln ist angehender Spott. — Die laute Lache ist voller herzlicher Spott. — Das Naserümpfen ist Spott und Verachtung zugleich. — Das Hohngelächter ist beydes im höchsten Grade." (S. 23). Muncker weist darauf hin, daß die sonderbare Wirkung entstehe, weil Klopstock die natürlichen Äußerungen, die ein Buch in uns erregt, von diesem auf den Autor überträgt[40]). Aber wir haben ja das, was Klopstock hier zu Strafen erhebt, in derselben Funktion und ebenfalls auf die Autoren angewandt, bereits in den älteren Gelehrtenrepubliken gefunden. Er bleibt damit nur in der Tradition; die verschiedene Abstufung allerdings, die er vornimmt, ermangelt nicht des Merkwürdigen; denn er preßt dadurch selbst ein System zustande, das er sonst bei anderen nicht gelten lassen will. Ihm selbst aber sind diese Begriffe durchaus lebendig, finden wir doch in einer ganzen Anzahl

---

[39]) Dazu kommt noch ein anderes: Eccard hat den Zusammenhang der praefatio mit dem Heliand als erster erkannt (vgl. Sievers, Tatian, 1878, S. XVI f., Anm.; S. XXV). Dieselbe Entdeckung wird von Klopstock gemacht (Brief an Gleim 31. VI. 1769, Briefwechsel, herausgeg. v. Cl. Schmidt, 1842, Bd. II S. 105); ist es, wie Sievers meint, so wahrscheinlich, daß er von seinem Vorgänger unabhängig war?
[40]) S. 456.

Epigramme[41]) dieselbe Abstufung verwandt. Ein Beispiel wird Klopstocks Anwendung klarer werden lassen[42]): „Der Gerührte".

„Wenn man sich widerspricht, so lächelst du:
Und lachst, thut's einer, der des Geistes viel
Zu haben glaubt.
Allein, wenn einer, wo der Philosoph
Am tiefsten gehen muß, bei metaphysischer
Bestimmung da sich widerspricht,
Dann schlägst du wohl ein laut Gelächter auf?
Das Mitleid weint."[43])

Der Steigerung eines wissenschaftlichen Mangels folgt er also ganz genau mit der Abstufung seiner Strafen, für sich selbst durchaus im richtigen Sinne, aber dem Publikum nicht verständlich und genießbar. Die letzte noch zu erörternde Strafe gehört bereits wieder der Sphäre des Gelehrtenstaats im besten Sinne an; denn die, die sich gegen dessen Gesetze schwer vergehen, die Grund- und Kerngesetze verletzen, werden mit Landesverweisung bestraft. Die Gemeinschaft muß sich eben durch Ausschluß der schädlichen Mitglieder innen- und außenpolitisch schützen. Der Zuruf, der diese Verweisung begleitet, übt dann wieder germanische Art: „Geh, du trinkst nicht mehr aus der Quelle dieses Hains! und wärmst dich nicht mehr an unserm Feuer!" (S. 24.)

Der Staat bedarf zu seinen alltäglichen Funktionen auch einiger Beamter, wie z. B. der Herolde, die einen Teil der Strafen und Belohnungen auszuführen haben, daneben Nachtwächter, die für Ordnung sorgen, selbst aber erst durch Degradation zu diesem Amt gebracht werden können. Sie werden von Aufwärtern unterstützt, am Tage bei der

---

[41] „Das Lächeln und die Lache" V, S. 306; (ohne Titel) V, S. 302 f.; (ebenso) Hamel III, S. 242.
[42] V, S. 341.
[43] Wir finden es sogar nachgeahmt bei P. W. Hensler, Gedichte, Altona 1782, S. 16. „An eine Lacherin".

Landgemeinde von Ausrufern abgelöst. Auch zur Ausführung der übrigen Strafen bestehen besondere Ämter, darunter das des Hohnlachers, der neben einer sehr großen Nase auch eine rauhe Stimme haben soll. Das sind zum großen Teil ziemlich läppische Erfindungen Klopstocks, dessen Bestreben, recht plastisch lebendig zu sein, ihn zu solchen Übertreibungen verführte. Wenn bei Saavedra der Kritiker im „Büchersaal" ein lautes Gelächter über minderwertige Geisteserzeugnisse hören läßt, die verschiedenen Berufe als Krämer und Hausierer erscheinen, so wird mit gefälligen und geringen Mitteln derselbe Effekt erreicht, dem Klopstock zustrebt, der aber seiner groben Verzerrung versagt bleiben muß.

Die Einrichtung der Republik wird vervollständigt durch ein Gericht, dem die Aufgabe zusteht, über niedrige Vergehen zu entscheiden, die der großen Versammlung unwürdig sind. Dementsprechend setzt es sich auch aus zwölf Bürgern aus dem Volke und nur einem Zünfter zusammen, die in ihrer Rechtsprechung den besonderen Zeitverhältnissen Rechnung tragen sollen, also wohl bei starken Krisen streng, in ruhigen Entwicklungsjahren milde urteilen. Die nötigen Anweisungen werden von den Aldermännern gegeben. Noch darunter steht das Fünfergericht[44]), das die ehrenrührigste Handlung eines Wissenschaftlers, das Plagiat, zu richten hat, und zur Schande des Beklagten von dem Schreier, dem Führer des Pöbels, geleitet wird. Alle übrigen Strafsachen gehören vor die Vollversammlung, in der, unter dem Präsidium der Ältesten, Zunft und Volk bzw. deren Vertretern Redefreiheit zusteht. Hier wird Recht gesprochen, wenn Anträge gestellt sind, über diese verhandelt, in jeder möglichen Art das Wohl des Staates gefördert. Einen Vorteil genießen die Aldermänner in der Leitung, als sie bei nicht günstiger Stimmung der Massen Abstimmungen auf drei Tage aussetzen dürfen, um möglicherweise noch

---

[44]) Vgl. den Gerichtshof der Fünf in der altisländischen Verfassung. v. Amira, Recht. (Grundriß d. germ. Philol. 3. Aufl. Bd. 5) S. 167.

eine Änderung der öffentlichen Meinung herbeizuführen. Andererseits sind sie zur Rechenschaft über ihre Amtsführung dem Staat gegenüber verpflichtet, der ihnen sein „Mißtrauen" aussprechen darf. Dies gilt für die Geschäftsführung während des Jahres, von einer Landgemeinde zur andern, und es deutet eben an, daß das Ministerium unter Wahrung eines Spielraums nur die großen Richtlinien, die die Gesamtheit festsetzt, einzuhalten hat.

Eine Würdigung dieser Einrichtungen und der ganzen Verfassung ist nur unter dem Gesichtspunkt angängig, wieweit sie geeignet sind, als Ausführungsorgane für die Gesetze zu wirken, die den eigentlichen Kern des Buches bilden. Klopstock wollte der Wissenschaft seiner Zeit weiter helfen, aber dem Gelehrten ein Gesetz zu geben traute er sich nur im Rahmen des Staates, der selbst wieder, wie bei der Einteilung der Zünfte und der Festsetzung der aristokratischen Verfassung gezeigt, die Leitgedanken zum Ausdruck brachte. Daß so Verfassung und Gesetze in einem engen Einklang stehen, ist voll anzuerkennen, die Einzelheiten dagegen läßt Klopstock viel zu sehr im Dunkeln, als daß man ihre Wirksamkeit durchschauen könnte. Wir müssen doch bedenken, daß aus der gedanklichen Ebene, in die uns die Gelehrtenrepublik versetzt, jedesmal ein Sprung zur Wirklichkeit zu machen ist, daß daher die Entsprechungen gleichmäßig und genau einem Schema folgen müßten, um dem Leser einigermaßen verständlich zu sein. Daß aber Klopstock, der so schon nur andeutenden Art auch noch durch Germanisierung und andere phantastische Scherze größere Unklarheit zufügte, macht sein Buch für die Gesamtheit so unverständlich und schwer verdaubar. Hier hätte ein Weniger erheblich weiter geholfen, oder auch eine genaue Richtschnur von gedachter Form zu gemeinter Wirklichkeit.

Die Gesetze.

Der zweite Teil der Gelehrtenrepublik, „Die Gesetze" betitelt, bildet inhaltlich Klopstocks Eigentum, nachdem wir zuvor die Form auf ihre Quellen zurückgeführt haben. Auch die Begründung, die für den Anlaß von ihm gegeben wird, wurde bei Besprechung der Arcadia bereits als entlehnt hingestellt. Den Inhalt aber müssen wir aus sich selbst zu verstehen suchen; hier ist Anlehnung an Vorbilder nicht nachweisbar, wenn auch mancher Gedanke von anderen schon ausgesprochen wurde. Klopstock zeichnet das Ideal des Gelehrten, wie er es auszubilden wünscht, entsprechend den vier Kategorien, die wir bei Besprechung der Einteilung der Zünfte festzusetzen suchten. Das Bild allerdings, das in den Gesetzen steckt, ist nicht ohne weiteres abzulesen; Klopstock versteht es, durch Unsystematik den logischen Aufbau stets zu durchbrechen, so daß man sich fragen muß, ob er sich überhaupt von einem Plane hat leiten lassen. Während Gesetze im allgemeinen Strafen für die, die bestimmte Grundsätze verletzen, vorsehen, Belohnungen für die, die sich im Sinne des Staates verdient gemacht haben, bestimmt z. B. das Gesetz über die „Nachtwächter" (S. 49) zunächst, für welches Vergehen diese Degradierung als Strafe einzutreten hat, der zweite Paragraph, welche Befugnisse diesem Amte zufallen. Ein anderer Teil der Gesetze beschränkt sich auf bestimmte Gebiete gelehrter Tätigkeit und ihrer Mittel, z. B. die „Sprache" (S. 35) „Lehrgebäude" (S. 47), „Polytheorie" (S. 87). Wieder anderswo werden Charakter des Gelehrten und Verhältnis zum Staat, also ein außerhalb der Wissenschaften liegendes Gebiet berührt: „Von der Ehre, die keine Ehre ist" (S. 58), „Von den geadelten Gelehrten" (S. 62), „Von den Denkmalen" (S. 82); dazu gehören auch jene Gesetze, die unter einer bestimmten Belohnung — „Von der Freylassung" (S. 64) — oder einem Vergehen — „Vom Hochverrath" (S. 98) — als Stichwort zusammengefaßt werden. Hier ist nicht die Wissenschaft der Ausgangspunkt, sondern der Gelehrtenstaat, der für verschiedene Leistungen eine Belohnung verspricht; jedoch ist deren Bedeutung an dieser Stelle nicht erschöpft. In dem Gesetz über „Entdeckung und Erfindung" (S. 52) ist z. B. bestimmt, daß ein Knecht, der „darthun kann, daß Entdeckung oder Erfindung einem andern zugehöre", freigelassen wird. So herrscht ein übles Durcheinander, die unsystematische und undeutliche Denkart Klopstocks dokumentiert sich in diesem Gesetzbuch aufs deutlichste. Damit erklären sich auch die häufigen Wiederholungen, da unter verschiedenen Stichworten gleiche Dinge behandelt werden. Außerdem werden die Stufen der Belohnungen und Strafen für Edle, Freie und Knechte verschieden angesetzt, bedingen daher verschiedene Paragraphen.

Pieper ist über den Zusammenhang der Gesetze und ihren inneren Kern kurz hinweggegangen[45]), doch wird uns deren Verständnis, ebenso wie das Prinzip der Zunfteinteilung (oben S. 105 ff.) einen Schlüssel zum übrigen Teile des Werkes liefern. Wenn wir nun nach dem Leitsatze suchen, bieten uns die „Grundsätze" der Republik, die vorangestellt sind, ebensowenig eine Handhabe wie die Folge der Gesetze selbst. Der Wortlaut der „Grundsätze" sei angeführt, da wir kurz darauf eingehen müssen. „Deren haben wir nur drey. Der erste ist: Durch Untersuchung, Bestimmung, Entdeckung, Erfindung, Bildung, und Beseelung ehmaliger, neuer und würdiger Gegenstände des Denkens und der Empfindung sich recht viele und recht mannichfaltige Beschäftigungen und Vergnügungen des Geistes zu machen. Der zweyte: Das nützlichste und schönste von dem, was jene Beschäftigungen und Vergnügungen unterhalten hat, durch Schriften, und das nothwendigste auf Lehrstühlen Andern mitzutheilen. Der Dritte: Schriften, deren Inhalt einer gewissen Bildung nicht nur fähig, sondern auch würdig ist, denen vorzuziehen, die entweder ohne diesen Inhalt, oder ohne diese Bildung sind." Die angehängten Erläuterungen weisen nur auf die Bedeutung des terminus „Bildung", der nicht besage, daß sich diese immer bis zur Darstellung, sondern nur, daß sie sich allzeit über den trockenen Vortrag erheben müsse. So ist die A r t der Behandlung, die den von den Wissenschaftlern gewählten Gegenständen

---

[45]) S. 24.

zuteil wird, entscheidend für deren Bedeutung; besonders der dritte Satz betont, daß im allgemeinen den Arbeitern die Wahl ihres Themas freisteht, daß das Eigene, was gegeben werden soll, in der neuen Durchforschung oder Formung zu liegen habe. Damit können wir aber den Gesetzen selbst nicht auf den Grund kommen, gehören doch die hier geäußerten Begriffe mehr der Poetik an, bzw. wurden sie schon bei der Einteilung der verschiedenen Schichten von uns erörtert.

Wir müssen uns daher ein selbständiges Bild vom Gehalt der Gesetze zu zeichnen versuchen und werden dabei die Kategorien der Freiheit, Neuheit, Würde und des nationalen Wertes fruchtbar finden[46]). Das ganze ergibt dann den Typus des idealen Gelehrten, bei dem der Charakter von nicht unerheblicher Bedeutung ist und den wir unter dem Stichwort der Würde mit begreifen müssen, wenn auch das Verhältnis der Gelehrten untereinander oft gemeint ist. Es soll eben das Vorbild bezeichnet werden, das der Gelehrte nach außen zu geben hat. Dazu gehört ein in den Gesetzen unterstrichener Gedanke, der mit der Wirkung auf die Jugend zusammenhängt. Da Klopstock in sie für die deutsche Gelehrtenrepublik große Hoffnungen setzt, ist es wichtig, daß deren wahre Begabungen erkannt und gefördert werden sollen; für ihre Mißleitung werden besonders strenge Strafen angedroht. Die vier Grundlinien sind mithin nur zur Anlehnung geeignet und dürfen nicht scharf auf einen bestimmten Inhalt eingeengt bleiben, z. B. gehört zum „Neuen" auch die Verwerfung der Nachahmung, der bei der größeren Bevorzugung der Strafen vor den Belohnungen ein weiterer Raum eingeräumt ist.

Zu den schlimmsten Verbrechen, die nur mit ewiger Ausstoßung aus der Gemeinschaft bestraft werden können, zählt Klopstock als Hochverrat an erster Stelle die An-

---

[46]) Die angedrohten Bestrafungen bzw. die Belohnungen interessieren uns hier nicht mehr im Einzelnen, sie dürfen übergangen werden, da nur das Ziel, zu dem Klopstock die Gelehrten führen wollte, von Interesse ist, nicht die Mittel, die summarisch im vorausgegangenen Abschnitt behandelt wurden.

maßung der Alleinherrschaft im Staat, ganz im Sinne der von ihm gewählten Staatsform. Denn er spricht damit aus, daß die Möglichkeit der freien wissenschaftlichen Betätigung oberstes Gesetz sein muß; denn nur daraus kann wirklich Neues und Individuelles erwachsen. Wagt es ein Einzelner, den Übrigen Richtlinien vorzuschreiben, so nimmt er ihnen nicht nur die Gelegenheit, ihre Gaben zur Anwendung zu bringen, er zwingt sie auf der anderen Seite gleichzeitig zur Nachahmung, ein Beispiel, wie die Kategorie des äußeren Staatsaufbaus in die des wissenschaftlichen Inhalts übergreift. Ebenso liegt es, wenn ein Kritiker sich eine Richterfähigkeit über die anderen freventlich anmaßt. Nach dem Gesetz „Von den Ankündigern und Ausrufern" (S. 66) steht jedem nur eine, d. h. eben seine eigene Stimme zu, die Überhebung will sich eine Funktion anmaßen, und was weit schlimmer wiegt, anderen die eigene Meinung aufzuzwingen suchen. Sie unterdrückt damit die innere Freiheit des Gelehrten, die mit seiner äußeren im engsten Zusammenhang steht. Dies ist auch der Ausgangspunkt für Klopstocks Abneigung gegen die Kritik überhaupt, mit der er zu seiner Zeit gewiß nicht allein stand[47]), die aber bei ihm einen besonders bedeutenden Raum einnimmt. So hatte er sich schon früher sehr ähnlich in einem Brief an Gleim geäußert: „. . . daß kein Kritikus mehr als eine Stimme hat. Und von dieser einen Stimme fordere ich außerdem noch, daß sie von nicht kleiner Bedeutung sey, wenn sie sich will öffentlich hören lassen[48])." Was ihn gegen diesen Literaturzweig, außer dessen Usurpation der „öffentlichen Meinung", einnimmt, ist die unproduktive Tätigkeit. Wie bei der Zunftwertung nachdrücklich hervorgehoben, auch in den „Grundsätzen" selbst unterstrichen, will Klopstock nur das gelten lassen, was, wenn auch nicht durch den Inhalt, so doch durch die Behandlung des Gewählten be-

---

[47]) Vgl. z. B. Goethe „Rezensent" (Ausg. letzt. Hand. II, 214), „Dilettant und Kritiker" (S. 215), „Kritiker" (S. 218).

[48]) Clamer Schmidt Bd. II, S. 113, Brief an Gleim, 7. September 1769.

deutend sein kann. Daß diese Möglichkeit bei der Kritik nicht bestände, soll auch in der Gelehrtenrepublik nicht behauptet werden, doch ist der Sinn der Rezensenten rein auf das Negative gerichtet. Das ist auch ein Grund, aus dem die „Streitschriften" (S. 39 ff.) verboten werden, da solche Zänkereien im allgemeinen nur zu persönlichen Angriffen führen. Während dieser Teil der Gesetze sich zumeist auf das Charakterbild des Gelehrten bezieht, wie denn auch in dem Aufsatz des „Nordischen Aufsehers": „Ein Gespräch, ob ein Skribent ungegründeten, obgleich scheinbaren Kritiken antworten müsse"[49]) besonderer Wert auf den Stolz gelegt wird, der den Kritisierten von einer Antwort abhalten müsse, führt ein anderer Gedanke tiefer und klärt auch das Verhältnis zum Publikum. Da die große Mehrzahl der Kritiker geistige Überlegenheit nicht für sich in Anspruch nehmen kann[50]), sondern den Durchschnitt des normalen Lesepublikums repräsentiert, hieße ein Streit mit ihnen, daß man jedem oder wenigstens den meisten gefallen wolle. Das aber kann und darf gar nicht das Begehren des wahren Gelehrten sein, muß er doch nur auf sich selbst und nicht auf das Urteil der Masse hören. Eine Meinung wie das l'art pour l'art liegt Klopstock natürlich noch fern; denn er kommt aus dem pädagogischen Zeitalter, dessen pietistischer Geist die Wirkung der Wissenschaft, zu Religion und Moral zu erziehen, als ihr bestes ansieht; aber ein großer Schritt vorwärts wird von Klopstock bereits gemacht, indem er die wissenschaftliche Wahrheit auf sich selbst stellt. Das ist einer der Gründe, daß das Buch bei den jungen Geistern trotz seiner eigenwilligen Form eine bedeutende Wirkung hinterlassen hat; denn wenn dies Motiv klar auch nur in dem zitierten Aufsatz formuliert wird, steckt es doch hier überall hinter den Worten. Das Individuelle, vom Sturm

---

[49]) Werke Bd. X, S. 318/27.

[50]) Sehr bissig drückt dies ein Abschnitt aus dem „Guten Rath der Aldermänner" („Die drey Wege" S. 154 f.) aus: daß der Kritikbeflissene entweder wahre Sätze falsch, oder falsche richtig, oder gar falsche unrichtig anwendet.

und Drang auf den Schild erhoben, findet in Klopstock seinen vielleicht ersten Vorkämpfer; es ist bemerkenswert, daß er bei dem frühesten Drama dieser Gruppe, Gerstenbergs Ugolino, Pate gestanden, ja es mit angeregt hat. Noch bei einem Begriff bildet die Kritik das Stichwort und wieder wird ihr vorgeworfen, daß sie auf Einengung der öffentlichen Freiheit gerichtet sei. Es wird bestraft, wenn ein Kunstrichter darauf ausgeht, mit einem Häufchen seinesgleichen eine Literaturschule zu gründen (S. 63 f.). Zwar gibt der Kommentar an, daß die Malerschulen, von denen man im allgemeinen spräche, die Kritiker zur Nachahmung verführt hätten; wenn es hier auch nur die Beurteiler sind, die die Schule bilden wollen, so bleibt doch eben seine ganze Abneigung gegen „Schulen" jeder Art. Er selbst hat eine Bestallung an einer Unterrichtsanstalt abgelehnt, weil er sich äußerlich nicht binden wollte; um wieviel mehr muß er gegen jene vorgehen, die durch inneren Zwang den Geist der anderen an gewisse Vorschriften binden oder sie einschachteln wollen. Man glaubt, hier einen Hieb gegen Gottsched herauslesen zu können, der sonst merkwürdigerweise in der Gelehrtenrepublik gar nicht auftaucht, wohl weil er zur Zeit, als Klopstock dies Buch schrieb, nicht mehr lebendig genug war, um bekämpft zu werden. Dessen Niederhalten der Individualitäten stimmt allerdings zu diesem Gesetz, und auch die Bezeichnung als „Kritiker" und nicht als Dichter könnte auf ihn bezogen werden[51]). Im Gegensatz dazu steht § 5 der „Kerngesetze" (S. 45), der Klopstocks positive Meinung zum Ausdruck bringt: „Wer überwiesen werden kann, daß er die Stunde des Genies ungebraucht habe vorüber gehen lassen, ist auf Jahr und Tag keiner Belohnung fähig." Fast ist hier die Prometheusidee ausgesprochen, daß der Funke einem nur in seltenen Stunden gegeben wird, und daß ihn zu nutzen man nicht nur sich, auch der Gemeinschaft und dem ganzen

---

[51]) Oder sollten schon hier die Rezensenten der „Literaturbriefe" und der „allgemeinen deutschen Bibliothek" gemeint sein, gegen die er sich später direkt wendet? (Vgl. S. 156 f.)

Volke schuldig ist. Damit ist wirklich der „Kern" der Gesetze getroffen; denn wenn auch jemand durch Mühe und Fleiß etwas zu schaffen fähig ist, so vermag er doch nicht mangelnde Begabung oder ein angeborenes Genie zu ersetzen. Mit dieser Idee tritt Klopstock weit über seine Zeit hinaus, selbst die noch rationalistische Anschauung Lessings hinter sich lassend. Es ist für ihn charakteristisch, daß er die Entdeckung einer Begabung bei anderen fast ebenso hoch schätzt wie den Begabten selbst oder die Werke, die diesem vielleicht gelingen: „Entdeckt Jemand einen Jüngling, der unter der Last der äußerlichen Umstände, oder der Bescheidenheit erliegend, völlig unbekannt ist, aber G a b e n h a t ; so erhält er das Eichenblatt, und dereinst ein Denkmal bey dem Denkmale des Entdeckten, wenn dieser bis dahin gelangt" (S. 78). Diese Begabung aber darf nicht eingeschränkt werden, weder durch Schulen noch durch Lehrgebäude, deren verwerfliche Starrheit bei Erörterung der philosophischen Zunft schon hervorgehoben wurde. Außer der Systematik, die dem Geist so starke Schranken auferlegt und das Finden von Neuem verhindert, ist es der Mangel an Zusammenhang mit der Wirklichkeit, das rein Begriffliche, das Klopstock ablehnt. Den betreffenden Gesetzen (S. 47 f.) fügt er als Schlußsatz hinzu: „Wird die Zeit jemals kommen, da man g e n u g r i c h t i g e E r f a h r u n g e n wird gesammelt haben, und also die Gesetze von den Lehrgebäuden wird abschaffen können?"

Es war bei Besprechung der „Grundsätze" auf die Ausbildung hingewiesen worden, die bekannten Gegenständen gegeben werden soll und die im Vergleich zu dem Inhalt nicht unterschätzt werden darf, doch zeigt der zitierte Satz über den Wert der Erfahrungen die Betonung des Inhalts [52]). Damit hängt auch seine Auffassung von der Erfindung zu-

---

[52]) Daß Klopstock letzten Endes den Hauptakzent auf den Inhalt legt, zeigt der Abschnitt: „Inhalt und Ausführung" (S. 139), der inhaltlose Bücher erbarmungslos zum Feuertode verurteilt, während die mangelnde „Gestalt" noch durch Überarbeitung gewonnen werden könne.

Kirschstein, Klopstocks Deutsche Gelehrtenrepublik.

sammen, der er in den Gesetzen einen besonderen Abschnitt widmet (S. 51 f.). Das erste „Landgericht" behauptet, daß besonders dadurch das Beste der Republik gefördert wird, und das zu § 3 setzt fest, daß „keiner gerechtere Ansprüche auf die höchsten Belohnungen" habe als eben der Erfinder. Klopstock scheint selbst das Gefühl zu haben, daß er im ganzen das Formale zu sehr betont — in Wirklichkeit ein Verdienst dieses Werkes, die äußere Seite mit dem Inneren zu verknüpfen, wie die Poetik zeigen wird —, und so setzt er hinzu: „Nicht die bloße Ausbildung, sondern die wirkliche Erweiterung der Wissenschaften" verdient große Belohnung. Eine Definition des „Neuen" vermeidet er, aber seine Bedeutung hebt er durch ein eigenes Gesetz: „Vom Neuen" (S. 92) hervor. „Kein Buch, dessen Inhalt oder Ausführung nicht wenigstens in einigen Stücken neu ist, wird hinter den goldnen Vorhang gestellt." Es ist dafür ein besonderer Büchersaal[53]) vorgesehen, der ursprünglich den „unsterblichen Werken" vorbehalten bleiben sollte, doch begnügte man sich schließlich, „Bücher, in denen auch Neues ist", dort aufzunehmen. Bei Einführung dieses Gesetzes wird gefragt: „Ob man nicht in einem Zusatze die Beschaffenheit des Neuen bestimmen müßte." „Endlich drang diejenige Parthey durch, welche den Zusatz für abschreckend erklärte. Es wäre so wichtig, behauptete sie, die fast erloschene Begierde neu zu seyn wieder anzufachen, daß man ja alles vermeiden müßte, was eine gegenseitige Wirkung hervorbringen könnte. Unsre Nachkommen würden schon dafür sorgen, das Neue von Bedeutung, und das Unbedeutende von einander zu sondern; wir hätten nur dahin zu trachten, ihnen vieles Neues zu hinterlassen" (S. 93). So ist die Auswahl den Aldermännern überlassen, mit einem Vetorecht der öffentlichen Versammlung. Der Begriff des Neuen bleibt dunkel, nur gegen die Vortäuschung werden verschiedene Regeln gegeben. „Das Gesetz ist gelinde, weil es nichts darüber entscheidet, wie das Neue beschaffen seyn

---

[53]) Die Analogie zu dem Büchersaal in der Republik Saavedras liegt nicht ganz fern.

müsse; gleichwohl findet auch Strenge bey einem sehr wesentlichen Punkte statt, bey der Untersuchung nämlich: Was wirklich neu sey; und was nur dafür ausgegeben werde" (S. 94). Dieser Schein sollte zu vermeiden sein, wenn man stets klar, eindeutig, kurz sich ausspricht, wie denn Klopstock in allem für eine „altdeutsche" Kürze sich einsetzt. Die Modeworte verführen, wie wir sagen würden, zur Phrase, und es ist ganz berechtigt, wenn er dagegen Front macht: „Derjenige erhält die Belohnungen der Republik schwerer als Andre, der solche Modewörter aufbringt, die, unter dem S c h e i n e, e t w a s N e u e s zu sagen, das Alte nur verwirren, oder die wegen des Wenigen, das hinter ihnen ist, überflüssig sind" (S. 94). Darüber hinaus will er besonders die „Kunstworte" nicht gelten lassen, da sie nur angelernt zu sein brauchen, ohne einen Begriff zu geben. Er kommt in Verbindung damit auf einen ganz modernen Gedanken, der fast an Fritz Mauthners „Kritik der Sprache" gemahnt, wenn er sagt: „Es ist freylich wahr, daß nur wenige recht einsehn, wie sehr W o r t e die Welt regieren . . ." (S. 95.) § 6 der Kerngesetze verdammt die, die zu wenigem Inhalt viel Geschwätze machen, ein Fehler, den er eine „Seuche" der letzten Zeit nennt, und die Konsequenz dieses Gesetzes ist es, jedem anzuraten, sich auf das Wichtige zu beschränken. Die Gründlichkeit und Weitläufigkeit, eine deutsche Eigenschaft, steht in engem Zusammenhang damit, und er schließt die Kerngesetze mit einem Epigramm: „Bitte an Apoll" (S. 47).

„Ist es uns angebohren? ist es erlernet? Wir Deutschen
Sind weitläufig, und ach selber die Denkenden sind's!
Wenn es erlernt ist, so sey, Apoll, noch Einmal Barbar, und
Wie den Marsyas einst, kleide die Lehrenden aus" [54]).

---

[54]) Bezeichnend, daß dies Epigramm in den Werken (V, S. 339) „Gründlichkeit" betitelt wird. Auch zu dem Begriff der urtümlichen Begabung gibt es einen Beitrag, da Klopstock in der Anlage eine solche Eigenschaft nicht zu sehen glaubt, die uns durch schlechte Tradition erst anerzogen werden muß.

In dem „Guten Rath der Aldermänner" werden dazu noch eine Reihe von Beispielen und Ausführungen gegeben[55]), am treffendsten der Vergleich mit den Alten, die „ein schönes nacktes Mädchen, welche Augen und eine Seele hat" (S. 136), bildeten, während die meisten Neueren sich mit dem äußeren Putze begnügen, ohne auf den wahren Inhalt zu sehen. Damit soll aber keineswegs einer Verwilderung der Form das Wort geredet werden, und es klingt wie eine Warnung an den aufkommenden Sturm und Drang, wenn er versucht, die rechte Mittellinie zu finden: „Kleider machen Leute. Kleider machen keinen Mann. Scribenten, die ihre Werke so schönfarbig, und nach so modischem Schnitte kleiden, bescheidet euch, immer Leute zu seyn; denn Männer seid ihr nun einmal nicht. Zurück, Jüngling, sagte Ekhard; denn du hast es nicht recht gefaßt. Nackt, wie ein w i l d e r M a n n , darfst du deßwegen nicht gehen"[56]). Dieselben Forderungen, die damit für die Form aufgestellt sind, haben auch für den Inhalt Gültigkeit; denn Aufgabe der Schriften ist es, ihre Resultate mitzuteilen und den Leser nicht auf allen Irrwegen der Erkenntnis mitzuführen; der wahre Leser wird danach auch als wertvoll und Verdienst anerkennen, was aus dem Gedankengang ausgeschieden wurde[57]).

Wird auf der einen Seite der Begriff des „Neuen" nicht näher erklärt, nur der falsche Schein abgelehnt, so erhalten wir für die negative Seite, die Nachahmung, die sich nicht scheut, das Gesagte zu wiederholen, eine ausreichende Zahl von Beispielen. Es seien dabei zuerst die erörtert, die sich mehr auf die Wissenschaften selbst beziehen und allgemein Gültigkeit haben; es folgen sodann diejenigen, die speziell im Sinne nationalen Vorteils ver-

---

[55]) „Woran die Schuld liege" S. 129; „Noch ein Scheideweg" S. 136; „Weitläuftigkeit und Vollständigkeit" S. 145; „Ekhards Grille" S. 148; „Von der Kürze" S. 151.

[56]) „Großer Unterschied" S. 114 f.

[57]) „Der Tiefsinn des Meisterers" S. 114; „Besser ist besser" S. 137.

werflich sind. „Kerngesetze" § 1 besagt: „Wer, unter dem Vorwande der Vollständigkeit, das Wiederholte wiederholt, ist auf Jahr und Tag zu Belohnungen unfähig" (S. 42). Hier ist noch die Berufung auf angestrebte Vollständigkeit vorgeschoben, die aus oben erörterten Gründen verwerflich bleibt; bei der besonderen Bestimmung für die „Knechte" (S. 64 „Von der Freylassung" § 2) wird sie als besonderes Kennzeichen für diese erklärt. Dabei muß eben erinnert werden, daß reine Nachahmer nicht als „Freie" bezeichnet werden dürfen und ihre Zugehörigkeit zu einer Zunft von vornherein unmöglich ist. An diese wenden sich aber in erster Linie die Gesetze, sie wollen das Niveau der Wissenschaften weiter heben; nur um „allzugroßem Verfalle vorzubeugen . . ." (L. G. S. 64) beziehen sich die Gesetze auch auf die niederen Stufen. Mit positivem Vorzeichen lautet die Bestimmung: „wenn ein Knecht darthun kann, daß Entdeckung oder Erfindung einem andern zugehöre", so kann er schon um dieses Verdienstes willen freigelassen werden (S. 52). Allgemeingültig aber sind die Bestimmungen über die „Ausschreiber", die den Mangel an Gedanken durch Entlehnung auszustopfen versuchen. Es wird hierbei der sehr richtige Unterschied der offenen oder versteckten Entlehnung konstruiert, und wenn jene schon verwerflich genug ist, so ist dies das niedrigste Vergehen eines Gelehrten, das ihn auch eines ehrlichen Gerichts verlustig macht. Die Bezeichnung der Nachahmer als „Knechte" wandelt ein Beispiel aus dem „guten Rath" ab, das Horazens Wort zitiert, welches die Nachahmer als „sclavisches Vieh" bezeichnet, wovon Klopstock mindestens die Sklaven bestehen lassen will [58]). Sehr witzig gibt er für die Bücher, die aus anderen zusammen gelesen sind, den Ausdruck „verfaulte Töpfe" (Potpourri)[59]). Ein drittes vergleicht Urbild und Nachahmung mit Baum und Schatten, mit dem Seitenhieb: der gewöhnliche Fall wäre, daß „eine ganze Baumgruppe in eine ungestalte

---

[58]) „Gemilderte Härte" S. 115.
[59]) „Die ekle Nase" S. 137 f.

Schattenmasse zusammenfließe"⁶⁰). Zahlreicher noch sind die Gesetze, die sich mit der national verwerflichen Nachahmung beschäftigen. Aber auch hier müssen wir einen Unterschied machen. So verwerflich die Nachahmung der Antike bleibt, sie ist noch hoch zu schätzen gegen die Nachfolge, die so viel dem Auslande gehalten wird. Was jene Zeitgenossen zu leisten vermochten, konnte Klopstock von seinen Landsleuten schon sicher verlangen. Das „A-la-mode-Kehraus" des 17. Jahrhunderts steht wieder auf, und das mit vollem Recht, da noch fast die ganze erste Hälfte des neuen Jahrhunderts von der Nacheiferung der Franzosen beherrscht ist. Aber auch mit Lessing schlägt Klopstock nicht in die gleiche Kerbe: denn während jener den Engländer Shakespeare als Muster der gleichen Rasse und deshalb wesensverwandt proklamiert, will Klopstock auch diese Nachbarn herabsetzen. Ihm ist es eben darum zu tun, die d e u t s c h e Gelehrtenrepublik an die Spitze zu bringen und ihr so mit der äußeren Geltung endlich das nötige Selbstbewußtsein zu geben. Erst wenn dies sich durchgesetzt hat, ist es möglich, der unwürdigen und unnötigen Anbetung des Auslandes ein Ende zu machen. Den Unterschied gegen die Antike hebt auch die Ode „Der Nachahmer" (1764)⁶¹) hervor, doch müssen wir für die späteren Jahre hierin eine schärfere Meinung Klopstocks annehmen.

Der zweite Paragraph der Gesetze „Vom Hochverrath" bestimmt, daß mit ewiger Landesverweisung bestraft wird, „wenn einer die ausländischen Gelehrtenrepubliken unsrer vorzieht" (S. 98). Nicht viel geringer ist das Vergehen, sich als Vorbild auf diese zu berufen (S. 48), um einen eigenen Fehler zu entschuldigen. Auf 5 Jahre unzünftig muß werden, wer „die Verehrung gegen die Ausländer zu weit treibt" (S. 86 „Von der Verehrung der Alten und der Ausländer" § 2). Die sonderbare Bestimmung, Jo Duthe zu rufen, wurde oben nach ihrem Ursprung festgestellt; es

---
⁶⁰) „Von der Nachahmung" S. 117 f. Diese Auffassung vertritt Pieper, doch wird die unten S. 168 f. gegebene Deutung richtiger sein.
⁶¹) IV S. 153 f.

war alter Klageruf über einen Toten, zumal einen Ermordeten. Sehr witzig wendet es Klopstock nun auf den, der „sich in einer ausländischen Schrift berauscht . . . und taumelnd von ihr auf der Gasse herumwankt" (S. 74 „Von Völlerey und Trunkenheit" § 1). Eine aktuelle Bedeutung gibt diesem Gesetz der nächste Paragraph: „Wer, ob er gleich zu Hause bleibt, und nur murmelt, sich täglich in den Schriften der neuen Sophisten, zum Exempel Voltairens und seiner Säuglinge besäuft . . .", muß unweigerlich eingesperrt werden. „L. G. Zur Steurung allzugroßer und anhaltender Völlerey, und damit nicht unter den Altfranken durch die Unthaten Verstandes und Ehrvergeßner Trunkenbolde..." (S.75). Nach dem Kommentar sind die Worte „Voltairens und seiner Säuglinge" erst 1757 dem Gesetz zugefügt worden; wie sich später zeigen wird (unten S. 146 ff.), haben wir unter dem unbekannten Altfranken des Landtages (Gelehrtenrepublik S. 173 ff.) Friedrich den Großen zu verstehen; es erscheint ziemlich sicher, daß auch dies Gesetz gegen ihn gemünzt ist; denn der spätere Zusatz mit Bezug auf Voltaire ist beweisend genug. — Schließlich war es stets Klopstocks Bestreben, die deutsche Sprache als vorbildlich hinzustellen, ihre Vorzüge gegen jeden Angriff zu verteidigen. Um so mehr muß er es verbieten, daß ein Bürger der deutschen Gelehrtenrepublik in ausländischer Sprache schreibt; erst wenn er ein Buch in seiner Muttersprache herausgegeben hat, kann er wieder in die Gemeinschaft aufgenommen werden (S. 36). Und trauernd setzt das zweite L. G. hinzu: „Selbst Leibnitz, wenn er wieder käme . . .", müßte diesem Spruche unterworfen werden. Bereits Hochverrat ist es, wenn ganze Gesellschaften diesen üblen Brauch ausüben (S. 99), und während für den ersten Fall die Geschichte des Landtags den Herrn von Bar als Beispiel bringt (S. 173)[62], ist die zweite Be-

---

[62] Vgl. über diesen Allg. dt. Biogr. Bd. II, S. 44. Im Gegensatz zu der dort zitierten lobenden Hervorhebung durch Gottsched sei auf den Spott Hamanns verwiesen („Sokratische Denkwürdigkeiten", Schriften, herausgegeben von F. Roth, 2. Teil 1821, S. 17).

stimmung mit Rücksicht auf die Berliner und Mannheimer Akademie getroffen, die ihre Schriften in französischer Sprache herausgaben. Ohne puristisch zu werden, ist auch die Einführung von Fremdworten verboten, soweit es ohne besonderes Bedürfnis geschieht (S. 37). Im sprachlichen Sinne ist auch die Antike der modernen Ausländerei gleichgestellt, hier lag wirklich noch ein weites Feld zur Reinigung, und wollte Klopstock die Wirkung der Bücher auf die große Masse ausdehnen, so war dies Voraussetzung. Wichtiger bleibt ihm jedoch die nationale Ehre, er nennt die Lateinschreiber „unvaterländische Sklaven" (S. 35). Interessant ist die Grenze, die er zwischen Griechen und Römern und deren Nachahmung errichtet. Während ein Nachahmer des Auslands auf fünf Jahre unzünftig wird, beschränkt sich dies bei den Römern auf drei und bei den Griechen gar auf nur zwei Jahre. Klopstock hatte die richtige Erkenntnis, daß es sich bei den lateinischen Schriftstellern bereits um abgeleitete Quellen handelt, wie in der oben angeführten Zitierung des Horaz[63]) diesem der Vorwurf der Nachahmung zurückgegeben wird, da er unter 20 Versen 10 aus dem Alcaeus übersetzt habe. Auch unter den Epikern gesteht er Homer gegenüber Vergil das Vorrecht der Originalität zu[64]).

Alle übrigen Gesetze zielen auf die vollkommene Ausbildung des Gelehrten; einige, die wir vielleicht auch unter den Begriff der Kürze hätten fassen können, finden besser hier ihren Platz, wo die äußere und innere Vortrefflichkeit gemeint ist. Klopstock selbst hat um die Form seiner Werke lange und mühsam gerungen; die vielen kleinen Veränderungen, die er dem Messias und den Oden hat angedeihen lassen, geben ein Bild, wie lebhaft er suchte, die höchste Stufe der Vollendung zu erreichen. Dies als obersten Maßstab allen Gelehrten einzuprägen, ist schließlich das letzte

---

[63]) „Gemilderte Härte" S. 115.
[64]) Wohl nur Lessing und Hamann haben wie Klopstock schon von Anfang an die Priorität der Griechen erkannt, während bei Wieland und auch Goethe dies erst Frucht späterer Erkenntnis war.

Ziel seiner Gesetze, und so bestimmt Kerngesetz § 2, daß aller Belohnungen unfähig sei, wer „auf alles Gefühl von Vortrefflichkeit Verzicht" tut (S. 43). Wenn einer nicht gerade Leibnizens Geist in sich spürt, tut er daher besser, sich auf eine oder wenige Wissenschaften zu beschränken; die enzyklopädische Ausbreitung, die als Polyhistorie im 17. Jahrhundert im Schwange war, wandelt sich zur „Polytheorie", und wer sich darin betätigt, wird zumeist noch nötig haben, „ein guter Lehrling zu werden" (S. 87). Einführung g u t e r fremder Bücher in die deutsche Gelehrtenrepublik durch Übersetzung ist an sich nicht zu tadeln, wenn auch Klopstock lieber ein eigenes geistiges Produzieren sieht, das Übersetzen m i t t e l m ä ß i g e r Bücher gehört aber zu den niedrigsten Funktionen des Gelehrten. Und am schärfsten spricht es das Gesetz „Vom Hochverrath" aus, daß die Verehrung des Mittelmäßigen als eine Hauptsünde gegen den Geist der deutschen Republik verdammt wird, „da es in den Wissenschaften keine goldne Mittelmäßigkeit giebt" (S. 104) [65]). Gleichzeitig auf die Gesinnung, das Ethos des wahren Gelehrten, deutet den Begriff der Mittelmäßigkeit das Gesetz von „handwerksmäßigen Gesinnungen" (S. 78). „Einem Gelehrten, der bloß das lernt, was er zum Amte nothwendig braucht, ist es nicht um die Wissenschaften zu thun, und er ist daher unfähig, die Belohnungen der Republik zu erhalten." Die weise Beschränkung, die vorher gepredigt worden war, darf also nur zum Zweck der Vollendung gelten, Einschränkung aus reiner Bequemlichkeit drückt die hohe Ehre, sich mit den Wissenschaften beschäftigen zu dürfen, zum „Broterwerb" herab. Klopstock zeigt hier eine Anschauung, die sich weit über den Durchschnitt erhebt, die Auffassung seines eigenen „Berufes" und die Ablehnung des nur Praktischen spielen gleichmäßig mit. Dem Gelderwerb ist er gewiß nie abhold gewesen, doch wählte er dazu entweder rein kaufmännische

---

[65]) Vgl. auch „Ein alter Schaden" S. 151; Epigramm Nr. 53, Werke V, S. 317 f.

Beschäftigungen [66]) oder er verzichtete wenigstens, in seinen Werken Konzessionen zu machen, um das Publikum zum Kauf der Bücher zu ködern. Den reichen Erfolg, den die Subskription auf die Gelehrtenrepublik einbrachte, hat er allein der Verehrung zu danken, die seinem kompromißlosen Denken von allen Aufrechten entgegengebracht wurde. Den Extrakt dieser Auschauungen gibt eine spätere Äußerung: es sei „Bedingung, daß der Gelehrte, der ein Kaufmann wird, sich nicht Bereicherung, sondern nur gutes Auskommen zum Zwecke vorsetze" (S. 164).

Ein wahrer Gelehrter muß sich zu gut erscheinen, seine Tätigkeit nur als Mittel zum Zweck zu betrachten, sie ist Selbstzweck und gibt dadurch „Würde", die vielleicht mangelnde Erfolge zu ersetzen vermag. Wie zu wirklichen Taten auf wissenschaftlichem Gebiet Begabung, fast Genie nötig ist, so für einen Wissenschaftler ein gefestigter Charakter. „Art und Eigenschaft" [67]) geben den einzelnen Gedanken erst Richtung und Zusammenhalt, und der Gelehrte muß sich im Zusammenleben mit anderen Gelehrten ebenso bewähren wie bei dem Zusammenprall mit der Außenwelt. Dies ist mit ein Grund, weshalb Klopstock die Streitschriften und Polemiken nicht dulden will. An den vielen „Klotzschen Händeln"[68]) sah er die Entwürdigung der Wissenschaft und ihrer Träger, zu der sie führen mußten. Ein Schriftsteller sollte viel zu stolz sein, sich mit jedem einlassen zu wollen, dessen Wert den Durchschnitt nicht überragt und sogar darunter bleibt. Die Gesetze wollen damit keinen Freibrief für die Überhebung geben, im Gegenteil bestrafen sie die Unsitte, sich selbst zu beweihräuchern, noch erheblich strenger. „Die Überlegenheit, welche die deutschen Gelehrten durch ihre B e s c h e i d e n h e i t über

---

[66]) Vgl. Muncker S. 236 f.; S. 270 f.; dazu neuerdings K. Vietor, Briefe von Klopstock an Gleim, Z. f. dt. Ph. Bd. 50 S. 413.

[67]) „Drey Fragen" S. 118 f.

[68]) Ich halte es für ziemlich sicher, daß in dem Epigramm „Die Mitzählung" (V S. 335) unter „Klos" Klotz gemeint sei, gegen dessen Überhebung und Eitelkeit sich diese Worte gleichzeitig richten.

die Gelehrten andrer Völker lange gehabt haben, und haben, würde um einen viel entscheidenden Grad steigen, wenn sie aufhören wollten, sich ihnen, in Betracht jener S c h e e l s u c h t , gleich zu stellen" (S. 81). Der Gelehrte arbeitet eben nicht für s i c h , seine Erfolge werden für die Wissenschaft, noch mehr für den Ruhm der Gesamtheit errungen. Tritt also bereits ein junger Gelehrter mit Stolz (Einbildung) auf, so fehlen ihm die inneren Vorbedingungen zur richtigen Auffassung seines Berufes (S. 76 f); sucht ein verdienter Gelehrter seinen Ruhm zu mehren (S. 58 ff.), oder will er sich ein Denkmal errichten bzw. errichten lassen, so kann er der Vollendung des Begriffs nicht nahekommen. Auch der Neid auf andere Bürger zeigt dieselbe Eitelkeit, die bei zu großer Ausdehnung zum völligen Verlust der Geistesgaben führen könnte[69]). Schließlich dürfen auch die Gruppen der Gelehrtenrepublik nicht gegeneinander stehen, Wissenschaft und Kunst sind gleichberechtigt (S. 100), und abhandelnde und darstellende Wissenschaften sollen sich zu größerer Ehre der Gemeinschaft zusammentun („Gesetz von der Eule" S. 109 ff.). Die Bescheidenheit steht aber nur gegen die verwerfliche Ruhmsucht der einzelnen; überträgt sie jemand auf die Bedeutung seines Staates, dann kann nur die härteste Strafe diesen Hochverrat sühnen: „Wenn einer behauptet, daß die Griechen nicht können übertroffen werden . . ." S. 103). Auf diesem Gebiet ist der Konkurrenzkampf nicht nur erlaubt, er ist Vorbedingung, um die deutsche Gelehrtenrepublik an die Spitze aller zu bringen, die ihr gebührt. „Hochverrath ist es: Wenn einer zu Ruh und Frieden räth, nachdem unsre Republik Wettstreit um den Vorzug mit den ausländischen Republiken beschlossen hat" (S. 103).

Um den Charakter des Gelehrten nach allen Seiten festzulegen, dadurch die Möglichkeit zu wahrer und reiner

---

[69]) Vgl. Epigramm Nr. 14, Werke V, S. 301.
„Seyd ihr nicht anspruchslos, so seyd ihr
       stolz und vielleicht gar
Eitel: euer Verdienst könnte wohl zweifelhaft seyn."

Wissenschaft zu geben und Vorbilder für die Jugend aufzustellen, müssen die letzten Bestimmungen ihn gegen den politischen Staat sichern. Was wir bei den Mäzenaten bereits hervorhoben, sei hier noch einmal wiederholt. Freiheit und Würde muß sich jeder wahren, indem er sich von den Fürsten oder Mäzenen überhaupt fernhält, sonst ihnen mit der offenen und schmeichellosen Art naht, mit der Klopstock selbst dem König von Dänemark, Kaiser Joseph oder dem Markgrafen von Baden gegenübertrat. „Wenn einer Fürsten oder ihre Diener lobt, die es nicht verdienen" (S. 101), so begeht er Hochverrat; denn er sucht nur für sich Vorteile zu erlangen und verzichtet auf die Aufrichtigkeit seines Urteils[70]). Dem Mäzen selbst ist es Pflicht, die Lobhudelei von sich abzulehnen und dergleichen „Diener" — nicht Gelehrte! — nicht um sich zu dulden. Durch solche Handlungsweise kann er es erreichen, sich das Bürgerrecht unter den Gelehrten zu erwerben (S. 57). Wie ein Vorklang auf Schiller und Goethe, auf den Cramer später auch das Gesetz anwendet[71]), erscheint die Bestimmung, daß es nicht nur unter strenger Strafe verboten ist, als Gelehrter einen Adelsnamen zu suchen, sondern daß auch die Annahme des nichtverlangten degradiert.

Die tiefe Auffassung vom Beruf des Gelehrten, die sich in dem letzten Abschnitt aussprach, wird auch bei der Poetik und der Stellung des Genies darin behandelt werden. Ihren prägnantesten Ausdruck findet sie in dem Epigramm, das die Heiligkeit des inneren Menschen betont[72]).

> Als ihr von dem Genie die[73]) Sittlichkeit sondertet, trenntet
> Von der lebendsten Kraft, welche die Seele durchglüht,
> Jene Nährerin des heiligen Feuers — o, wißt ihr
> Auch, was ihr thatet? Ihr habt einen Tempel beraubt!"

---

[70]) Vgl. Epigramm Nr. 45. Werke V, S. 314 „Die goldnen Zeiten".
[71]) Cramer, „Menschliches Leben", VII. Stück, S. 331.
[72]) Nr. 17, Werke V, S. 302. „An..."
[73]) So muß es heißen und nicht „der", wie alle Drucke ausweisen; damit gibt es weder einen Sinn, noch kann es überhaupt grammatisch konstruiert werden.

Damit haben wir den tiefsten Kern der Gesetze getroffen, und es muß die ganz moderne Anschauung bewundert werden, mit der Klopstock seiner Zeit weit voreilte.

Es sei noch kurz die Frage nach den historischen Daten gestreift, die wir oben als äußeren Schmuck hinstellten. Klopstock selbst beruft sich allerdings auf seine „historische Genauigkeit"[74]) (S. 42), dem stehen aber mehrere Momente widersprechend gegenüber. So erstens die Bezeichnung „vermuthlich", die er (S. 102) dem Gesetze gegen die Kritiker hinzugefügt; eine passende Tatsache hält er also auch kaum dafür bereit, und er selbst müßte sich doch zumindest darüber klar sein! Zweitens ist er in den Gesetzen über die Streitschriften (S. 39 ff.) in Verwirrung geraten; denn während er § 1 auf 1733 datiert, gibt er als Zeitbestimmung zu § 2 bis 4 den „folgenden Landtag", um zum Schluß auch diesen auf dasselbe Jahr 1733 zu legen (S. 41). Am deutlichsten ist der dritte Fall, daß nach dem Kommentar zu den Gesetzen vom Hochverrat die Paragraphen 6 und 7 niemals zur Anwendung gelangt seien, da keine Objekte vorhanden waren; wie sollten dann damit bestimmte Tatsachen, wie sie allgemein substituiert werden, getroffen sein? Ich glaube, daß es sich hier nur um Haarspaltereien handelt, daß Klopstock seiner „darstellenden Methode" zu Liebe sich der historischen Form näherte und, wo ihm ein passendes Ereignis beifiel, dies auch wählte, ohne aber ein durchgehendes Prinzip damit aufzustellen. Auf die Bedeutung des Jahres 1698 („Von unsrer Sprache" S. 38) wurde schon oben hingewiesen, ebenso auf den Voltaire und Friedrich den Großen betreffenden Zusatz (S. 75). Vielleicht dürfte man auch zweifelnd bei dem Jahre 1645, das die Belohnungen für Erfinder bestimmt, an Otto von Guericke und seine physikalischen Verdienste denken, obwohl sie erst 1654 auf dem Reichstag zu Regensburg in die Erscheinung traten. Im ganzen aber sind wir der Überzeugung, daß die Jahres-

---

[74]) Pieper S. 24 sieht diese Behauptung als beweisend an.

zahlen nur so ungefähr gewählt worden sind, eine Meinung, die darin ihre Bestätigung findet, daß häufig heterogene Inhalte auf gleiche Jahre fallen sollten: von den 43 Zeitangaben zwei auf 1603, 3 auf 1652, 5 auf 1698, 4 auf 1723, 7 auf 1733, 5 auf 1745 und gar 8 auf 1757 fallen. Eher könnte man schon annehmen, daß danach die Landtage in bestimmten Zeitabständen stattfinden, da über ihre Folge weiter nichts gesagt ist. Aber ein System, wie z. B. bei der Arcadia die Olympiaden, zeigt sich nicht. Und wir treffen wohl durchaus das Richtige, wenn wir von dem Historisieren absehen; denn das Buch, das sich so geschichtlich gibt, will durchaus ein aktuelles Werk sein, alle darin enthaltenen Gesetze wenden sich an Klopstocks Zeit und deren Gelehrte, und wohl bei jedem Gesetz ist glaubhaft, daß es Klopstock gerade seinen Zeitgenossen vor Augen halten wollte. Dazu stimmen auch die Gesetze, die auf dem „Landtage" neu gegeben werden; denn sie bleiben ganz im Geist des Gesetzbuches. Das Gesetz, das nach einer altdeutschen Felseninschrift eingeführt wird (S. 398 ff.; 405 ff.) verlegt die Belohnung für Findung des Neuen in Form und Inhalt zu den alten Germanen — auch ein Beweis, wie wenig ernst es Klopstock mit diesen Angaben meint. Wenn die Dichter gegen die Kritiker vorgehen, falls sie überlebte Bücher des Auslands den Deutschen noch als lebendig aufreden wollen (S. 224), so kämpfen auch sie nur für die nationale Vortrefflichkeit der deutschen Republik und gegen den Geist der Mittelmäßigkeit. Eine neue Idee enthält höchstens das Vorgehen gegen die Freigeister (S. 316), doch ist das nun gerade eine neuere Gefahr, die Klopstock breiter ausspinnen wollte und sie deshalb in den letzten Teil aufnahm, gleichzeitig auch zum Kampf gegen Friedrich den Großen benutzte. Aber selbst hier fehlt der Anschluß zu dem übrigen nicht, da die ganze Bewegung nur durch die Nachahmung der Ausländer zu den Deutschen gekommen sei.

Was also „Salogast und Wlemar" 1769 aus alten Rollen gesammelt haben wollen (S. 30), hat Klopstock in eben diesem Jahre für seine Zeitgenossen gedacht und bestimmt[75]).

Die Beispiele der Gelehrtenrepublik.

Der Titel dieses Abschnittes bedarf einer Erläuterung. Es ist nicht unsere Absicht, der „Geschichte des letzten Landtages", die den letzten Hauptteil ausmacht, in allen ihren Verzweigungen zu folgen. Denn das rein äußerliche Beiwerk der Darstellung, die ausführliche Verhandlung mit Reden und Gegenreden, Aufenthalten und Vorgängen dient wieder nur der Einkleidung für einige wenige Tatsachen, die eine praktische Anwendung der Gesetze bringen. Nur als nähere Ausführung zu diesen dürfen wir den ganzen dritten Teil — mit Ausnahme der theoretischen Einschiebsel — auffassen. Auf Grund der Bestimmungen, die durch die Gesetze getroffen sind, wird z. B. Anklage gegen einzelne erhoben, weil sie sich gegen diese vergangen hätten. Klopstock verbindet damit eine ausgedehnte Polemik gegen alle die, die er durch die Gesetze zu treffen suchte, obwohl er dort die Polemik als strafbar deutete. Doch meinte er damit mehr Gegenschriften, die im eigenen Interesse gewechselt werden, während er im Sinne des Gelehrtenstaates (allerdings auch mit einer Ausnahme) kämpft. Beziehen sich die Anklagen auf die verschiedenen Gebiete, so hat ein anderer Teil der „Beispielsammlung" einen bestimmten Ton: die „Denkmale der Deutschen" (S. 228 ff.; 281 ff.) sind nach ihrer Form historische Epigramme, nach dem Gehalt eine Anfeuerung zur nationalen Begeisterung. Den Gelehrten und dem ganzen Volke wollen sie statt des mehr passiven Verhaltens des 18. Jahrhunderts die T a t vorhalten, und dadurch jeden auf seinem Gebiete zu höchster Kraftleistung anspornen. Teilen, die die Nation rühmen, folgen solche,

---

[75]) In diesem Jahr, und nicht wie Pieper S. 15 vermutet im Anfang des Jahres 1770, hat Klopstock die Gesetze geschrieben, wenn sie auch erst 1771 erschienen sind.

die die Treue preisen, die nationale Unabhängigkeit verteidigen und die Zerrissenheit im Inneren verdammen. Da schon die Definition der „alten Franken" (S. 6) die Abneigung der Vorfahren gegen das wissenschaftliche Forschen betont hat, wird die Handlung zum Schreiben in Analogie gesetzt, wie denn die Ähnlichkeit der beiden nach ihren Wirkungen in der Einleitung zu den Gesetzen festgehalten wurde (S. 32). Es ist hierbei mehr auf die Auswahl der kurzen Sätze Wert gelegt, die Klopstock alten Historikern entnahm[76]), meist kurz gefaßt und auf ein Wort oder einen Begriff zugespitzt. Die Form, die er ihnen dabei gab, selbst die Auswahl darf Klopstock kaum als besonderes Verdienst angerechnet werden, und Piepers diesbezügliches Urteil beruht auf falschen Voraussetzungen. Klopstocks Belesenheit war, z. B. verglichen mit der Lessings, durchaus nicht groß, wenn er auch gewiß die Berichte über die Germanen fleißig gelesen haben wird[77]). Aber noch geringer war sein Fleiß, und was ihm irgendwo bequem geboten wurde, brauchte er sich nicht erst selbst zu erarbeiten. Es ist nur ein Symptom, daß ein Teil seiner „Denkmale" eben dem Werke Leibniz' entnommen ist, das wir schon mehrfach als seine Quelle nachweisen konnten. Die „Scriptores rerum Brunsvicensium" geben kurze Stellen antiker Historiker, die sich besonders auf Niederdeutschland oder direkt auf den behandelten geographischen Abschnitt beziehen. Sollte es wirklich anzunehmen sein, daß Klopstock sich ebenfalls aus Solinus (Politica Kap. XX) den einen halben Satz herausgezogen hat, den er unter dem Titel „Uralte Verwandtschaft" (S. 236) gibt und den wir in den Scriptores (Tom. I S. 18) wiederfinden? Weitere Beispiele sind: „Der verdiente Triumph" (S. 228) Scriptores I S. 15; „Weise Enthaltsamkeit" (S. 231) Scr. I S. 6; „Der gegründete Muth" (S. 233) Scr. I

---

[76]) Vgl. Pieper S. 30 f. Anm. 1; die Nachweise ließen sich leicht vermehren, doch halte ich dies aus den ausgeführten Gründen für überflüssig.

[77]) Cramer, Klopstock in Fragmenten I, S. 135: „Was je nur Römer von Deutschen geschrieben haben, weiß er fast auswendig!" (?)

S. 32; „Wir gegen uns" (S. 235) Scr. I S. 11; „Britanniens Eroberung" (S. 241) Scr. I S. 31; „Das Recht des Vortrefflichen" (S. 292) Scr. I S. 83. Über die anderen Denkmale müssen wir also ein Urteil hinausschieben, bis uns eine ähnliche Sammelquelle nachgewiesen sein wird, die jedenfalls auch diesen zugrunde liegen k a n n. Munckers Vermutung[78]), daß unter den Denkmalen vielleicht manche Beisteuer der Freunde sein könne, wird damit hinfällig.

Schließlich sind auch die Epigramme „Beispiele", da sie die Polemik des Landtages, nur in anderer Form, fortsetzen, soweit sie sich nicht auf die Poetik beziehen, ebenso wie die Abschnitte aus dem „Guten Rath der Aldermänner" Erläuterungen und Beispiele zu den Gesetzen gaben, zu denen sie bereits herangezogen wurden. Da sie Klopstock diesen auch äußerlich angegliedert hat, können sie hier übergangen werden.

Kennzeichnend ist, daß bei den in der Gelehrtenrepublik angegriffenen Personen keine Namen genannt werden[79]), sondern durchgehend Anonymität herrscht[80]). Muncker hat mit Recht darauf hingewiesen[81]), daß Klopstock seine eigene Meinung verschleiern wollte, zum großen Teil, um durch Rede und Widerrede größere Lebendigkeit zu erzielen, eine Beobachtung, die sich über die kurzen Aufsätze im Nordischen Aufseher bis in die theoretischsten Auseinandersetzungen in den „Grammatischen Gesprächen" erstreckt. Dort werden die poetischen oder grammatischen Begriffe allegorisiert und treten selbst als Personen auf, alles nur, um einem trockenen Tone zu entgehen, ohne allerdings damit

---

[78]) S. 446.
[79]) Lessings (S. 199) und Ernestis (S. 205) Namen sind erst in die 2. Aufl., vielleicht sogar unbeabsichtigt, hineingeraten; v. Bar (S. 173) war bereits tot, und gegen Voltaire, einen Fremden, brauchte er sich keine Schranke aufzuerlegen.
[80]) Die Gelehrtenrepublik hat zwei Beispiele für Decknamen, da mit dem Epigramm „Veit" (S. 188) sicher Wieland gemeint ist und Schönaich (S. 296) unter dem Namen de la Popipiere, genannt Tauperau versteckt wird; außerdem noch das Epigramm auf Klotz V S. 335.
[81]) S. 457.

die Gefahr der Langeweile zu vermeiden. Die genauen Jahresangaben des Gesetzbuches deuteten wir schon in diesem äußerlichen Sinne, ebenso müssen wir die erdichteten Namen, die in der Gelehrtenrepublik auftauchen, auffassen und nicht wie Muncker, der auch hier bestimmte Personen suchen zu können glaubt[82]). Sie tragen in ihrer gesuchten Bildung das Zeichen der Übertreibung und fast des barocken Schnörkels an der Stirn und bedeuten eben das als N a m e n, was andere in den mutmaßlichen Trägern suchen: Gebhard von und zum Sparren, Georg Wisch, Wilibald Dickepote, Conrad Wisperling, Tobias Anshelm Faustrechtius usw. (S. 278 ff.)[83]), die als Kritiker in den verschiedenen Eigenschaften dieses Berufs charakterisiert werden.

Es ist klar, daß die nur andeutende und umschreibende Art Klopstocks es außerordentlich erschwert, jedesmal zu durchschauen, wer bei den direkten Beispielen gemeint sei, und man darf sich deshalb nicht wundern, daß erst so spät erkannt wurde, wen wir unter dem „Ungenannten" zu verstehen haben. Eine Reihe von Fragen ist auch bis jetzt noch ungeklärt, und nur durch genaue Interpretation und Vergleich mit den Gesetzen dürfen wir hoffen, zu ihrer Auflösung zu kommen.

Von besonderer Bedeutung ist die Anklage gegen Friedrich II., den „Ungenannten" (S. 173 ff.), die, obwohl sie sich äußerlich nur gegen dessen Verachtung der deutschen Sprache wendet, den ganzen Sack von Vorwürfen enthält, der sich im Laufe der Jahre bei Klopstock gegen diesen Exponenten politischen Handelns und undeutschen Denkens aufgespeichert hatte[84]). Die Begeisterung, von der er in seiner Jugend für diesen jugendlichen Führer und Sieger

---

[82]) S. 456 f.

[83]) Ferner Gel.Rep. S. 50; S. 89; 278; 279.

[84]) Diese Bedeutung der Anklage gegen den Ungenannten wurde zuerst von O. Tschirch, Ein Angriff auf Friedrich den Großen in Klopstocks Gelehrtenrepublik, erkannt. (Forschungen zur brandenburg. und preuß. Geschichte 1891 Bd. IV S. 585/91.)

erfüllt war[85]), hat sich bald gewandelt, und, ähnlich wie bei Lessing, spielte dabei die Bevorzugung Voltaires keine geringe Rolle. Gegen letzteren hatte er sich schon 1745 in seiner Abschiedsrede in Schulpforta gewandt, in der er zwar die Regelrichtigkeit der Henriade anerkannte, ohne aber darin wahren poetischen Sinn zu finden[86]). Das allein aber kann nicht Anlaß genug sein, so heftig in Fragen der Poetik und Dichtkunst Klopstock auch zu werden vermochte. Vor allem das religiöse Freidenkertum Voltaires, das wir am besten als Deismus bezeichnen, erschien ihm fast als Atheismus und Gottlosigkeit, und der Dichter des Messias ist in diesen Fragen natürlich besonders empfindlich. Dazu kommt daß Voltaire gegen alles anstürmte, was ihm leer und überlebt erschien; und wenn auch Klopstock dessen aufgeklärte politische Meinung eng verwandt war, die Ausnützung der Geschichte in propagandistischem Sinne von ihm aufgenommen wurde —, der ewige Streit, der sich in gehässigsten Polemiken und Pamphleten austobte, widerstritt aufs schärfste den darüber gegebenen Gesetzen der Gelehrtenrepublik. Nicht zuletzt und mit vollem Recht verhöhnt er Voltaires Habgier, die ja die wildesten Blüten trieb und auch z. B. Lessing zu beißendem Spott herausforderte[87]). So eben sah ein Dichter oder Wissenschaftler nicht aus, der es mit der Auffassung seines Amtes ernst nahm, wenn er bei jeder Gelegenheit auf den Gewinn blickte, und wie es Klopstock darstellt, den geforderten Bischofsposten unter den

---

[85]) „Kriegslied" (1750), Muncker-Pawel, Bd. I S. 78 f.; vgl. Muncker S. 209.

[86]) Vgl. zum folgenden: K. Kersten, Voltaires Henriade in der deutschen Kritik vor Lessing, Berlin 1904, besonders S. 62 ff.; H. A. Korff, Voltaire im literarischen Deutschland des 18. Jahrhunderts. Heidelberg 1917, pass., bes. S. 639 ff.; G. Brandes, Voltaire, Berlin 1922, Bd. I Ouverture. Gelehrtenrepublik S. 189 „Die Henriade", S. 190 „Die Pücelle d'Orleans"; Epigramme Werke V, S. 299 „Die Wundercur"; S. 321 „Vorlesung der Henriade", vgl. Herder, Adrastea, Suphan Bd. 24 S. 277; V, S. 311 „Die gewissenhafte Deklamation"; S. 332 „Malezieux' Meinung".

[87]) Gel.Rep. S. 362 ff.; Lessing (Werke herausgegeben von J. Petersen Bd. I S. 37) „An...".

10*

Freigeistern plötzlich ablehnt, weil er hört, daß keine Bezahlung dafür vorgesehen sei. Sehr niedlich ist es dagegen, daß die Freigeister, da sie „Voltaire schlechterdings auf ihrer Seite behalten mußten" (S. 363), ihm nun alle Ämter, die mit Einnahmen verknüpft sind, übertragen. Und ein solcher Mann genießt das Mäzenatentum eines deutschen Fürsten, der nicht einen Pfennig für seine Landsleute und nicht einmal Interesse für sie hat, — es sei denn für Gottsched[88])!

Zu diesem schon recht bedeutsamen Moment kommt, um den Gegensatz gegen Friedrich zu vertiefen, daß sich Klopstock politisch immer weiter von ihm entfernte, während diese Stellungnahme gegenüber Voltaire noch etwas ausgleichend gewirkt haben mag. Es sei hier darauf eingegangen, auch um nicht die Meinung aufkommen zu lassen, daß er die republikanische Form für den Gelehrtenstaat gewählt habe, um damit die Idee der Republik zu vertreten. Zwar besteht sein berühmtes Wort, daß wenn eine Nation sich einig sei zur Republik, sie es sein dürfe. Aber dies kommt in der Gelehrtenrepublik gar nicht zum Ausdruck. Wie der Begriff „Republik" zu verstehen sei, haben wir im ersten Kapitel ausgeführt, und auch Klopstock wählt gerade eine recht aristokratische Form, trotz seiner steten Begeisterung für politische Freiheit. Der Grund ist, daß wir uns hier auf ganz anderer Ebene befinden und eine Analogie von einem zum anderen nur in sehr beschränktem Maße Platz greift. Die Eroberung fremden Gebietes ist wahrhaft die große Aufgabe, die er im nationalen Sinne seiner Gemeinschaft vorsetzt: „Hinzugehn, und in jenem großen Umkreise der Wissenschaften, die Länder, welche nur halb besessen werden, ganz einzunehmen; die Mitbesitzer der andern Hälften nicht nur dadurch zu schwächen, daß wir in diesen Hälften besser als sie anbaun, sondern auch dadurch, daß wir es da thun, wo wir uns allein niedergelassen haben . . .", nirgends der falschen Kultur zu schonen, sondern solche Städte, lägen sie selbst auf dem Gebiete der französischen

---

[88]) Gel.Rep. S. 178 „Beynah nur mit dem Kennerauge des von ihm gepriesenen sächsischen Schwans...", vgl. Pieper S. 51.

oder englischen Republik, niederzureißen und überall das Zeichen errichten: „Hier sind Deutsche gewesen!" (S. 432 f.) Und noch deutlicher spricht er es aus: „Die Herrschaft einer Gelehrtenrepublik über eine andre ist an sich selbst schon gelinderer Art, als die Herrschaft derer ist, die durch Blutvergießen erobern" (S. 435). Damit nennt er den Kern, der in Oden und Äußerungen stets wiederkehrt: kein Eroberungskrieg! Seine Neigung zur politischen Republik ist nur „Haß gegen alles, was Tyranney, Despotismus und Kränkung der Rechte des Volkes nur von fern nahekommt[89])!" Wie berichtet wird, trug Klopstock stets ein Petschaft bei sich, auf den der Kopf des Brutus und ein Dolch eingraviert waren: denn wer die Rechte der Gemeinschaft beseitigen will, ist ebenso imstande, die Massen zu seinem Begehren auszunutzen, ohne nach irgendeiner Menschlichkeit zu fragen. Nicht gegen wahre Friedensherrscher schreibt er, wie denn die Verehrung für Friedrich V. und dessen Minister Bernstorff nicht nur äußerlich war, sondern demselben Boden entsprang, wie die Verherrlichung der sozialen Reformen und aufgeklärten Denkart Josephs II. Wie in der Ode „Weissagung"[90]) prophezeit wird:

„Ein Jahrhundert nur noch;
So ist es geschehen, so herrscht
Der Vernunft Recht vor dem Schwertrecht",

so kehrt der Fluch gegen den rücksichtslosen Eroberer, „welcher im Blute der Sterbenden geht"[91]), stets wieder, ohne daß damit auch der notwendige, der Verteidigungskrieg verdammt würde. Bei aller Größe, die er Männern wie Caesar, Alexander usw. zugestehen muß — wie er auch seine Achtung vor der gegenwärtigen Tat nicht verliert, vgl. die „Denkmale": „Lissa" (S. 239) und „Roßbach" (S. 283) —, bleiben sie doch, wenn sie Eroberer sind, nur T i e r e[92]).

---

[89]) Cramer, Klopstock in Fragmenten I S. 137.
[90]) IV S. 233 f., vgl. Gel.Rep. S. 91.
[91]) Ode „An den König" IV S. 101 ff.
[92]) Epigramm „Erweiterung des Thierreichs" V S. 309.

Daher begrüßt er auch die französische Revolution mit flammender Begeisterung, in der Überzeugung, daß damit dem mordenden Eroberungskrieg ein Ende gemacht sei. Die Ode „Der Erobrungskrieg"[93]) spricht dies aus, und den Unterschied zwischen Berechtigtem und Unberechtigtem bezeichnet ein „Denkmal", das er dieser als Anmerkung hinzufügt[94]): „Der Franke handelte göttlich durch die Verheißung der Nichteroberung. Dennoch beschlossen ihm Freyheitshasser Krieg. Wenn er sich nicht rüstete; so sank der göttlich handelnde unter gewöhnliche Menschen herab: gerüstet, erlag er der Gefahr des Wortbruches nicht, und machte jede bey ihm betretene Stelle zur Grabstäte. Gebot die Kriegskunst Verfolgung über die Gränze; so wurde verfolgt: aber keinen Schritt weiter, als es die Nothwendigkeit maß. Der erste Überschritt war der erste Schritt zu dem Eroberungskriege. Wenn der Verfolgende auf der Bahn dieses Krieges mit Riesenschritten fortging; so war er des gegebenen erhabnen Wortes entweder nicht werth, oder er sprach es mit einem Leichtsinne aus, den kein Sterblicher, und kein Unsterblicher verzeihen kann"[95]).

Mit diesen Anschauungen stand Klopstock zu seiner Zeit keineswegs allein. Es braucht nicht nur auf die allgemeine Begeisterung hingewiesen zu werden, mit der die französische Revolution in Deutschland aufgenommen wurde, denn sie traf hier auf ein fruchtbares Feld. Schon um die Mitte des Jahrhunderts begannen sich die Anschauungen durchzusetzen, wie denn z. B. Abbt ihnen sehr ähnlichen Ausdruck wie Klopstock[96]) gibt. Unter den Göttingern, be-

---

[93]) IV S. 335 f.; vgl. Ode „Das Versprechen" ebenda S. 360.
[94]) Ebd. S. 422. Die Besserungen gegen den Text erfolgen nach der Handschrift Klopstocks, die sich in meinem Besitz befindet.
[95]) Die Bezeichnung als „Denkmal" läßt es als nicht ausgeschlossen erscheinen, daß es für den zweiten Teil der Gelehrtenrepublik in Betracht gezogen war, der also auch auf solche politische Fragen eingehen sollte. Für die politischen Anschauungen vgl. ferner die Oden: „Ihr Tod" (auf Maria Theresia) IV, S. 251 f.; „Mehr Unterricht" (S. 254 f.); „Der jetzige Krieg" (S. 256 ff.).
[96]) „Vom Verdienste" Berlin 1765 S. 292/303.

sonders bei den Stolbergs lebte der Tyrannen- und Erobererhaß, und auch Schiller hat ihm schon früh deutlich von Klopstock beeinflußten Ausdruck verliehen[97]. Im ganzen ist dies der Geist der Freimaurerlogen, die sich um diese Zeit immer mehr ausbreiteten, und wenn wir auch glauben, daß diese auf die Form der Gelehrtenrepublik ohne Einfluß geblieben sind, so steht ihnen Klopstock in seinen humanitären Anschauungen um so näher, das beste Zeichen, daß es sich um eine Zeitströmung handelt, die nicht zuletzt von Voltaire ihren Anstoß und von Rousseau ihren schlagkräftigsten Ausdruck erhalten hatte.

So ist auch die tiefe Abneigung gegen Friedrich begründet, und die Ode „Delphi"[98]) hält ihm vor, daß als Erinnerung seiner Taten nur Blut und Tränen bleiben werden. Wie er aber in seinem verwerflichen Handeln gegen Voltaire steht, so zu Klopstocks Trauer auf religiösem Gebiet auf dessen Seite, und es ist wohl sicher, daß der Hinweis, die Fürsten scheinen der Freigeisterei nicht steuern zu wollen (S. 317)[99]) auf Friedrich geht. All das sind Gründe mehr, sich als Wissenschaftler mit den Herrschern überhaupt nicht einzulassen, in Konsequenz der Gesetze über die Maezenaten. Und obwohl d'Alembert ein Ausländer ist, beantragen die Aldermänner selbst, ihm für seine Schrift „Über den Umgang der Gelehrten und Großen" (S. 166)[100]) ein Denkmal zu setzen. In Ausführung der früher gegebenen Gesetze bestimmt nun der erste Grundsatz der Politik (S. 162 f): „Sich der Gewalt der Großen, sie möchten Altfranken seyn, oder als herrschsüchtige Kenner (denn dies wären sie gewöhnlich) der Republik angehören, dadurch zu entziehen, daß man durch sie so selten Aemter suchte als es

---

[97]) „Der Eroberer", Goedecke I, S. 40/44. Vgl. zum ganzen Problem Emma Heinemann, geb. Kracht, „Zur Geschichte der Staatsanschauungen in Deutschland während des 18. Jahrhunderts". Diss. Bonn 1915.
[98]) IV S. 281 ff.
[99]) Vgl. auch Gel.Rep. S. 352 f.
[100]) Diese Schrift wurde von Voß auf dieses Lob hin gleich übersetzt und erschien 1775.

nur immer möglich wäre . . ." und der zweite positiv ausgedrückt: „Von der Art, wie die Länder jetzt beherrscht würden, wahr und frey, aber zugleich mit . . . Mäßigung zu schreiben . . ." (S. 163). Die Anklage gegen Friedrich war am ersten Morgen des Landtages an die gegen v. Bar (S. 173) geknüpft worden, dessen Benutzung der französischen Sprache zum Anlaß diente. War hier der Anklagepunkt gegen Friedrich nur obenhin gestreift worden, so findet er an späterer Stelle (S. 382 f.) noch eine satirische, fast karrikaturmäßige Fortsetzung. In dem „Rohrdommels Verhör" überschriebenen Abschnitt erscheinen durch Beschwörung die Geister einzelner Bücher. Darunter genügt bei einem die Vorlesung der Verlagsanzeige „Ches Haude et Spener à Berlin". In diesem Verlag erschienen die „Berlinischen Nachrichten von Staats- und Gelehrten-Sachen", die unter dem besonderen Schutz des Königs standen. Unter dessen Einfluß wurde auch die Verlagsangabe am Kopf der Zeitung 1760 in „Haude et Spener" geändert[101]). Noch beweisender ist, daß zwei Werke Friedrichs mit der genau entsprechenden Bezeichnung in diesem Verlage erschienen sind[102]). Wie eine direkte Karikatur auf die Erscheinung des Königs selbst wirkt aber die Beschreibung des Geistes: „Hager, grau, wie ungebleichtes Leinen, breitköpfig war der Geist! Ein Spinnwebengesicht hatt er! Augen hatt er nicht; aber wohl eine Nase. Langnasig, spitznasig war er! . . . Wie gesagt, grau, breitköpfig war er, und spinnwebig im Gesicht, und langnasig, und spitznasig!" — Diese Stelle bildet wohl den Höhepunkt — auch den der Geschmacklosigkeit! — in Klopstocks Kampf gegen Friedrich II.

---

[101]) Vgl. E. Widdecke, Geschichte der Haude und Spenerschen Zeitung. Berlin 1925. S. 49 f., 73 f., 77 ff.

[102]) Mémoires pour servir à l'histoire des années 1744 et 1745. 1746 chez A. Haude et J. C. Spener à Berlin. — Recueil de quelques lettres et autres pièces interessantes pour servir à l'histoire de la paix de Dresde. (Dieselbe Verlagsangabe.)

Der zweite Morgen eröffnet mit drei weiteren Anklagen, von denen die erste vorläufig abgewiesen, jedoch am fünften Tage wieder aufgenommen wird. Verhandelt wird über die anderen; nach dem Texte (S. 195 f.; 197 ff.) sind es zwei, doch sind bisher beide auf ein und dieselbe Person bezogen worden. Die letztere Anklage schließt sich in der Tendenz an die des ersten Morgens an, und wenn es sich auch diesmal nicht um deutsche Schriftsteller handelt, die in fremder Sprache schreiben, so wird doch der schwere Vorwurf unnötiger Entstellung der deutschen Sprache erhoben, da der Beklagte „ohne Bedürfnis viel ausländische Worte in die Sprache gemischt" (S. 198) habe. Schwer verständlich, daß in dem Ungenannten anfangs Wieland vermutet wurde, und ein versuchter Nachweis hat schon deshalb wenig Aussicht auf Erfolg, da sich Fremdworte wohl bei fast allen Dichtern des 18. Jahrhunderts finden lassen. Hinzukommt die ungewöhnliche Achtung, mit der Klopstock den Angeklagten behandelt, während ihm und seinen Anhängern aus dem Göttinger Hain gegen Wieland kein Wort scharf genug ist; auch in der Gelehrtenrepublik bekommt er einige Seitenhiebe. Die Frage erledigt sich sehr einfach durch Nennung des Namens Lessing in der zweiten Auflage; denn während vorher der Platz durch Punkte ausgefüllt ist, erscheint er hier beim drittenmal vielleicht versehentlich. Dies hat Muncker bereits erkannt [103]) und ausgeführt, daß bei aller Achtung, selbst vor dem großen Theoretiker, eine Art, die er sonst nicht leiden mag, der Vorwurf der Sprachmischung ihm von Klopstock nicht erspart werden konnte. Jedenfalls betont Klopstock, daß die Dichter ihn überhaupt und als ihren Mitzünfter hochachteten. Muncker, und nach ihm wieder Pieper, haben diese Anklage der verbotenen Sprachmischung, die gegen Lessing nach dem Gesetz von der Sprache (§ 4, S. 37) erhoben wird, mit der der Nachahmung zusammengeworfen, die vorher (S. 195 ff.) gegen einen ebenfalls Ungenannten erhoben wurde. Nun ist zu bedenken,

---

[103]) Muncker, Lessing und Klopstock S. 189 Anm. 1; Pieper S. 44 f.

daß gegen dieses Vergehen nichts Geringeres als die Erklärung zum Knechte angedroht ist, die auch fast über den Angeklagten ausgesprochen wird, und wir dürfen eine solche Androhung gegen Lessing nicht voraussetzen. Darüber hinaus werden die verschiedenen Anklagen von verschiedenen Personen vorgebracht, und die zweite beginnt erst, mit neuer Einleitung und Entschuldigung, nachdem über die erste entschieden ist. Wo auch will man diese Nachahmung bei Lessing entdecken, der zwar die antiken Autoren sehr gut gekannt, sich in der Hauptsache aber doch von ihnen freigehalten hat. Schließlich verrät der Wortlaut selbst, wer eigentlich gemeint sei. „Daß er es allein ist, der angeklagt wird, macht ihm Ehre." Also wird der Angeklagte ebenfalls, genau wie Lessing, nicht ohne gewisse Hochachtung behandelt. Dann heißt es aber weiter: „Man würde, wenn man mit Anklagen fortführe, Gefahr laufen auf Nachahmer von der Zwitterart zu stoßen. Und wer möchte sich vorwerfen lassen, diese angeklagt zu haben?" (S. 196.) Das bezieht sich auf die Gesetze „von der Freylassung" (S. 64 f., § 2), zu denen wir schon (oben S. 136) aus dem „guten Rath der Aldermänner" den Absatz über die „gemilderte Härte" (S. 115) stellten. Wer aber ist der Nachahmer von der Zwitterart anders als Ramler, der Nachfolger des Horaz, für den die Scholiasten eintreten, obwohl „die meisten dieser Zunft weder . . . noch sein Original kennen" (S. 197). Und ganz klar wird diese Bedeutung, wenn wir neben die Äußerung, daß die meisten Aldermänner die wenigen unnachgeahmten Stücke zugleich für die schöneren hielten, Klopstocks Brief an Gleim halten[104]: „Sagen Sie mir, weiß es Ramler, daß die seine schönste Ode ist, in der er am wenigsten oder vielmehr gar nicht nachgeahmt hat? — Und wenn er es weiß, hat er nicht Lust, daraus zu folgern, was wirklich daraus folgt? —." Wir werden auch nicht unrecht haben, wenn wir in Verfolg dieser Anschauung das Epigramm

---

[104] 7. September 1769. Clamer Schmidt Bd. II, S. 113; vgl. Cramer, Klopstock in Fragm. Bd. I, S. 235 f., der diese Stelle der Gelehrtenrepublik ebenfalls schon auf Ramler bezogen hat.

„Sitt und Weise der Neuern" (S. 187) ebenfalls auf Ramler beziehen:

„Die Römer sind es euch, die Griechen laßt ihr liegen:
Ihr nehmt das Ey, und laßt die Henne fliegen."

Damit sind aber die Vorwürfe gegen diesen von Klopstock immerhin geschätzten Dichter nicht erschöpft, dem er ebenso wie seinem Freunde Gleim ja auch den Vorwurf der Verehrung Friedrichs macht. Gleich ein anderes Epigramm der Gelehrtenrepublik „Vom rechten Gebrauche der Feile" (S. 188) geht deutlich an dieselbe Adresse und wird wieder durch eine briefliche Äußerung an Gleim in dieser Tendenz bestätigt [105]). Hier wie dort tritt die Bestätigung durch Cramer hinzu [106]):

„Willst du dein Bild vom Untergange retten;
So mußt du es so sehr nicht glätten.
Der Arm, an dem so viel die Feile macht und schafft,
Die gar zu helle Stirn
Hat keine Kraft,
Und kein Gehirn."

Es braucht hier nicht mehr näher ausgeführt zu werden, wie Ramlers Sucht zu korrigieren und zu feilen, im 18. Jahrhundert beinahe sprichwörtlich geworden ist und wie es selbst Lessing in der Logau-Ausgabe zu spüren bekam.

Eine weitere Anklage wird am 5. Morgen erhoben, und zwar trifft sie ein Gebiet der literaischen Betätigung innerhalb der Gelehrtenrepublik, das wir ebenfalls bei den Gesetzen zu besprechen bereits Gelegenheit hatten. Die Ankündiger und Ausrufer sollen, soweit sie sich gegen die Gesetze vergangen haben, zur Rechenschaft gezogen werden, und da sind es zwei Bestimmungen, die in erster Linie in Betracht kommen: daß diese Kritiker „viel Ge-

---
[105]) 2. September 1769, ebd. Bd. II S. 111.
[106]) Klopstock in Fragm. Bd. I, S. 92.

schwätz zu wenigem Inhalte" machen, läßt sie sich gegen den Grundsatz der Bedeutsamkeit und des Neuen vergehen, und daß sie sich ein Richteramt angemaßt haben, zeigt ihre Überhebung und bedroht die Freiheit der Meinung. Uns interessiert besonders, auf wen Klopstock dabei zielt, wenn er sagt: „Die Kritiker handeln auch hinter dem Rücken, indem sie ihre Namen verschweigen. Nur die sehr wenigen dürfen ihre Namen verschweigen, (eine ganz andre Frage ist es, ob sie es thun sollten, und ob sie nicht manchmal mißvergnügt mit sich gewesen sind, es gethan zu haben) die sehr wenigen, sag ich, welche den Verstand, die Kenntniß, die Wissenschaft und den Willen haben, gerecht zu seyn. Diese werd ich auf Erfordern anzeigen..." (S. 265).

Trifft ersteres auf eine ganze Anzahl von kritischen Organen zu, so ist die Auswahl für die von Klopstock geschätzten Rezensenten, die sich hinter Anonymität verbergen, sehr gering, doch gehen wir kaum fehl, wenn wir dafür Gerstenberg einsetzen, einen Mann, mit dem Klopstock gerade in der letzten Kopenhagener Zeit sehr intim war, in dessen Hypochondristen die Gesetze der Gelehrtenrepublik zuerst gedruckt wurden, und dessen „Briefe über die Merkwürdigkeiten in der Literatur" ganz in Klopstocks Sinne kämpften. Schwieriger ist schon auszumachen, welche kritischen Organe Klopstock mit den schlechten meinte, und da hilft uns die Suche weiter, die auf dem Landtag nach dem Unbekannten unternommen wird. Viele melden sich freiwillig, doch bleibt der Mann, der vor kurzem behauptet hatte, „daß er wenigstens hundert tausend Stimmen hätte" (S. 275; 305), unaufgefunden. In Wirklichkeit handelt es sich in der anonymen Kritikergemeinschaft um niemand anders als die Berliner Gruppe um Nicolai, und der Kritiker mit den hunderttausend Stimmen ist der Rezensent von Klopstocks „Geistlichen Liedern"! Dieser hatte in der Allgemeinen deutschen Bibliothek (Bd. 15, 1. Stück, S. 134/36) den zweiten Teil besprochen und getadelt, daß der Ton für den üblichen Kirchenbesucher viel zu dichterisch sei und von diesem nicht verstanden werden könne. Zum Schluß bemerkt er, mit Rücksicht auf das von Klopstock projektierte Gesangbuch: „Dürften wir den großen Mann, der damit ein gutes Werk stiften wird, im Namen einiger hundert tausend einfältiger und im Namen anderer hundert tausend sonst verständiger Christen deutscher Nation, die aber keine Dichter sind, und sich zu der Höhe des Klopstockschen Geistes im Denken und empfinden nicht erheben können, um etwas ersuchen, so wäre es dieses, daß er von seinen eigenen Gesängen nur die allersimpelsten, die jedweder Mensch verstehen kann, aussuchen und darneben Neanders vortreffliche Lieder nicht ganz übersehen möchte." Der Verfasser der Rezension ist nicht genannt[107]), Grund, ihn auf dem Landtag suchen zu lassen. Jedenfalls ist diese Stelle auch insofern bemerkenswert, als sie allein persönliche Polemik für Klopstock selbst treibt, während er sonst nur den uneigennützigen Standpunkt vertritt[108]). Es sei immerhin noch die Möglichkeit zur Erwägung gestellt, daß auch eines der Epigramme dieselbe Spitze enthält und auf Nicolai, den Verleger und Kritiker zugleich, zielte: „Frage, die gleichsam zur Sache zu gehören scheint" (S. 187).

„Er, sagt er,
Ist Richter, und Verklagter,
Wer schreibt. O du vom Herrn Verleger
Gemietheter, wer ist denn Kläger?"

Natürlich können auch die Kritiker ganz allgemein hiermit gemeint sein.

Hatte die Anklage gegen Ramler die Nachahmung der Antike an einem „Beispiel" veranschaulicht, so diente zur Verdeutlichung der modernen Ausländerei der Kampf gegen Wieland, der allerdings nur verhältnismäßig wenig

---

[107]) Cramer, Klopstock i. Fragm. Bd. I, S. 120 f. „... geurtheilt wie ein berliner Kritikus! Und wenn Sie wollen, wie der, der im Nahmen von 100 000 Stimmen Ihre Lieder verurtheilte! (s. Gelehrtenrepublik S. 306)."

[108]) Nach Parthey, Die Mitarbeiter von Fr. Nicolais Allgemeiner Deutscher Bibliothek. (Berlin 1842) bedeutet die Sigle „𝔄" den Prediger Lüdke in Berlin.

herangenommen wird. Wieland war ja nicht besonders wählerisch in seinen Vorbildern und ob es Xenophon[109]) oder ein lateinischer Schriftsteller war, ob ein Spanier, Franzose oder Engländer, jedem versuchte er nachzueifern. So hat man die „Wundergeschichte" (S. 152) mit Recht auf Wieland bezogen[110]), auch von den Epigrammen der Gelehrtenrepublik gehen zwei sicher auf dasselbe Ziel, das erste, das sich nur auf das Antikisieren bezieht, „die Chronologen" (S. 186), während das andere Wielands chamäleonartige Verwandlungsfähigkeit verspottet: „Veit" (S. 188).

„Da hat er's nun! bekommt, wie Janus, zwey Gesichter!
Doch warum ahmt er auch itzt Frankreichs Dichter,
Itzt Engellands, so unablässig nach?
Scharfsinn sprech' itzt seine Miene, Tiefsinn itzt, wie's
[Urbild sprach,
Meint ihr. Nachgebehrdung würde ja auch dieß nur seyn,
Angenommnes, fremdes Ding, nichts mehr; allein
Veit macht ja nur Gesichter."

Noch eine recht rätselhafte Persönlichkeit tritt auf dem Landtage auf, der Sieur de la Popepiere, genannt Tauperau, ein Mann, der behauptet, aus wenigem viel und aus nichts etwas machen zu können (S. 296 ff.). Wenn man auch diese Gestalt als Satire auf die Überhebung der Franzosen deutete[111]), so hat Pieper — und das halte ich für seinen verdienstvollsten Beitrag zur Erklärung der Gelehrtenrepublik — zuerst darauf hingewiesen, daß es sich auf Schönaich und dessen „ganze Ästhetik in einer Nuß" bezieht. Dort[112]) behauptet der Verfasser, daß es dem Dichter möglich sei,

---

[109] Epigr. „Das Lächeln und die Lache". Bd. V. S. 306.
„Was von der Griechen Geist du für Schildrung doch pinselst! Mit welcher
  Miene, wenn er sie säh, blickte wohl Xenophon hin.
Nicht mit Lächeln, wie Xenophon, mit lautwerdender Lache
  Würd' Archilochos sie und Aristophanes sehn."
[110] Pieper S. 58.
[111] Vgl. Pieper S. 57 f.
[112] Herausgegeben v. Köster, Deutsche Literaturdenkmale des 18. und 19. Jahrhunderts, Berlin 1900 S. 9.

aus nichts etwas zu machen. Zu dieser Deutung stimmt auch sehr gut das Auftreten des „französisch-deutschen Hans Wurst", der sicher auf Gottsched und seine Schule geht.

Der Vollständigkeit halber sei erwähnt, daß Pieper[113] den Abschnitt „Nicht gehaltnes Versprechen" (S. 127 f.) wohl mit Recht auf Bodmer bezieht, dessen theoretischen Erkenntnissen mangelndes eigenes Dichtervermögen gegenüberstand, wie z. B. die „Noachide" als Epos mißglückte. Ebenso liegt die Beziehung der „Vergleichungssucht" (S. 131) auf Herder nicht fern, und zu den von Pieper[114] beigebrachten Belegen läßt sich noch auf Cramers[115] gleiche Verwendung dieses Gedankens verweisen. Vielleicht haben wir auch nicht unrecht, die „Ungekannte Gleichheit" (S. 153 f.) auf Hamann zu beziehen, wenn Klopstock behauptet, „in einer gewissen verfeinerten Schreibart" einen „falsch verstandenen Atticismus" zu finden, wobei an die „Sokratischen Denkwürdigkeiten" zu erinnern wäre, die zugleich „die Sitt und Weise der Scholastiker wieder aufwärmen" wollten.

---

[113] S. 58 f.
[114] S. 59.
[115] Klopstock in Fragm. I. S. 236.

Die Poetik.

Goethes Urteil über die Gelehrtenrepublik [1]), die „Einzige Poetik aller Zeiten und Völker, die einzigen Regeln, die möglich sind!", war Grund genug, diesem Teil des Buches größeres Interesse zuzuwenden, als dem übrigen, äußerlich nicht sehr reizvollen Gemisch von Form und Inhalt. Aber auch die poetischen Anschauungen sind nicht etwa systematisch vorgetragen, der einzige Abschnitt, der sich ausschließlich damit befaßt (S. 309—313), gibt nur einen Ausschnitt, und die darin geäußerten Anschauungen müssen in Verbindung mit den übrigen verstreuten Bemerkungen aufgefaßt werden. Eine größere Zahl der Winke aus dem „guten Rath der Aldermänner" und der Epigramme gehören hierher; doch müssen wir zur schärferen Formulierung der aphoristischen Gedanken die übrigen Epigramme, Oden und Prosaaufsätze heranziehen. Die Auseinandersetzungen von Muncker [2]) und Pieper [3]) gehen trotz größerer Ausführlichkeit an dem Kern vorbei, höchstens in der Dissertation von Martha Haebler [4]) ist ein Teil des interessanten Problems erkannt.

Es müßte für uns schon von eigenartigem Interesse sein, einen Versuch zur Begründung des Goetheschen Urteils

---

[1]) Brief an Schönborn, 8. Juni 1774. Jugendbriefe, herausg. v. Roethe S. 188. — Vgl. Klinger, „Das leidende Weib" (Sturm u. Drang, hrsg. v. K. Freye. Bd. II, S. 9 ff. „Von der Republik sagte er, sie sei die größte Poetik, die je geschrieben worden." Mit dem dort genannten Lehrer des Griechischen ist wahrscheinlich der von Klopstock verspottete Ernesti gemeint. — Ferner: Schubart, Deutsche Chronik, 48. Stück, 12. Sept. 1774 S. 383 f. — Die Basler Diss. von Paul Herzog, Die Wirkung von Klopstocks Gelehrtenrepublik auf den Sturm u. Drang (ungedr.) war mir leider nicht erreichbar.

[2]) S. 457 ff.
[3]) S. 32 ff.
[4]) M. Haebler, Klopstocks Anschauungen vom Wesen der Dichtung. Diss. Erlangen 1923 (Maschinenschrift).

zu machen, doch nach Lektüre der betreffenden Abschnitte bei Muncker oder Pieper fragt man sich verwundert, wie ein so begeistertes Lob entstehen konnte. Dazu hilft uns nur eine subtile historische Auffassung, die uns lehrt, daß von Klopstock wirklich entscheidend Neues darin vorgebracht wird, und während er noch mit einzelnen Meinungen den Schweizer Theoretikern nahesteht, reicht er mit andern direkt bis in die Klassik. Es kann nicht genug unterstrichen werden, daß Klopstock in der Gelehrtenrepublik einen neuen Begriff geprägt hat, der heute so Bestandteil unserer Alltagssprache geworden ist, daß wir das von ihm Gegebene erst durch tiefdringende Analyse zu erkennen vermögen.

Versucht man von dem Aufbau der Gelehrtenrepublik aus, Klopstocks Poetik näher zu kommen, so muß zugestanden werden, daß durch die verschiedenartige Verwendung gleicher Termini das Verständnis außerordentlich erschwert ist, und dieser Schwierigkeit ist besonders Pieper erlegen. Schon bei der Erörterung über die Einteilung der Zünfte hatten wir auf die zwei-, ja dreifache Verwendung der Worte Erfindung und Darstellung hingewiesen, hier tritt noch die doppelte Bedeutung des Ausdrucks „Nachahmung" hinzu, und bedauerlicherweise können wir nicht immer entscheiden, welche Bedeutung eigentlich gemeint sei. Um Mißverständnissen zu entgehen, gleichzeitig eine feste Grundlage für unsere Untersuchung zu haben, seien noch einmal die verschiedenen Verwendungsmöglichkeiten zusammengestellt.

Die Dichter gehören als Zunft zu den „darstellenden", da sie in der Form „Theorie haben", sie sind Erfinder, „theils durch die Erdichtung" — Inhalt —, „theils durch neue Arten der Darstellung" — Form. Neu muß also eines von beiden wenigstens sein; ist es dies aber nicht, so stehen wir wieder zwischen Scylla und Charybdis: wer „nachahmt", folgt entweder einem künstlerischen Vorbilde oder — der Natur. Ersteres schließt die Originalität des Dichters aus, das zweite vielleicht den Dichter überhaupt. Eine noch viel engere Auffassung, als sie Klopstock in der Gelehrtenrepublik vorträgt, finden wir in dem Aufsatz des von ihm so hoch geschätzten D. Young, „Gedanken über die Originalwerke" [5]), die uns zugleich den ganzen Fortschritt Klopstocks erkennen läßt.

„Die Nachahmungen sind von doppelter Art. In einigen wird die Natur, in anderen werden die Autoren nachgeahmt. Wir nennen die erstere Originale und behalten den Namen der Nachahmung nur für die letztere . . ." [6]). Damit, daß Klopstock auch die erstere als Kennzeichen eines Dichters ablehnt und den Begriff des Originals ganz anders zu formulieren vermag, steht er in seiner Zeit durchaus nicht allein, Natur und Dichter stehen in ganz anderem Verhältnis zueinander, und die Auffassung Batteux' ist schon lange nicht mehr die maßgebende. Klopstock geht aber auch über seine Zeitgenossen, selbst über Lessing, dessen Einwirkung durch den Laokoon deutlich fühlbar wird, weit hinaus, indem er zwar den Stoff der Dichtung wie jene gelten läßt, einen ebensolchen Akzent aber auf die Form legt, die — wenn auch von Klopstock selbst noch nicht klar erkannt — von durchschlagender Bedeutung wird. Charakteristischerweise können wir den ganzen Extrakt der Klopstockschen Poetik nicht besser ausdrücken, als durch eine der Votivtafeln Schillers, der dieser ebenfalls den Titel „Der Nachahmer"[7]) gibt:

„Gutes aus Gutem das kann jedweder Verständige bilden,
Aber der Genius ruft Gutes aus Schlechtem hervor.
An Gebildetem nur darfst Du, Nachahmer, Dich üben,
Selbst Gebildetes ist Stoff nur dem bildenden Geist."

---

[5]) In einem Schreiben des D. Young an dem [!] Verfasser des Grandison. Leipzig 1760 S. 15 f.

[6]) Diese Definition benutzt z. B. noch E. Meiners, Grundriß der Theorie und Geschichte der schönen Wissenschaften. Lemgo 1787, S. 45. „Das Wort N a c h a h m u n g wird in einer andern Bedeutung gebraucht, wenn von Nachahmung der Natur und in einer andern, wenn von Nachahmung der Werke der Kunst, und des Genies die Rede ist."

[7]) Schiller, Philosoph. Schriften und Gedichte, herausgegeben v. Kühnemann. Philos. Bibliothek Bd. 103 (1902) S. 312, vgl. ebd. „Der Genius".

Was Schiller mit „Bilden" und „Gebildetem" bezeichnet, ist bei Klopstock „Darstellung", geformter Stoff oder reine Form. Erst in einer seiner spätesten Oden findet er selbst den adaequaten Audruck für einen Inhalt, der bereits in der Gelehrtenrepublik seiner Auffassung zugrunde lag.

> (Der Nachahmer:) „Gleichest Du mir etwa nicht? Denn ahmest Du nicht die Natur nach?
> (Der Erfinder): Gleichen? Ein rötherer Morgen gebar Deinen Freund. Nur selten ward die Natur von
> [den Griechen
> Nachgeahmet; er stellte sie dar"[8]).

Die arge Doppelheit des Terminus „Erfinden" wird uns klar, wenn wir daneben das ebenso gemeinte, aber anders gefaßte Epigramm von 1773 halten [9]:

> „Nachahmen soll ich nicht; und dennoch nennet
> Dein lautes Lob mir immer Griechenland? —
> Wenn Genius in Deiner Seele brennet,
> So ahm' den Griechen nach. Der Griech' erfand!"

Bei der folgenden systematischen Darstellung von Klopstocks poetischer Theorie ist zu bedenken, daß er zum Teil selbst eine Entwicklung durchgemacht hat, oder besser ausgedrückt, sich erst langsam zu dem entscheidenden Teil seiner neuen Begriffsbildung durchringen konnte.

Daß hier ebenso wie bei dem wissenschaftsphilosophischen Teil der Gelehrtenrepublik Systematik der Regeln mangelt, ergibt sich nicht nur aus Klopstocks Abneigung gegen Theorie überhaupt; in der Poetik ist dies tiefer begründet, da er ebenso wie die Stürmer und Dränger, besonders Hamann und Herder, einen praktischen Nutzen der Regel nicht zu erkennen vermag. Aber es darf nicht so verstanden werden, daß er etwa jeder Regellosigkeit das Wort redet. Schon oben (S. 132) wiesen wir darauf hin,

---

[8] „Der Nachahmer und der Erfinder" (1796) Bd. IV S. 387 f.
[9] „Aufgelöster Zweifel" (aus dem Göttingischen Musenalmanach) Bd. V. S. 327.

daß der „wilde Mann" des Sturms und Drangs, der glaubt, im Gegensatz zu den schönfärbig und modisch gekleideten Leuten nackt herumlaufen zu müssen, durchaus nicht Klopstocks Meinung vertritt. Ein Epigramm der Gelehrtenrepublik läßt uns die positive Anschauung erkennen: „Von Wenigen bemerkter Unterschied" (S. 191).

„In zwanzig Versen des Homer
Liegt wahrer tiefgedachter Regeln mehr,
Als in des Lehrbuchs ausgedehnten, bis zum Schlafen
Fortplaudernden zehn hundert Paragraphen"[10]).

In diesem Sinne behaupten wir, daß Klopstocks Ablehnung der Regeln hier tiefer begründet ist, da er ja allgemein Regeln anerkennt, nur keine allgemeinen, die für jeden Fall Gültigkeit haben sollen. Lassen wir vorläufig den Begriff des Genies außer Betracht, da ja dieses die göttliche Stunde außerhalb aller Gesetze zu stellen vermag, so ergibt die Ausdeutung des Epigramms den Begriff des immanenten Gesetzes, das, wie es Klopstock zur Definition der Darstellung sagt, „Theorie in sich hat" (S. 12). Ohne daß Homer nachgeahmt wird, vermögen wir aus genauem Studium seines Werkes zu lernen, wie er den Inhalt, den er behandelt, formt und wie er die Wirkungen, die er erzielen will, erreicht. Hatten wir oben behauptet, daß Klopstock im Gegensatz zu Young und dessen Auffassung des Originals stehe, so erscheint die dort gegebene Definition [11]) der zweiten Art der Nachahmung fast wie die Anregung zu Klopstocks Epigramm: „Dürfen wir denn, werdet ihr sagen, die alten Schriftsteller gar nicht nachahmen? Ja, ihr dürft

---

[10]) Daß Klopstocks Anschauungen im Kreis seiner Freunde und Anhänger bekannt waren, schon ehe sie in endgültiger Form veröffentlicht wurden, daß sie vielleicht auch dort zirkulierten, zeigt eine Stelle in Christian H. Schmids Theorie der Poesie. I. Bd. (1767) S. 9: „Durch Lesung kritischer Werke, noch mehr durch die Aufmerksamkeit auf das Schöne selbst — auf einem Blatte von Virgil ist nach Klopstocks Ausspruch mehr wahre Kritik, als bey zwanzig Lehrern der Kunst — wird der Geschmack des Liebhabers gewiß ... verfeinert."

[11]) Ebd. S. 13.

es; aber ahmet sie nur gehörig nach. Nicht der ahmt den Homer nach, der die göttliche Iliade nachahmt; nur der ahmt den Homer nach, der eben die Methode wählt, die Homer erwählte, um die Fähigkeit zu erlangen, ein so vollkommenes Werk hervorzubringen. Folget seinen Fußtapfen bis zu der einzigen Quelle der Unsterblichkeit nach; trinket da, wo er trank, auf dem wahren Helikon, nämlich an der Brust der Natur. Ahmet nach, aber nicht die Schriften, sondern den Geist. Denn könnte man nicht dieses Paradoxon als einen Grundsatz annehmen? Daß wir, je weniger wir die berühmten Alten copieren, um so viel mehr, ihnen ähnlich seyn werden." Diese Definition konnte Klopstock vollständig unterschreiben, wenn er auch unter Natur etwas anderes verstehen wird. Sein Mittel, die Methode Homers zu erkennen, sieht er in der Beobachtung der Wirkungen, und zu deren Erkenntnis nützt nichts besser als E r f a h r u n g. Bei der Auseinandersetzung seiner Gegnerschaft gegen die rein logische oder erkenntnistheoretische Philosophie hatten wir schon auf die — von den Engländern vielleicht unabhängige — Hinneigung zur empiristischen Philosophie hingewiesen. Dieser Überzeugung gibt er in Beziehung auf philosophische Lehre und poetische Theorie im zweiten Epigramm der Gelehrtenrepublik das Wort: „Vorschlag zur Güte" (S. 185).

„Nun endlich sind wir doch dahin gekommen!
Erfahrung hat den Platz, der ihr gebührt, genommen!
Sie ist's in der Philosophie;
Sie ist es in der Theorie
Des Dichters, und auch da nur sie!"

Denn ohne sie ist das allgemeinste und das speziellste Urteil nichts als „Geschwätze". Und sachlich finden wir denselben Gedanken, nur etwas präziser formuliert, in dem theoretischen Abschnitt: „Vorschlag zu einer Poetik, deren Regeln sich auf die Erfahrung gründen" (S. 313 ff.). Gleich der erste Absatz drückt noch einmal den Zweifel an einem Gesetz in der Poetik aus: „Wir werden die Natur unsrer

Seele nie so tief ergründen, um mit Gewißheit sagen zu können, diese oder jene poetische Schönheit muß diese oder eine andere Wirkung n o t h w e n d i g hervorbringen"[12]). Dagegen hilft nur ausgedehnte Sammlung einzelner Erscheinungen: der Theorist, der wahre Regeln festsetzen will, muß erfahren und die Erfahrungen anderer sammeln, indem er ihnen Gedichte vorliest und die Wirkungen beobachtet[13]). Eines ist dabei noch immer rationalistisch: daß Klopstock den Wirkungen nachgeht, statt allein den Bedingungen des Stoffes zu folgen. Aber bereits in der Gelehrtenrepublik spüren wir, wie Klopstock gegen diese letzte Schranke ankämpft, die er dann in einer etwas späteren Ode auch überwindet[14]):

„Bürdet ihr nicht Satzungen auf dem geweihten
Dichter? erhebt zu Gesetz sie? und dem Künstler
Ward doch selbst kein Gesetz gegeben,
Wie's dem Gerechten nicht ward.
Lernt: Die Natur schrieb in das Herz sein Gesetz ihm!
Thoren, er kennt's und, sich selbst streng, ist er Thäter ..."

Damit ist der Künstler als Selbstschöpfer konstituiert, der große Schritt über Lessing und die Aufklärung hinaus getan; bei Erörterung des Geniebegriffs kommen wir darauf zurück.

Ziehen wir aus Klopstocks Ablehnung der Regel die Konsequenz, so kommen wir zu dem Schluß, daß wir allgemeine Regeln für spezielle Fragen nicht erwarten dürfen; um so schärfer untersucht er die allgemeinen Probleme von

---

[12]) Vgl. den gleichen Ausdruck S. 16: „Erfinder könnten die Theoristen der schönen Wissenschaften nur alsdann seyn, wenn es anginge, aus der Natur der Seele n o t h w e n d i g e Regeln des Schönen zu erweisen. Sie thun genug, wenn sie durch eigne und durch Andrer E r f a h r u n g die Wirkungen bemerken, welche das Schöne hervor bringt, und so geführt die Beschaffenheit desselben bestimmen."

[13]) Vgl. den Aufsatz aus dem Nordischen Aufseher: „Gedanken über die Natur der Poesie" Werke Bd. X. S. 217: „Der Gegenstand ist gut gewählt, wenn er gewisse durch die Erfahrung bestätigte starke Wirkungen auf unsere Seele hat."

[14]) Bd. IV. S. 278 „Aesthetiker."

Stoff und Form, um auch hier über den Standpunkt seiner Zeitgenossen hinauszudringen. Schon oben wurde gesagt, daß er als Stoff die reine Nachahmung der Natur ablehnt; dies ist hier näher zu begründen, und wir tun es am besten, indem wir Klopstock selbst zu Worte kommen lassen. „Batteux hat nach Aristoteles das Wesen der Poesie mit den scheinbarsten Gründen in der Nachahmung gesetzt. Aber wer thut, was Horaz sagt: ‚Wenn du willst, daß ich weinen soll; so mußt du selbst betrübt gewesen seyn!' ahmt der bloß nach? Nur alsdann hat er bloß nachgeahmt, wenn ich nicht weinen werde. Er ist an der Stelle desjenigen gewesen, der gelitten hat. Er hat selbst gelitten . . . .“[15]). Diese Theorie legt die Leidenschaft zugrunde, die der Dichter empfunden haben muß, wenn er sie anderen mitteilen will, eine Anschauung, die so alt ist wie wahre Poesie überhaupt, im 18. Jahrhundert erst von den Schweizern wieder aufgenommen, dann von Sulzer, Lessing usw. vertreten wird. Das ist aber nur die Wiedergabe der Wirkung, die man am eigenen Leibe verspürt hat, also bereits eine Entsprechung der realen Vorgänge. Diese selbst sind — das fühlt Klopstock sehr deutlich — für uns durch Worte nicht faßbar, wir müssen nur versuchen, stets den a d a e q u a t e n Ausdruck für ein Gefühl oder einen Vorgang zu suchen. Wenn er andererseits verlangt, daß die Darstellung möglichst bis zur Täuschung des Lesers oder Hörers getrieben werden soll, so weiß er sehr wohl, daß wir uns in der Poesie auf einer vollständig anderen Ebene als in der Wirklichkeit befinden, daß der Dichter gar nicht versuchen darf, die Realität der Welt durch das Symbol des Wortes zu ersetzen: „Nachahmung, der das Urbild spottet durch lallende Göttersprache!“[16]) Bereits Johann Elias Schlegel hat gesehen, daß zwischen der poetischen Wiedergabe und dem Realen Unterschiede bestehen, und wenn Breitinger fordert, daß die Grundlage des Wunderbaren poetische Wahrheit, nicht Wirklichkeit

---

[15]) „Gedanken über die Natur der Poesie." Bd. X. S. 217. Vgl. Chr. H. Schmidt, Theorie der Poesie. Leipzig 1767, Teil I S. 18 f.
[16]) Ode „Verschiedene Zwecke." Bd. IV, S. 248.

sei, befindet er sich auf demselben Wege. Zufälligerweise kommt Gerstenberg auf dasselbe Problem in seiner Rezension über Klopstocks „Hermanns Schlacht", und das Beispiel ist speziell deshalb interessant, da es den Begriff auf Klopstock selbst anwendet[17]): „Unter der theatralischen Nachahmung der Natur verstanden die Alten etwas anderes, als die Neuern. Ihr Zweck war niemals, die Nachahmung in dem Grade illusorisch zu machen, daß sie mit der Natur selbst hätte verwechselt werden können. Wir wollen hier nicht untersuchen, ob sie darin Recht oder Unrecht hatten . . . es erhellet augenscheinlich, daß sie niemals die Absicht gehabt, die Natur, wie sie wirklich ist, sondern eine zweyte dichterische Natur zu treffen, die mit jener vornämlich in der Ähnlichkeit ihrer künstlerischen Wirkung übereinstimmt". Klopstock selbst hatte noch zehn Jahre vorher die entgegengesetzte Meinung vertreten, wenn er sagt[18]): „Die A b s c h i l d e r u n g der Leidenschaften ist dasjenige, was in einem guten Gedichte herrschen soll". In der Gelehrtenrepublik aber erkennt er den großen Bruch und spricht es etwas dunkel, aber doch mit der richtigen Spitze aus: „Das Urbild ist der Baum, die Nachahmung sein Schatten; und dieser ist immer bald zu lang, und bald zu kurz, nie die wahre Gestalt des Baums . . . . Schatten ohne Saft und Kraft, Bildung ohne Schönheit. Sieh nur die heilige Eiche, die edle Tanne an, und hierauf ihre Schatten. Und wenn nun vollends (der gewöhnliche Fall) eine ganze Baumgruppe in eine ungestalte Schattenmasse zusammen fließt" (S. 117 f.)[19]). Wenn wir auch zugeben, daß dieser Abschnitt

---

[17]) Gerstenberg: Rezensionen. D.L.D. Bd. 128 S. 280 f.
[18]) „Von der Sprache der Poesie." Bd. X. S. 208
[19]) Ein Abschnitt aus Goethes spätesten „Maximen u. Reflexionen zur Kunst" (Ausg. letzt. Hand. Bd. 44, S. 245 f.), der seine „klassische" Auffassung zur Geltung bringt, zeigt eine überraschende Ähnlichkeit mit Klopstocks Formulierung: „Und gesetzt, der Gegenstand wäre gegeben, der schönste Baum im Walde, der in seiner Art als vollkommen auch vom Förster erkannt wurde. Nun, um den Baum in ein Bild zu verwandeln, gehe ich um ihn herum und suche mir die schönste Seite. Ich trete weit genug weg, um ihn völlig zu übersehen; ich warte ein günstiges Licht ab, und nun soll von dem Naturbaum noch viel auf das

als Umschreibung der Nachäffung aufgefaßt werden könnte[20]), so liegt doch die hier genommene Beziehung näher, zumal wenn wir den Ton auf die „Bildung" legen. Noch deutlicher wird dies, wenn wir auf die oben zitierte Gegenüberstellung von Darstellung und Nachahmung verweisen, die denselben Gedanken, nur jetzt mit dem neu gefundenen Begriff umschreibt.

Ehe wir uns aber dem grundlegenden Begriff der Darstellung zuwenden, müssen wir uns fragen, was Stoff der Dichtung sein darf, und ob Klopstock diesen allein auf die Natur beschränkt sehen will. Daß der Abschnitt „Von der Entdeckung und der Erfindung" (S. 116 f.), wie es bei Muncker und Pieper geschieht, auf die Dichter anzuwenden sei, glauben wir nicht; denn die hier gegebene Definition läuft seiner ganzen übrigen Theorie zuwider. „Wer erfindet, setzt Vorhandenes auf neue Art und Weise zusammen". Sollen wir wirklich glauben, daß der größte Nachfolger Miltons die aus diesem Dichter abgeleiteten Erkenntnisse der Schweizer Theoretiker so verleugnete, daß er eine Definition gibt, in der für das Wunderbare auch nicht der geringste Raum bleibt? Die Auseinandersetzung bezieht sich eben auf die Wissenschaften, in denen auch der Ausdruck „Entdeckung" eine berechtigte Stelle findet. Aber nach einer festen Umschreibung werden wir bei Klopstock vergebens suchen. Nur die „jungen Dichter" (S. 122) weist er auf die Untersuchung des Menschen als Materie hin, da erst diese Kenntnis eine sichere Grundlage zu gewähren vermag. Sonst aber predigt er die Erfindung als das schöpferisch Neue, das der Dichter hervorbringen soll; um so überraschender, daß er die Regel für den Stoff nach der Beschaffenheit und dem Zustand der Dinge, die um den Men-

---

Papier übergegangen seyn! — Der Laie mag das glauben; der Künstler, hinter den Coulissen seines Handwerks sollte aufgeklärter seyn. — Gerade das, was ungebildeten Menschen am Kunstwerk als Natur auffällt, das ist nicht Natur (von außen), sondern der Mensch (Natur von innen)."

[20]) So Pieper S. 35, der aber die Doppeldeutigkeit des Begriffs gar nicht bemerkt. (Vgl. oben S. 134 Anm. 60.)

schen her sind, nehmen will (S. 153). Damit gibt er aber nur ein Regulativ, keine Regel, es ist der Maßstab, an dem wir unsere Erfindungen zu messen haben, damit wir nicht ganz den Boden des Faßbaren unter den Füßen verlieren; also im einzelnen wird die Erfahrung als Grundlage genommen, wie vorher für Auffindung der Regeln überhaupt, und ebenso ist der einzige Leiter, dem der Dichter zu folgen vermag, die Wirkung, die er hervorbringen will. „Wer erfindet, der sinnt entweder die Ursachen zu schon vorhandnen Wirkungen aus, oder auch zu solchen Wirkungen, die erst noch entstehn sollen; und die er selbst hervorbringen, oder durch andre will hervorbringen lassen" (S. 140 f.). Die erste Art bezieht sich nur auf Wissenschaftler (Klopstock selbst gibt Kepler und Newton als Beispiel), die zweite neben anderem auch auf die Dichter, die ihre Schöpfungen der U r s a c h e nur nach der Wirkung zu beurteilen haben. „Man muß die schon vorhandnen Wirkungen, oder diejenigen, die man hervorbringen will, in allen ihren Theilen und Theilchen bestimmt denken", gibt er als erste Anleitung, wohl bewußt, daß Erfindung nicht gelehrt werden kann, sondern nur dem, der dazu die Fähigkeit besitzt, der Weg geebnet wird. — Wenn wir bei der Erörterung über die Nachahmung der Natur sahen, daß Klopstock mit Horaz die eigene Empfindung als Hauptbestandteil der Wirkungsmöglichkeit hinstellte, so zieht er nun ganz radikal die Konsequenz: „Die Erdichtung ist keine wesentliche Eigenschaft eines Gedichts" (S. 310), sondern nur die Leidenschaft, mit der eine Handlung, ob erdichtet oder wirklich, gesehen wird, macht sie würdig, Motiv eines Dichters zu werden.

Fassen wir Klopstocks Meinung zusammen, so ist der einzige Maßstab, an dem die Erfindung zu messen ist, die innere Erlebbarkeit des Gegenstandes, und soweit wie diese reicht, bleibt dem Dichter das Feld für seine Stoffe frei. Denn nur was i n n e r l i c h l e b e n d i g war, kann ä u ß e r l i c h zu l e b e n d i g e r W i r k u n g gebracht werden, und damit wird die „kopernikanische Wendung" von der alten

Theorie fort gewonnen: nicht der inhaltliche Stoff entscheidet, sondern die M ö g l i c h k e i t ä u ß e r e r F o r m. Die Wahl des Stoffes, die dem Dichter also freisteht, muß gleichzeitig mit der Form konzipiert werden. Nur Dinge, die sich diesem Grundgesetz nicht zu beugen vermögen, dürfen von dem Dichter nicht gebraucht werden, und es sind dies leblose Dinge, die man äußerlich nicht in Leben zu verwandeln vermag, und Allegorien, die in ihrer abstrakten Begrifflichkeit jeder Erfühlbarkeit entschwinden.

Soweit wir sehen, ist das grundsätzlich Neue, das Klopstock hiermit gibt, höchstens von Walzel erkannt worden[21]: „Am besten läßt sich die Stimmung, aus der die Gehaltsaesthetik des deutschen Idealismus erwuchs, beobachten an den Äußerungen der Sturm- und Drangzeit Herders und Goethes. Der Kampf gegen die Kunstregeln war hier das Selbstverständliche. Klopstock kämpft in der Gelehrtenrepublik von 1774 diesen Kampf mit. Durchaus gilt es, auch da, wo nicht bloß der Zwang des Kanonischen abgeworfen, wo nicht bloß verneint werden soll, die Ansichten durchzusetzen, die auf Plotin und auf die geistig bestimmte, aus dem Innern geholte Formung des Kunstwerks[22]) zielen. Nur soweit im Rahmen solcher Ansichten die stoische Ästhetik Raum hat, wird sie übernommen. Äußere Gestalt des Kunstwerks als notwendiger Ausdruck des ihm innewohnenden geistigen Gesetzes und im Sinne solcher Gesetzlichkeit die volle persönliche Freiheit des Kunstwerks: so lautet das Bekenntnis." Eins nur ist an diesem Urteil unrichtig: Klopstock hat zwar den Kampf gegen Gesetze gleichzeitig mit dem Sturm und Drang, aber

---

[21] „Gehalt und Gestalt" (Handb. d. Lit.-Wiss.) Wildpark-Potsdam 1924 S. 157.

[22] Die Entstehung des Begriffes der „inneren Form", der von Scherer und R. M. Meyer diskutiert wurde (Vgl. Goethe-Jb. Bd. XIII, S. 229 ff.; Bd. XIV, S. 296; Bd. XVI, S. 190) gibt eine schlagende Parallele zu der von uns untersuchten Geschichte des Begriffs „Darstellung". Die früheste Anwendung bei Goethe (in den Anmerkungen zu Wagners Mercier-Übersetzung) steht sicher unter dem Einfluß Klopstocks.

den für die Gesetzmäßigkeit der Form nicht „mitgekämpft", sondern er ist allen vorangegangen, wie Walzel selbst durch die Zitierung der darauf bezüglichen Äußerung Goethes[23]) zugibt und wie sich durch historische Erfassung des sprachlichen Begriffs erweisen läßt[24]).

Wenn wir heut ganz allgemein von der „Darstellung" des Dichters, Historikers usw. sprechen, ja dieses Wort nur im Gegensatz zur „Beschreibung" gebrauchen, werden wir uns kaum klar sein, daß der besondere Inhalt, der mit der Verwendung gegeben ist, von Klopstock geprägt und zuerst in größerem Maße in der Gelehrtenrepublik angewandt worden ist. Er selbst ist erst langsam durch die Epigramme der 70er Jahre und die theoretischen Erörterungen diesem Begriff näher gekommen. Wir erleben hier den äußerst seltenen Fall, daß wir die Entwicklung des Begriffs gleichzeitig mit dem Auftauchen des neuen Inhalts verfolgen können, und das Beispiel ist interessant genug, um genau erörtert zu werden. Es mag bei der geringen äußeren Verschiedenheit der Buchstaben wie Haarspalterei erscheinen, doch wird hoffentlich das Ergebnis der Untersuchung die kleinliche Genauigkeit entschuldigen. — —
Das Grimmsche Wörterbuch gibt sub verbo „darstellen" als Bedeutung „ponere ante oculos; repraesentare" an, d. h. „v o r Augen s t e l l e n" oder, wie Georges für repraesentare setzt: „darstellen = vorstellen". Dazu stimmen auch die übrigen Beispiele der alten Lexikographen: Frisch (Bd. II, S. 331) „sistere sich darstellen", also sich körperlich zeigen; ebenso „se alicui exhibere sich einem darstellen", eine Bedeutung, die wir heut nie mehr mit diesem Worte verbinden. Schließlich ebenda „testes ad iudicium producere". wie auch noch Lessing sagt: „sich einem Richter dar-

---

[23]) Jubil. Ausg. Bd. 36 S. 115.
[24]) Die Auffassung des Organischen in der Poetik des 18. Jahrhunderts wird von Franz Koch, (Vjschr. für Lt.-Wiss. u. Geistes-Gesch. Bd. VI, S. 119 ff.) skizziert, der eine Linie von Baumgarten (Leibniz) über Lessing und Herder zu Moritz zieht, dabei aber wie alle andern das wichtige Zwischenglied Klopstock übersieht.

stellen[25]). In allen Beispielen würden wir heut zweifellos von vorstellen sprechen, damit den Ton auf das a n t e oculos legen. Das greifbare Ding, das wir mit den Augen zu fassen vermögen, ist z. B. auch die „Vorstellung", die uns der Maler durch räumliche Nachbildung räumlicher Dinge gewährt, kein Wunder, daß auf diesen Fall der Begriff „Darstellung" Anwendung findet. Wenn andererseits früher auch von den Schauspielern, dem spectaculum oder „Schau-spiel" das Wort darstellen gebraucht wurde, müssen wir uns gegenwärtig halten, daß, wenn wir dasselbe Wort auf denselben Gegenstand anwenden, ein anderer Inhalt gemeint ist. Die Alten dachten und sprachen nur von dem räumlichen Lebendigmachen, während in unserm Gedanken, durch Übereinstimmung des inneren Charakters mit der äußeren Figur einen lebendigen, durch den Zusammenhalt beider, lebendigen Menschen auf die Bühne zu stellen, die neue poetische Auffassung auf die alte Anwendung übertragen wird. Wir müssen ganz absolut behaupten, daß bis zum Jahre 1774 eine Verwendung des terminus „Darstellung" für eine künstlerisch-dichterische Formung unbekannt war[26]). Zwar kämpfen alle Theoretiker von den Schweizern ab für eine möglichst lebendige Vorstellung und deren Ausdruck; aber es handelt sich für sie nur um das Ding, und mit Recht beschränken sie sich, dafür das Wort Vorstellung anzuwenden. Sollte es ein — noch von niemandem bemerkter — Zufall sein, daß Sulzer in seinem alphabetisch geordneten Werk den Begriff „Darstellung" nicht nur nicht behandelt, sondern nach Ausweis aller anderen einschlägigen Artikel gar nicht kennt? Der Begriff ist heute so Bestandteil unserer Alltagssprache geworden, daß wir besonders aufmerksam gemacht sein müssen, um sein Vorkommen zu bemerken oder sein Fehlen zu vermissen.

[25]) Werke, herausgegeben von J. Petersen. Bd. IV. S. 378.
[26]) Die wenigen Epigramme Klopstocks, die bereits von 1770 an erschienen und den Begriff ebenfalls schon enthielten, werden hier summarisch mit der Gelehrtenrepublik zusammengefaßt, da ihre Wirkung auf die Zeitgenossen im Gegensatz zur Gelehrtenrepublik ganz gering war.

Der negative Beweis für eine solche Behauptung läßt sich natürlich schwer führen, hier könnte nur vollständige Induktion beweisend wirken, die wir allerdings nicht zu bringen vermögen. Sie ist aber auch überflüssig, sowie wir erkannt haben, daß ein neues Wort — denn bis dahin war es außerordentlich in der Anwendung beschränkt — mit einem neuen Inhalt verbunden ist, — oder der neue Inhalt ein neues Gewand schuf[27]).

Doch wir wollen mit einigen Beispielen unsere Behauptung auch äußerlich zu stützen suchen, und wählen zunächst die Übersetzungen der „Gelehrtenrepublik" Saavedras, da sie durch ihre Erscheinungsjahre — 1748, 1771, 1807 — einen guten Anhalt für die Bedeutung der Gelehrtenrepublik Klopstocks geben, die 1774 erschien. Die Ausgabe von 1748 enthält trotz reichlicher Ausdehnung, 168 Seiten Text, und reichlicher Verwendungsmöglichkeit — das zeigt die letzte Ausgabe — e i n (!) Beispiel für unsere Frage[28]): Seite 73, wo sich eine Sache „dem Auge darstellt", während charakteristischerweise 1807 dieser Ausdruck durch lange Umschreibung vermieden wird. Dagegen finden sich für den der Zeit entsprechenden Begriff „Vorstellung" eine große Zahl von Beispielen, am deutlichsten S. 129: „(die Dichtkunst) . . . . stellet Dinge vor", wo nun 1807 (S. 144) dauernd von „Darstellung" gesprochen wird. Die Ausgabe von 1771 aber bietet überhaupt k e i n (!) Beispiel, obwohl sie, aller Wahrscheinlichkeit nach, der letzten Übersetzung von 1807, die ohne Benutzung des Originals gearbeitet zu sein scheint, zugrunde gelegt wurde und die

---

[27]) Ich hoffe, in Kürze in einer selbständigen Abhandlung ausführlich zeigen zu können, wie sich der Begriff der Darstellung bis in die neuere Zeit entwickelt hat; im folgenden beschränke ich mich auf das Nötigste, um den Rahmen meines Themas nicht zu sprengen.

[28]) Ein weiteres Beispiel findet sich in den 109 Seiten der Vorrede: S. 85: „ein Bild, welches uns der Spiegel darstellet"; dies bezieht sich auf den Abriß eines Christlich-Politischen Printzen" von Saavedra Fajardo (Amsterdam 1655), der an der betreffenden Stelle (S. 15) von der „Darstellung des Abrisses durch Sinnbilder", also Vorstellung durch Allegorien spricht.

nun Hunderte von Beispielen hat. Dies allein sollte immerhin zu denken geben.

Es sei noch einmal betont, daß durch seine Beziehung auf körperliche Wiedergabe eine Verwendung des Begriffs für die bildende Kunst nahegelegen haben müßte. Auch hier erwarten wir nicht die Bedeutung der künstlerischen Gestaltung, sondern der Wiedergabe schlechthin durch Augenscheinlichmachen der Sachen. Fragen wir nun, wie die Verwendung in Lessings „Laokoon", dessen Wert für unser Problem wegen seiner Fragestellung gar nicht überschätzt werden kann, und dessen gleich zu erörternder Einfluß auf Klopstock für uns von Wichtigkeit ist, gewesen sei, so finden wir das Resultat voll bestätigt. Dabei muß allerdings bedacht werden, daß Lessing schon die Bedeutung der Wiedergabe und der in ihr liegenden Kunst erkannt hat, ohne mit einem Hauch den nach Klopstocks Poetik so wichtigen Gedanken der inneren Form zu berühren. Bringt das Werk mit seinen 218 Seiten[29]) auch nur 9 (!) Beispiele überhaupt, so sind sie doch alle so interessant, daß wir sie einzeln durchgehen. S. 347 f.: „Denn der Ausdruck in Marmor ist unendlich schwerer als der Ausdruck in Worten; und wenn wir Erfindung und Darstellung gegeneinander abwägen, so sind wir jederzeit geneigt, dem Meister an der einen Seite so viel wiederum zu erlassen, als wir an der andern zu viel erhalten zu haben meinen". Hier zielt die „Erfindung" auf den Dichter, bei dem die „Ausführung" das leichtere gegenüber der Erfindung ist, auf die in der Poesie der Hauptton gelegt werden muß. Von Darstellung aber kann Lessing nur mit Bezug auf die bildenden Künstler sprechen. Erinnern wir uns hierbei, in welch eigenartiges, höchst verwickeltes Verhältnis Klopstock die Begriffe Darstellung und Erfindung bringt, da für ihn Darstellung auch Erfindung sein kann, während Lessing darin nur die Ausführung sieht, so sehen wir den großen Abstand der beiden Auffassungen. Lessing schreibt noch: „Hätte hin-

---

[29]) Zit. wird nach der Ausgabe von J. Petersen Bd. IV; die „Préface" des Anhangs S. 508/11 bleibt natürlich aus der Berechnung.

gegen der Künstler diese Verstrickung von dem Dichter entlehnet, so würde er in unsern Gedanken (durch die Ausführung) doch noch immer Verdienst genug behalten, ob ihm schon das Verdienst der Erfindung abgehet". (S. 347). Klopstock hätte diesen Satz glatt umkehren können, um seiner Meinung Ausdruck zu geben, und er hat es auch getan, wie wir (oben S. 163) durch synonymen Gebrauch von Darstellen und Erfinden belegten. S. 348: „Der Maler, der nach der Beschreibung eines Thomsons eine schöne Landschaft darstellet, hat mehr getan, als der sie gerade von der Natur kopieret." Zwar die Bedeutung des Künstlers und seiner Einbildungskraft ist nicht verkannt, charakteristisch aber wieder, daß der Dichter „beschreibt" und der Maler „aus schwanken und schwachen Vorstellungen willkürlicher Zeichen" etwas Schönes macht. Ebenso S. 353: Anmerkung: „Ist es indes schon nicht der Malerei vergönnet, sie in diesen übersteigenden Dimensionen darzustellen . . . .". Das nächste Beispiel überträgt nun bereits den Begriff auf den Dichter, aber nur, wenn er „Maler" wird! S. 358: „Es gibt malbare und unmalbare Fakta, und der Geschichtschreiber kann die malbarsten ebenso unmalerisch erzählen, als der Dichter die unmalbarsten malerisch darzustellen vermögend ist." Dabei handelt es sich eben nach Lessings Erläuterung um „sinnliche Phantasien"! In dem „für das Grundproblem fruchtbaren"[30]) 19. Kapitel finden wir drei Beispiele zusammen, jedes mit anderer Nuance. S. 377: „Diesen einzigen Augenblick macht er (der Künstler) so prägnant wie möglich, und führt ihn mit allen den Täuschungen aus, welche die Kunst in Darstellung sichtbarer Gegenstände vor der Poesie voraus hat." S. 378: „. . . nicht aber, wenn das eine der Seele durch das Ohr nicht mehr oder weniger beibringet, als das andere dem Auge darstellen kann." Die alte Verwendung kommt dann wieder an der gleichen Stelle zum Durchbruch (S. 378): „Dar-

---

[30]) Einleitung S. 284.

stellung der Zeugen" testes ad iudicium producere[31]). Die beiden letzten Beispiele finden sich im Anhang als Anmerkungen Mendelssohns: S. 444: „Homer und Virgil haben sich nur wenige solche Bilder erlaubt, die sich der Imagination nicht ausführlich darstellen." Die zweite Anmerkung ist für unsere Auffassung so bezeichnend und interessant, daß wir auch den Zusammenhang wiedergeben. S. 453: „Ich stelle mir vor, daß die Regelmäßigkeit und Schönheit des Ganzen Ideen sind, auf welche man in der Poesie nicht geraten kann, wenn wir sie nicht von der Malerei und Bildhauerkunst entlehnen, und auf die Dichtkunst anwenden; denn da die Begriffe in der Dichtkunst aufeinander folgen, so sehen wir so leicht die Notwendigkeit nicht ein, diese mannigfaltigen Teile zusammen als ein schönes Ganze zu betrachten, und in ihrer Verbindung zu übersehen. Hingegen ist bei der Malerei und Bildhauerkunst, die die Begriffe zusammen als ein Ganzes darstellen, das Ganze auch immer das erste, worauf wir sehen"[32]). — Das sind alle Belege, und ich glaube, sowohl die Zahl wie der Wortlaut sprechen eine so beredte Sprache, daß man nur bewundern kann, daß der eigentümliche Bedeutungswandel bis heute aber auch nirgends bemerkt worden ist. Fragen wir nun, wie Klopstock den Begriff aufgefaßt und umgebildet hat, so muß gleichzeitig als Erklärung und Entschuldigung unserer Deutung auf Walzels Erörterung desselben Problems bei Goethe verwiesen werden[33]). Für diesen weist Walzel nach, daß sich

---

[31]) Nach Ilias Ξ v 502. Λαοι δ' ἀμφοτέροισιν ἐπήπυον ἀμφίς ἀρωγοί; ebenso „Auszug aus dem Trauerspiele Virginia." Werke, hrg. von J. Petersen und W. v. Olshausen, Bd. XII, S. 204.

[32]) In der ganzen „Hamburgischen Dramaturgie" mit 403 Seiten, bei der gewiß auch die Erklärung mangelnder Verwendungsmöglichkeit fortfällt, finde ich drei (!!!) Beispiele; Bd. V S. 36: „ . . . so daß sie jeder Akteur, er mag die Empfindung selbst haben, oder nicht, darstellen kann"; S. 98 „ . . . darstellen" = offenbar machen; S. 376 „darstellen" vom Maler = vor Augen stellen.

[33]) Jubil.-Ausg. Bd. 36 S. XXIII—LII. Die historische Grundlage, die Walzel bei Shaftesbury sucht, wird noch einmal mit Rücksicht auf Leibniz durchgearbeitet werden müssen; vgl. Burdach, Disputationsszene und Grundidee in Goethes Faust. Euph. Bd. 27 S. 1 ff., bes. S. 21.

direkte Belege seiner Anschauung, die ihn ungefähr von 1773 an beherrschte, nicht vor der Italienischen Reise auffinden lassen, sondern daß sich nur in Zusammenschau seiner Grundüberzeugung mit Einzelbemerkungen der wahre Gehalt ergibt. Nicht anders liegt es bei Klopstock, der noch dazu mit der Sprache ringen mußte, da sie die für ihn nötigen termini nicht hergab, so daß er sie sich erst selbst bildete. Bezeichnend zunächst ist, daß der Wiener Plan von 1768 noch frei von dem Worte Darstellung ist, sogar die schauspielerische Tätigkeit als „Vorstellung" (S. 416) bezeichnet wird. Er spricht dort bei der Arbeit der Historiker, für die später Darstellung zum Hauptgesetz wird, von Ausarbeitung (S. 419), Schreiben (S. 417), aber nie von Darstellen. Selbst die Gesetze, die nach unserer Behauptung schon 1769 entstanden, kennen in ihrer ursprünglichen Gestalt diesen Ausdruck noch nicht, obwohl man doch annehmen sollte, daß Klopstock zumindest eine ungefähre Vorstellung seiner Absicht gehabt hat. Wenn wir behaupteten, daß vor allem anderen die Gesetze entstanden sind, und deshalb die Behauptung Munckers, daß sie nur allegorische Einkleidung sind, ablehnten, finden wir hier einen neuen Beweis; der in der Gelehrtenrepublik hinzugefügte Kommentar mag ebenfalls sehr früh entstanden sein, da er auf das Zunftsystem und die Gegenüberstellung von Darstellung und Abhandlung keine Rücksicht nimmt. Danach können wir zwei Schichten in der Entstehung des Buches festlegen: nach den Gesetzen, denen alsbald der Kommentar zugefügt wurde, konzipierte Klopstock die Einleitung und die Geschichte des Landtages; seine Angabe im Hypochondristen (1771), daß die Geschichte der Republik nun bald vollendet" sei, mag stimmen, doch halten wir eine etwas spätere Entstehung, jedenfalls der heutigen Gestalt, für wahrscheinlicher. Selbst für die Abschnitte des „Guten Raths der Aldermänner" ließe sich mit dieser Methode eine ungefähre Chronologie erkennen.

Von besonderem Interesse ist, daß einer der frühesten Belege, die wir für das Wort bei Klopstock finden, die bis dahin übliche Bedeutung zeigt, nach dem Zusammenhang deutlichste Anknüpfung an den Laokoon verrät[34]):

„Stellt ihr euch selbst Abwesendes dar, so genießet
Ihr es durch euch, wie's der Dichter zum Genuß euch
Gegenwärtiget; doch so schnell läßt
Er nicht erscheinen, als ihr,
Schweigende"[35]).

Der Dichter kann also nur in dem Ablauf einer gewissen Zeitspanne „vergegenwärtigen", was sich der einzelne im Geist als Bild v o r zustellen vermag. Der Denkende ist damit dem bildenden Künstler des Laokoon gleichgesetzt, und wir glauben, daß es keiner näheren Erläuterung bedarf, was Klopstock hierbei Lessing verdankt. Die Ode selbst ist aber noch in anderem Sinne von größter Bedeutung für uns, da sie mit andern, poetischeren Worten das Wissenschafts- und Kunstsystem der Gelehrtenrepublik vorwegnimmt. Wenn wir soeben behaupteten, daß der Hauptteil der Gelehrtenrepublik nach 1771 entstanden ist, stützen wir uns auch auf diese Ode, die zwar dem gleichen Inhalt Ausdruck gibt, ohne aber die passenden Worte zu finden. Der Gehalt aber hat wohl kaum eine schlagendere Fassung gefunden als hier. „Denken" und „Schaffen" sind einander gegenübergestellt, keinem wird ein Vorzug eingeräumt:

„Noch dauert der Kampf um den Vorzug.
Hat ihn das Werk des Erfinders? des Bemerkers?
. . . . es wäge wer will!".

Bemerker ist der später Entdecker genannte Gelehrte, Erfinder, der dem Stoffe Leben einhaucht durch die F o r m :

---

[34]) Ode „Der Unterschied" (1771) Bd. IV, S. 225 ff.
[35]) Die vorhergehende Strophe bringt ebenfalls einen Beleg für ante oculos ponere:
„Diesem Genuß erhebt uns beinah, wer uns darstellt,
Schöpfung, wie du dich dem Sinne, dich dem Geiste
Offenbarest . . ."

„Andres ist ganz Dess Wissen und Thun, der erfindet:
Was wir nicht sehn, durch das Wort so in des Lebens
Glut, so wahr die Gestalt zu bilden,
Dass es, als web' es vor uns
Wandelt der Schein."

Damit findet der große Gedanke der Klassik, die Gestalt zu bilden, ihren ersten und fast klassischen Ausdruck, es ist wie eine Erlösung aus dem rein Stofflichen, und es wird nicht überraschen, sie bei einem Dichter zu finden, der, wenn auch die Form nicht erfüllt, so doch am heißesten von allen Zeitgenossen um sie gerungen hat. Und er fragt noch einmal, da er weiß, daß er von seinen Lesern und Hörern noch keine Antwort erhalten kann:

„Wirket vielleicht die Seele nicht ganz, wenn Gestalt sie
Schaffet, daß wir in dem Leben die Natur sehn?
Ganz nicht, wenn, die Natur durchwandelnd,
Bis in ihr Leben sie sieht?"

Diesem steht die Wissenschaft, die durch Lehre bestimmt, ihrer „Belehrung Gebäu" aufführt, gegenüber, und wenn Klopstock auch vorher keinem einen Vorzug geben wollte, innerlich läßt er die Schale tief zugunsten des Schöpfers sinken. Daß aber diese Anschauung Klopstock nicht plötzlich eingefallen ist, zeigt der Absatz aus dem Aufsatz „Gedanken über die Natur der Poesie"[36]). „Der Gedanke ist dem Gegenstande a n g e m e s s e n , wenn es scheint, als ob man keinen bessern dabei haben könnte; wenn er nicht da bloß B e t r a c h t u n g bleibt, wo er Leidenschaft hätte werden sollen; wenn er überhaupt ein so genaues Verhältniss zu dem Gegenstande hat, als das Verhältniss zwischen U r s a c h und W i r k u n g ist." Die Theorie von der leidenschaftlichen Anteilnahme im Gegensatz zur innerlich unberührten Betrachtung wurde von uns oben mit Rücksicht auf den Inhalt besprochen. Der Hauptton muß nun

---

[36]) Aus dem „Nordischen Aufseher". II. Bd. 105. Stück; Werke Bd. X, S. 217

aber auf dem „angemessenen" Gedanken liegen, der zu dem Stoff wie Wirkung zur Ursache gehört. Erst durch die Deckung beider ist das Kriterium für den poetischen Wert des Gedankens, des Stoffes, gegeben. Diese Theorie des Stoffes werden wir unterschreiben können, sie ist die Voraussetzung für eine entsprechende Wertung der Form, die hier noch nicht erfaßt ist. Denn er fährt fort: „Der Ausdruck ist dem Gedanken angemessen, wenn er dem Leser besonders dadurch gefällt, daß er v ö l l i g b e s t i m m t sagt, was wir haben sagen wollen. Er ist ein Schatten, der sich mit dem Baume bewegt " Oben (S. 168 f.) haben wir den Absatz „Von der Nachahmung" auf die poetische Theorie und nicht, wie die früheren Kritiker, auf die Nachtreter gedeutet. Hier erhalten wir die Bestätigung für die Richtigkeit unserer Meinung, aber welche Wandlung! Ist in dem Aufsatz von 1760 der Begriff der Form noch völlig rationalistisch, so wird bis 1774 die kopernikanische Wendung durchgesetzt, der Begriff der inneren Deckung vom Inhalt auch auf die Form übertragen.

Den Durchgang bildet die zitierte Anlehnung an den Laokoon. Klopstock sieht jetzt, daß, wie dem ruhenden Gegenstand die räumlich begrenzte Wiedergabe der bildenden Kunst angemessen ist, die innere Bewegung nur durch äußeren Ablauf wiedergegeben werden kann. Seiner stets geübten Praxis, selbst theoretische Dinge in äußere Bewegung umzusetzen, in Gespräche, Geschichte, äußerliches Nacheinander aufzulösen, ist damit die theoretische Rechtfertigung zuteil geworden. Vorläufig ringt er noch mit der Formulierung: „Darstellung und Abhandlung (diess möchte einigen vielleicht noch nicht recht bekannt seyn,) sind nicht wenig von einander unterschieden. Abhandlung i s t gewöhnlich nur T h e o r i e , und wo sie es nicht ist, da ist sie doch von der Darstellung gleich weit entfernt. Die Art des Vortrags, die zum Exempel ein Naturforscher zu der Beschreibung einer gehabten Erfahrung wählt, gränzt wenigstens sehr nah an den Vortrag der Abhandlung; Darstellung h a t T h e o r i e . Sie vergegenwärtiget, durch Hülfe der Sprache, das Abwesende in verschiednen Graden der Täuschung. Sie beschäftiget bey der Hervorbringung und bey dem Eindrucke, welchen sie auf den Zuhörer macht, die ganze Seele; Abhandlung nur das Urtheil" (S. 11 f.). Die Bedeutung zeigt sich auch in der Fortwirkung: ein „abhandelndes" Werk geht unter, wenn es inhaltlich nicht mehr zutrifft, ein „darstellendes" bleibt wenigstens zum größten Teil bestehen. — Wichtig ist besonders der Begriff der Täuschung, und wir dürfen nicht etwa annehmen, daß damit realistische Vollendung gemeint sei. Nur durch Zusammenklang von Form und Inhalt kann das entstehen, was zugleich die g a n z e S e e l e beschäftigt. In dem Abschnitt über die Poetik (S. 309 ff.) wird wieder der Begriff der Täuschung durch die Darstellung aufgestellt (S. 311), die nur durch Bewegung der dargestellten Dinge zu erreichen sei. Ein anderes Beispiel, das die äußere Bewegung noch in den Vordergrund setzt, bietet das Epigramm „Beschreibung und Darstellung"[37]), wenn auch die Bewegung nur metaphorisch gemeint sein sollte.

Schließlich hat Klopstock dieses Thema noch einmal ausführlich in einem Prosaaufsatz „Von der Darstellung" (1779)[38]) erörtert, also nach dem Erscheinen der Gelehrtenrepublik. Es muß zugestanden werden, daß Klopstock selbst noch nicht die Konsequenzen gezogen hat, die in seinen Begriffen lagen, daß er an dem Umkämpften, das er in der Gelehrtenrepublik selbst noch nicht mit voller Deutlichkeit ausgesprochen hat, auch hier vorbeigeht. Es ist dasselbe Ringen, das wir bei Goethe bemerken, der auch erst spät die theoretische Formulierung fand, doch spricht dies nicht gegen unsere Auffassung der Klopstockschen Poetik. In dem zitierten Aufsatz wird in erster Linie das Problem untersucht, wie die Vorstellung, die der Dichter von einem Dinge hat, lebendig wiedergegeben werden kann, wie im Leser oder Hörer dieselbe Vorstellung zu erreichen ist.

---

[37]) Bd. V. S. 329.
[38]) Bd. X S. 193/201.

Wenn Klopstock auch hier den Zweck der Darstellung als Täuschung angibt, so müssen wir wieder damit die Übermittlung innerer, nicht realer Dinge annehmen. Nicht die Dinge selbst sollen wirklich gemacht werden, sondern Handlungen und Gefühle, die Leidenschaften, die sie im Dichter ausgelöst haben. Wieder wird nach der Lehre des Laokoon da, wo eine Handlung oder Leidenschaft nicht möglich ist, Bewegung verlangt, als Bedingung der Dichtung überhaupt. Die erste Bedingung der Darstellung ist daher, daß der Gegenstand Leben hat, das wiedergegeben werden muß. Zwar gibt er auch einzelne Regeln über die Art der Wiedergabe, so die der Vereinfachung und besonders der zweckmäßigsten Anordnung, aber Problem bleibt ihm allein der Inhalt, d. h. wie sich Wirklichkeit und Möglichkeit der Wiedergabe zueinander verhalten. Er gebraucht also das Wort „Darstellung" noch fast in dem Sinne, in dem er es übernahm, wenn auch er allein es in dem Maße auf den Dichter anwendet. Aber es ist schon der bedeutende Schritt getan, daß erst der vom Dichter v e r a r b e i t e t e Stoff Inhalt der Dichtung werden kann, daß — und dies kommt in dem zitierten Aufsatz mit voller Deutlichkeit zum Ausdruck — zwischen Realität und Vorstellung der Dichter steht, und während bisher nach Meinung der Kritiker die Sache dem Leser vorgestellt werden sollte, scheidet letzterer jetzt aus, und das Verhältnis engt sich auf die Beziehung von Dichter und Stoff ein. Dessen Vorstellung vom Wirklichen soll in der Dichtung den wahren Ausdruck finden.

Das Entscheidende, das wir bei der Erörterung über die Auswahl der Stoffe betonten, daß nämlich eine M ö g - l i c h k e i t d e r F o r m u n g bestehen müsse, liegt hier in der Frage nach der Methode, wie diese Formung zustande kommt. Das tiefe Grundgesetz, daß zwischen Form und Inhalt eine gesetzmäßige immanente Beziehung besteht, finden wir auch jetzt nur zwischen den Zeilen, aber daß wir erst dann von „Darstellung" beim Dichter sprechen dürfen, wenn der reine Stoff im Durchgang durch dessen Inneres geläutert erscheint, ist deutlich zu erkennen.

In diesem Sinn äußerlichen Lebendigmachens, dichterischen Gestaltens eines innerlich erlebten Stoffes braucht Klopstock von nun an den Begriff der Darstellung, und er setzt ihn ganz richtig in Gegensatz zu der Beschreibung, bei der die Person des Schaffenden kühl und unbeteiligt bleibt[39]):

„Poesie, welche den Namen der descriptiven verdienet,
Hätten für Poesie niemals die Alten erkannt.
Deutscher ward dir der Blick, Darstellung von der
[Beschreibung
Rein zu sondern: so stehn weisere Dichter dir auf,
Stände, wofern du hinab zu den Schatten Elysiens walltest
Und dort redetest, selbst Ilions Sänger dir auf"[40]).

Dasselbe Epigramm richtet dann Klopstock ohne die beiden ersten Zeilen an Schiller[41]), der dieselben Begriffe in der Abhandlung „Über naive und sentimentalische Dichtung" behandelt hatte, und dessen Verwendung lebhaft an Klopstocks Ausdrucksweise erinnert; einmal, wo er das Lehren des Dichters dem Darstellen entgegensetzt[42]), zum zweiten, wo er die beiden Dichtungsarten trennt und der einen die Nachahmung der Wirklichkeit, der andern die Darstellung des Ideals zuweist[43]). Wie sehr das Lebendigmachen von Bedeutung ist, zeigt schließlich das Epigramm auf Shakespeare[44]), dessen Größe darin liegt und der aus diesem Grunde selbst die mangelnde Schönheit fast nichts zu rauben vermag.

Die letzten entscheidenden Schritte auf der von uns gekennzeichneten Bahn tut Klopstock dann in einer seiner spätesten Oden, die schon durch ihren Wortlaut zeigt, wie

---

[39]) Epigr. „Der Unterscheidende". Bd. V. S. 310.
[40]) Im selben Sinne vgl. das Epigr. (ohne Titel) Bd. V. S. 319, Nr. 57; „Beschreibung und Darstellung" S. 329.
[41]) Bd. V. S. 340 „An Fr. Schiller".
[42]) Goedecke, Bd. X. S. 470.
[43]) Ebenda S. 451.
[44]) „Darstellung ohne Schönheit". Bd. V. S. 325.

sehr er hier — unabhängig von der klassischen Aesthetik
— rein die Konsequenzen aus den früheren Äußerungen,
zumal der Gelehrtenrepublik, zieht[45]). —

„Bild lebendiger Einsamkeit,
Schwebe näher! Sie ist, die sie war,
Da ich einst sie genoß, da ich voll Glut
Dichtete, ordnete,

Seelen gab dem Erfundenen,
Ihnen tönenden Leib. Tönte der
Sie nur an, so erschien leere Gestalt,
Wie in Elysium

Irrt der Schemen, an Lethe's Strom
Schweigend flattert. Getönt waren sie,
Jene Seelen, der Leib sank nicht, wie du,
Schatten Eurydice's,

Dort hinab, und ich klagete
Nicht dem schwindenden nach. Denn gewählt
Hatt' ich Leiber, die voll gleichender Kraft
Treffend gestalteten,

Hatte, suchend im alten Hain
Thuiskona's, vom Stamm hergeführt
Neue Leiber, wenn mir würdig der Wahl
Keiner im Walde schien.

Nothdurft war mir Dieß, war nicht Plan.
Wenn es mir nicht gelang, zog ich vor
Zu verstummen und warf schnell in die Glut
's Blatt, so nur stammelte."

Daß Klopstock dem jeweiligen Inhalt den entsprechenden, einzig zugehörigen Leib wählen wollte, sehen wir hier mit aller Deutlichkeit unterstrichen, daß nur auf diese Weise der Inhalt lebendig werden kann, da er sonst dem Hades

---

[45]) Ode „Neuer Genuß" (1796) Bd. IV, S. 392.

angehört. Aber auch darüber hinaus den entscheidenden Begriff des „Muß", das mit innerer Notwendigkeit den Dichter darauf führt, ohne ihn nur durch äußere Absicht zu leiten. Eine Tiefe dichterischen Berufs ist damit erreicht, wie sie vor Klopstock und Goethe undenkbar scheint. Um so merkwürdiger bleibt, daß Klopstock immer wieder mit apodiktischer Gewißheit zum Theoretiker der Aufklärungszeit gestempelt worden ist.

Der entwickelten Poetik Klopstocks schließt sich durchaus folgerichtig seine Auffassung des Genies an, das in den einzelnen Bestimmungen ebensowenig erschöpft wird, wie es bei den Regeln über Form und Inhalt geschehen. Dort wie hier bleibt das Einzelne dem individuellen Geiste vorbehalten, es kann nur eine allgemeine Charakteristik gegeben werden. Denn Klopstock sieht, wie der Sturm und Drang, im Genie ein autonomes Werkzeug, das frei schafft und dessen Schöpfung nur den immanenten Gesetzen seiner Gestalt unterworfen bleibt. Aber wie der Mensch, den wir als Genie bezeichnen, konstruiert sein muß, das vermag Klopstock festzusetzen, nachdem er zuvor die allgemeinen Richtlinien seiner Methode erkannte. Der einzige systematische Abschnitt über dies Problem ist ein kurzer Wink aus dem „Guten Rath" (S. 146 f.), dessen Ausdrucksweise noch etwas rationalistisch erscheint, der sich aber bei richtiger Auffassung den übrigen Anschauungen einordnen läßt. „Ist die Reitzbarkeit der Empfindung etwas größer als die Lebhaftigkeit der Einbildungskraft; und ist die Schärfe des Urtheils größer als beyde: so sind dies vielleicht die V e r h ä l t n i s s e , durch welche das poetische Genie entsteht. — Wenn man hier die Fähigkeit zu erfinden vermißt, so siehet man nicht, was sich doch von selbst versteht, daß dem, der jene Reitzbarkeit und jene Lebhaftigkeit hat, sehr leicht wird zu erfinden." Mit anderen Worten drückt dieser Schlußsatz aus, was wir schon oft genug betonten: daß der Inhalt, das rein Stoffliche, im Gedicht das Sekundäre bleibt, daß von größerer Bedeutung das Medium ist, durch das der Inhalt hindurchgeht, um geformt neu zu erstehen. Dabei leistet die Reizbarkeit der Empfindung nicht nur bei Aufnahme des Geschauten oder Erlebten ihre Dienste, mehr noch bei der Verarbeitung, dem Prozeß, der die Voraussetzung für ein wahres Gedicht bildet. Daß diese Empfindung stärker als die Einbildungskraft sein soll, zeigt, daß Klopstock seine Poetik mehr für den lyrischen Dichter, vielleicht noch den religiösen Epiker geschrieben hat, ganz gewiß nicht für den Dramatiker. So trifft die engere Beziehung, die er selbst zu dem Gedicht herstellt (S. 310), gewiß den Kern, aber die Gleichsetzung von Epos und Drama fließt aus der ganz undramatischen Begabung Klopstocks, der hier ebenfalls die Leidenschaft genügen lassen will, wo nur äußere Umsetzung in Handlung sie deutlich zu machen vermag. Er hat sich von seiner Meinung, daß nur innerlich Durchfühltes wert einer dichterischen Behandlung sei, verleiten lassen, dieses Innerliche durchgehend auch als Regel äußerer Wiedergabe zu setzen, und wenn wir es auch als Grundgesetz für den Dichter zu akzeptieren vermögen, für die einzelnen Dichtungsarten ist es nicht ausreichend.

Bleibt also für uns das Verhältnis von Empfindung und Einbildungskraft je nach der Verwendung offen, so können wir doch die Herrschaft des Urteils im Rahmen der Klopstockschen Poetik wenigstens verstehen. Denn die Schärfe des Urteils soll sich nicht auf die außerhalb befindlichen Dinge beziehen, sondern maßgebend werden bei der Wiedergabe des Erlebten, indem es die Form bestimmt, und bewirkt, daß die beabsichtigte Wirkung erreicht wird. Wo später die Form zum Inhalt als organisch zugehörig betrachtet wird, tritt hier noch die erkennende Vernunft ein, die die Relation zwischen Inhalt und Ausführung regelt, innerhalb der Ausführung durch Kenntnis oder Erfahrung die dichterische Arbeit leistet. Ähnlich müssen wir auch den Abschnitt „Weniges von vielem" (S. 143 f.)[46]) auffassen, der sich gleichfalls auf die Wiedergabe bezieht, doch

---

[46]) Vgl. auch das Epigr. „Was man fordert". Bd. V., S. 303 f.

liegt dabei das Vernunftmäßige bereits so tief vergraben, daß es von vielen unter dem Dichterischen nicht mehr zu erkennen ist. Noch einen Schritt weiter sehen wir Klopstock gehen, wenn er alle Regelbücher für den Dichter als unwesentlich erklärt („Aus dem goldnen Abece der Dichter" S. 145 f.) und nur den Geist des Dichters und die Beschaffenheit des Dinges, wovon gedichtet werden soll, als Maßstäbe erklärt. „Frag du den Geist, der in dir ist, und die Dinge, die du um dich siehst und hörest, und die Beschaffenheit deß, wovon du vorhast zu dichten; und was die dir antworten, dem folge." Daß aber nur die glühendste Intuition dieser jeweiligen Beschaffenheit adaequaten Ausdruck zu finden vermag, das sagt der folgende Satz, der vor Klopstock von keinem anderen so hätte gedacht und geschrieben werden können: „Und wenn du's nun hast zu Ende bracht, und kalt worden bist von dem gewaltigen Feuer, womit du dein Werk hast arbeitet; so untersuch alle deine Tritt und Schritt noch Einmal . . ." Zum Nacharbeiten, Ausfeilen und Glätten ist nun der Verstand gut genug, der vorher nur in Verbindung mit dem Feuer der Leidenschaft das Werk zuwege zu bringen vermochte. In dasselbe Verhältnis setzt das Epigramm „Entdeckung und Erfindung"[47]) Verstand und geniale Intuition:

„Wer unruhvollen, hellen Geist hat, scharfen Blick,
Und auch viel Glück,
Entdeckt;
Doch wer, um Mitternacht vom Genius erweckt,
Urkraft, Verhalt, und Schönheit tief ergründet,
Der nur erfindet."

Das ist die gleiche schöpferische Potenz, die die bereits oben (S. 166) zitierte Ode „Ästhetiker" von dem Dichter ausgesprochen hatte, und wir müssen Burdach zustimmen, wenn er diesen Geniebegriff Klopstocks der Vorstellung der

---

[47]) Bd. V, S. 326.

Klassik vom Dichter als Schöpfer zuordnet[48]). Hier wie dort bleibt das Material, der rohe Stein, der vom Dichter behauen wird, das Gegebene, aber das organische Lebewesen, das er daraus schafft, wird sein Eigentum und eine neue schöpferische Tat. Wie weit Klopstock dabei das Genie auf sich selbst beschränkt, es nicht nach der Wirkung fragen läßt, sondern nur aus sich selbst und für sich selbst als autonomen Schöpfer auffaßt, versuchten wir in der Erörterung über das Verhältnis von Dichter und Publikum zu charakterisieren. Die Unabhängigkeit, die dort als gefordert hingestellt werden konnte, hatte die tiefe Auffassung seiner eigenen Aufgabe gezeigt. Hier spricht er es mit größter Deutlichkeit, wenn auch nur mit wenigen Worten aus: („Zwey Antworten." S. 145). „‚Er hat gut geschrieben für die Zeiten, in denen er lebte.' Als wenn das Genie ein Sclav seiner Zeiten seyn könnte..."

Und zum Schluß sehen wir Klopstock noch einmal die Entwicklung durchlaufen, die wir bereits in den anderen Teilen seiner Poetik erkannten, und die seiner allgemeinen Entwicklung entspricht. In dem Aufsatz „Von der heiligen Poesie"[49]) hatte er den Begriff des Genies einer längeren Untersuchung unterzogen, auch bereits erkannt, daß dieses erst dann gegeben ist, wenn es unsere Gefühle voll zu treffen vermag, so daß die Wirkungen seines Werks unsere ganze Seele bewegen. Klopstock schränkt es aber ein auf das Gebiet der „höheren" Poesie, die unfähig sei, „uns durch blendende Vorstellungen zum Bösen zu verführen." „Der letzte Endzweck der höhern Poesie, und zugleich das wahre Kennzeichen ihres Werths, ist die moralische Schönheit." Diese Äußerung wird immerhin gemildert, wenn wir uns gegenwärtig halten, daß Klopstock von der religiösen Dichtung spricht, aber sie bleibt trotzdem Produkt seines pietistischen Gefühls und steht auf einer ähnlichen Ebene wie Schillers Wort von der Schaubühne als moralischer Anstalt.

---

[48]) A. a. O. S. 21 Anm.
[49]) Bd. X. S. 225 ff.

Diese Überzeugung, die auf eine erzieherische Wirkung zielt, und die Klopstock in anderen Dingen auch später noch behielt, hat er bei der Formulierung seines Geniebegriffes schließlich abgestreift, und ebenso wie wir bei der Wertung des dichterischen Gehaltes den Akzent von außen nach innen, vom Stoff in die Formung, von der Wirkung in die Ursache verlegen konnten, ebenso können wir schließlich für die moralische Belehrung das sittliche Erlebnis setzen[50]):

„Als ihr von dem Genie die Sittlichkeit sondertet, trenntet
Von der lebendsten Kraft, welche die Seele durchglüht,
Jene Näherin des heiligen Feuers — o, wißt ihr
Auch, was ihr thatet? Ihr habt einen Tempel beraubt!"

Wir stehen am Ende unserer Untersuchung, und wir glauben von hier aus, Goethes zu Beginn zitiertes Urteil verstehen und rechtfertigen zu können. Wenn wir auch heute eine mehr historische Betrachtungsweise wählen müssen, um Klopstocks Gedankengänge zu würdigen, so war das in der Gelehrtenrepublik Gegebene für Goethe so neu und lebendig, so seinem eigenen Fühlen Ausdruck verleihend, daß er sich hell daran begeisterte, da er im Innersten getroffen wurde. Was er durch den Vergleich mit dem Baum als organischem Lebewesen für die Architektur im Aufsatz „Von deutscher Baukunst"[51]) zu umschreiben versuchte, fand er hier endlich für die Dichtung zu mindest erfühlt und gewollt. Klopstocks Gedankengänge kamen seinem eigenen Suchen und Empfinden so entgegen, daß er den tiefen, noch nicht klar ausgesprochenen Kern erkannte, hinter der anscheinenden Regellosigkeit „die einzigen Regeln, die möglich sind", sah. — Und noch Jahrzehnte später glauben wir Klopstocks eigene Stimme zu hören, wenn wir in den „Maximen und Reflexionen" lesen[52]): „Der Dichter

---

[50]) Epigr. „An..." Bd. V, S. 302; vgl. oben S. 140.
[51]) Ausgabe letzter Hand. Bd. 39, S. 339 ff.; besonders S. 340—344.
[52]) Ebenda Bd. 49, S. 33 f.; Hecker Nr. 510.

ist angewiesen auf Darstellung. Das Höchste derselben ist, wenn sie mit der Wirklichkeit wetteifert, d. h. wenn ihre Schilderungen durch den Geist dergestalt lebendig sind, daß sie als gegenwärtig für jedermann gelten können. Auf ihrem höchsten Gipfel scheint die Poesie ganz äußerlich; je mehr sie sich ins Innere zurückzieht, ist sie auf dem Wege zu sinken. — Diejenige, die nur das Innere darstellt, ohne es durch sein Äußeres zu verkörpern, oder ohne das Äußere durch das Innere durchfühlen zu lassen, sind beides die Stufen, von welchen aus sie ins gemeine Leben hineintritt."

Druck von Gerhard Stalling, Oldenburg i. O.

Germanisch und Deutsch

Studien zur Sprache und Kultur

Heft 1:

Die Textgeschichte des Wolframschen Parzival. Von EDUARD HARTL. I. Teil: Die jüngeren *G-Handschriften. 1. Abteilung: Die Wiener Mischhandschriftengruppe *W ($G^n\,G\delta\,G\mu\,G\varphi$). Mit einem Stammbaum der Gruppe *W. Oktav. XXIII, 163 Seiten. 1928. M. 10.—.

Das erste Heft dieser neuen Sammlung, die ein Sammelbecken für Untersuchungen unserer Sprache und Kultur sein wird, ist einem Unterthema der Textgeschichte des Wolframschen Parzival gewidmet, das deshalb grundlegende Bedeutung hat, weil es den allerersten Anfang streng philologischer Behandlung auf diesem vollkommen unbebauten Gebiet darstellt.

Heft 2:

Johann Rists Monatsgespräche. Von Dr. ALFRED JERICKE. Oktav. VIII, 204 Seiten. 1928. M. 10.—.

Die hier vorliegende, methodisch sicher fundierte und von umfassendem Wissen getragene Forscherarbeit findet das Interesse verschiedenster Wissenschaftskreise. Rists Monatsgespräche (1663—1668 erschienen) sind ideell und auch formal der erste Vorläufer des literarisch-wissenschaftlichen Journals in Deutschland. Die Arbeit bietet auch Material zu einer noch nicht geschriebenen Geschichte des Dialoges. An Hand ihrer enzyklopädischen Fülle und des anekdotenreichen Memoirencharakters zeichnet der Verfasser aber vor allem das Bild des sachlichen Wissens, künstlerischen Empfindens, der Sitten, der Moral und des Lebensgefühls jener Zeit nach dem Dreißigjährigen Kriege.

Walter de Gruyter & Co., Berlin W 10, Genthinerstr. 38

Aus dem Verlage von **Walter de Gruyter & Co.**
August 1928

Grundriß der germanischen Philologie. Unter Mitwirkung zahlreicher Fachgelehrter. Gegründet von HERMANN PAUL, weil. o. Professor der deutschen Philologie an der Universität München. Groß-Oktav.

Der „Grundriß der germanischen Philologie" hat von der dritten Auflage an einen Umbau erfahren. Die Darstellungen erscheinen jede für sich in Einzelbänden. Der Ausbau des Grundrisses wird in nächster Zeit besonders gefördert werden. Abgezweigt von dem Paulschen Grundriß ist ein besonderer „Grundriß der deutschen Literaturgeschichte", weil die Darstellung der Literaturgeschichte bis zur Neuzeit fortgeführt werden soll. Das gleiche gilt für einen besonderen „Grundriß der englischen Literaturgeschichte". — Von der neuen Auflage des Paulschen Grundrisses sind die folgenden Bände erschienen bzw. in Vorbereitung:

Band 1:

a) *Geschichte der gotischen Sprache.* Von MAX H. JELLINEK. IX, 209 Seiten. 1926. M. 10.—, geb. M. 12.50.
b) *Geschichte der gotischen Literatur.* Von WILHELM STREITBERG. In Bearbeitung.

Band 2:

Urgermanisch. Vorgeschichte der altgermanischen Dialekte. Von FRIEDRICH KLUGE. XI, 289 Seiten. 1913. M. 6.—, geb. M. 8.50.

Band 3:

Geschichte der deutschen Sprache. Von OTTO BEHAGHEL. F ü n f t e A u f l a g e. XXIX, 588 Seiten. 1928.
M. 18.—, geb. M. 20.—.

Band 4:

Geschichte der nordischen Sprachen, besonders in altnordischer Zeit. Von ADOLF NOREEN. D r i t t e, vollständig umgearbeitete A u f l a g e. 239 Seiten 1913. M. 5.—, geb. M. 7.50.

Band 5:

Grundriß des germanischen Rechts. Von KARL von AMIRA. D r i t t e, verbesserte und erweiterte A u f l a g e. I, 302 Seiten. 1913. M. 5.—, geb. M. 7.50.

Band 6:

Geschichte der englischen Sprache. II: Historische Syntax. Von EUGEN EINENKEL. D r i t t e, verbesserte und erweiterte A u f l a g e. XVIII, 223 Seiten. 1916. M. 6.—, geb. M. 8.50.

Band 7:

Geschichte der mittelniederdeutschen Literatur. Von HERMANN JELLINGHAUS. D r i t t e A u f l a g e. VIII, 90 Seiten. 1925.
M. 5.—, geb. M. 7.50.

Band 8:
Deutsche Versgeschichte. Von ANDREAS HEUSLER. Erster Band, Teil I und II: Einführendes; Grundbegriffe der Verslehre; der altgermanische Vers. V, 314 Seiten. 1925. M. 16.—, geb. M. 18.50. Zweiter Band, Teil III: Der altdeutsche Vers. VIII, 351 Seiten. 1927. M. 16.—, geb. M. 18.—.
Dritter (Schluß-) Band erscheint Ende 1928.

Band 9:
Die Germanen. Eine Einführung in die Geschichte ihrer Sprache u. Kultur. Von TORSTEN EVERT KARSTEN. VIII, 237 Seiten. 1928. M. 13.—, geb. M. 15.—.

Band 10:
Germanische Heldensage. Von HERMANN SCHNEIDER. I. Bd.: Einleitung: Ursprung u. Wesen der Heldensage. I. Buch: Deutsche Heldensage. X, 442 Seiten. 1928. M. 15.—, geb. M. 17.—

Grundriß der deutschen Literaturgeschichte.

Band I:
Geschichte der deutschen Literatur bis zur Mitte des elften Jahrhunderts. Von WOLF von UNWERTH und THEODOR SIEBS. Oktav. XI, 260 Seiten. 1920. M. 6.—, geb. M. 8.50.

Band II:
Geschichte der mittelhochdeutschen Literatur.

1. Teil:
Frühmittelhochdeutsche Zeit. Blütezeit I. Das höfische Epos bis auf Gottfried von Straßburg. Von FRIEDRICH VOGT. D r i t t e, umgearbeitete A u f l a g e. Oktav. 363 Seiten. 1922. M. 5.—, geb. M. 6.—.

In Vorbereitung befinden sich:

2. Teil:
Geschichte der mittelhochdeutschen Literatur. Blütezeit II. Von GUSTAV ROSENHAGEN.

3. Teil:
Geschichte der mittelhochdeutschen Literatur. Das vierzehnte und fünfzehnte Jahrhundert. Von GUSTAV ROSENHAGEN.

Band III:
Geschichte der mittelniederdeutschen Literatur. Von WOLFGANG STAMMLER.

Band IV:
Geschichte der deutschen Literatur im sechzehnten Jahrhundert. Von PAUL MERKER.

Band V:
Geschichte der deutschen Literatur im siebzehnten Jahrhundert. Von WILLI FLEMMING.

Band VI:
Geschichte der deutschen Literatur im achtzehnten Jahrhundert. Von MARTIN SOMMERFELD.

Band VII:
Romantik. Von WOLFGANG LIEPE.

Band VIII:
Das junge Deutschland. Von EDUARD CASTLE.

Band IX:
Geschichte der modernen niederdeutschen Literatur. Von WOLFGANG STAMMLER.

Der Grundriß der deutschen Literaturgeschichte wird bis in die Gegenwart führen und so ein Werk sein, das dem Aufbau und der Darstellung nach noch nicht vorhanden ist. Jeder Band der Geschichte eines in sich geschlossenen Kultur- und Literaturzeitraums ist einzeln käuflich.

Reallexikon der deutschen Literaturgeschichte. Unter Mitwirkung zahlreicher Fachgelehrter herausgegeben von PAUL MERKER und WOLFGANG STAMMLER.

I. Band: Abenteuerroman—Hyperbel. Lexikon-Oktav. XII, 593 Seit. 1926. M. 32.—, in Halbleder M. 41.—.

II. Band: Jambus-Quatrain. Lexikon-Oktav. IV, 754 Seiten. 1928. M. 40.—, in Halbleder M. 49.—.

Der III. Band (Schlußband und Register) erscheint in etwa acht Lieferungen zu je M. 4.—.

Das Kennzeichnende für das Werk ist, daß es sich auf die formale und sachliche Seite der Literaturgeschichte, die Realien derselben beschränkt und die Dichtung als Leistung und Ausdruck eines schöpferischen Individuums nur insoweit berücksichtigt, als dies für das „realistische" Programm des Werkes erforderlich ist. Diese Aufgabe wird, soweit der vorliegende erste Band ein Urteil gestattet, in vorzüglicher Weise gelöst. Die einzelnen Artikel sind durchweg inhaltlich erschöpfend und formell übersichtlich und klar.

Neuphilologische Mitteilungen.

Handwörterbuch des deutschen Aberglaubens. Herausgegeben unter besonderer Mitwirkung von E. Hoffmann-Krayer und Mitarbeit zahlreicher Fachgenossen von HANNS BÄCHTOLD-STÄUBLI. Lexikonformat.

Band I, Lieferung 1: Aal—Ackerbau, LXXI, 160 Spalten. 1927.
Lieferung 2: Ackerbau—Alraun. 1927.
Lieferung 3: Alraun—Antichrist. 1927.
Lieferung 4: Antichrist—Astralmythologie. 1928.
Lieferung 5: Astralmythologie—Bad, baden. 1928.
Lieferung 6: Bad, baden—Baumgans. 1928.
Lieferung 7: Baumhacker—beschwören. 1928.

Subskriptionspreis der Lieferung (je 160 Spalten) M. 4.—.

(Handwörterbücher zur deutschen Volkskunde, hrsgb. vom Verband deutscher Vereine für Volkskunde, Abteilung I.)

Das Handwörterbuch des deutschen Aberglaubens stellt sich die Aufgabe, in mehreren tausend Stichworten das gesamte große, heute bekannte Material des deutschen Aberglaubens, das in zahllosen, oft seltenen und entlegenen Publikationen zerstreut ist, in lexikographischer Form zu sammeln. Der Umfang des Werkes ist auf ungefähr 160 Bogen Lexikonformat berechnet. Es werden monatlich ein bis zwei Lieferungen im Umfang von je ungefähr fünf Bogen ausgegeben. Der Subskriptionspreis für die Lieferung beträgt M. 4.—. Verstärkte Lieferungen werden entsprechend höher berechnet.

Quellen zur deutschen Volkskunde. Herausgegeben von Dr. V. von GERAMB, Privatdozent an der Universität Graz, und Dr. L. MACKENSEN, Privatdozent an der Universität Greifswald.

Erstes Heft: Arabische Berichte von Gesandten an germanische Fürstenhöfe aus dem 9. und 10. Jahrhundert. Ins Deutsche über-

tragen und mit Fußnoten versehen von Dr. GEORG JACOB, o. Professor an der Universität Kiel. Groß-Oktav, V, 51 Seiten. 1927. M. 4.—.
Zweites Heft: Die Knaffl-Handschrift, eine obersteirische Volkskunde vom Jahre 1813. Herausgegeben v. VIKTOR von GERAMB, Privatdozent an der Universität Graz. Mit vier einfarbigen und vier mehrfarbigen Tafeln. Groß-Oktav. IV, 173 Seiten. 1928.
M. 24.—.

Die „Quellen zur deutschen Volkskunde" werden in zwangloser Folge im Umfang bis zu sechs Bogen erscheinen. Eine zeitliche oder örtliche Beschränkung ist nicht in Aussicht genommen, wohl aber sollen nur wirklich wertvolle und vor allem für die deutsche Volkskunde belangreiche Quellen aufgenommen werden, deren Bearbeitung nur anerkannten Fachleuten anvertraut werden soll. Wie ja die Volkskunde überhaupt, so wird auch diese Quellenreihe nicht bloß der eigenen Disziplin, sondern auch anderen Wissenszweigen, der Germanistik wie der deutschen Geschichte und Kulturgeschichte, der Religionswissenschaft, Soziologie und Völkerpsychologie wie der Philologie im weitesten Sinne des Wortes, dienlich und wertvoll sein und manches Neue bringen.

Germanische Sprachwissenschaft. Von RICHARD LOEWE.
I. Einleitung und Lautlehre. Dritte Auflage. Neudruck. 96 Seiten. 1922. (Sammlung Göschen Bd. 238.) Geb. M. 1.50.
II. Formenlehre. Dritte Auflage. Neudruck. 101 Seiten. 1924. (Sammlung Göschen Bd. 780.) Geb. M. 1.50

Deutsche Grammatik. Gotisch, Alt-, Mittel- und Neuhochdeutsch. Von WILHELM WILMANNS.
I. Abteilung: Lautlehre. Dritte, verbesserte Auflage. Groß-Oktav. XXI, 482 Seiten. 1911. M. 10.—, geb. M. 11.50.
II. Abteilung: Wortbildung. Zweite Auflage. Groß-Oktav. XVI, 671 Seiten. Anastatischer Nachdruck 1922.
M. 15.—, geb. M. 16.50.
III. Abteilung: Flexion. Erste und zweite Auflage.
1. Hälfte: Verbum. Groß-Oktav. X, 315 Seiten. Anastatischer Nachdruck 1922. M. 10.—, geb. M. 11.50.
2. Hälfte: Nomen und Pronomen. Groß-Oktav. VIII, Seite 317 bis 772. 1909. M. 10.—, geb. M. 11.50.

Etymologisches Wörterbuch der deutschen Sprache. Von FRIEDRICH KLUGE. Zehnte, verbesserte und vermehrte Auflage. Groß-Oktav. XVI, 558 Seiten. 1924. M. 12.—, geb. M. 14.50.

Deutsches Fremdwörterbuch. Von HANS SCHULZ.
I. Band: A—K. Lexikon-Oktav. XXII, 416 Seiten. 1910—1913.
M. 14.—, geb. M. 16.—.
II. Band. Fortgeführt von OTTO BASLER. 1. Lieferung: L—M. Lexikon-Oktav. 168 Seiten. 1926. M. 6.80.
Weitere Lieferungen im Druck.

Dieses Werk gibt eine lexikalische Behandlung der in die deutsche Sprache aufgenommenen Fremdwörter nach den Grundsätzen der historischen Wortforschung. Jeder Artikel gibt Form und Bedeutung des behandelten Wortes an und ermittelt die Zeit, in der es im deutschen Sprachgebrauch auftritt. Zugleich wird der geographische oder sachliche Bereich gekennzeichnet, von dem das Wort ausgegangen ist, und auf Grund dieser Feststellungen erfolgt die Angabe über die Sprache, der es entstammt.

Wir liefern unter Bezugnahme auf diese Anzeige unseren Fachkatalog „Sprachwissenschaft" gern kostenlos.